사고와
표현

사고와
표현

최미숙·박재현·이승희·최홍원·전영옥 지음

사회평론아카데미

사고와 표현

2014년 2월 27일 초판 1쇄 펴냄
2024년 3월 25일 초판 11쇄 펴냄

지은이 최미숙·박재현·이승희·최홍원·전영옥

책임편집 정세민
디자인 김진운
본문조판 토비트
마케팅 김현주

펴낸이 윤철호
펴낸곳 ㈜사회평론아카데미
등록번호 2013-000247(2013년 8월 23일)
전화 02-326-1545
팩스 02-326-1626
주소 03993 서울특별시 마포구 월드컵북로6길 56
이메일 academy@sapyoung.com
홈페이지 www.sapyoung.com

ISBN 979-11-88108-52-7 93700

머리말

현대 사회에서 자신의 생각과 느낌을 표현하는 능력은 개인의 언어생활 차원뿐만 아니라 사회적 소통의 차원에서도 매우 중요하다. 특히 인터넷 기반의 소통이 활발해지면서 특정 대상에 대해 다양한 형태의 글로 표현하는 능력은 일상생활의 필수 능력이 되었다.

이 책은 교양인이자 지식인으로서 지녀야 할 표현 능력의 신장을 목표로 기획한 것이다. 이를 위해 글쓰기에 필요한 기초적인 능력, 대학생으로서 공부하는 데 필요한 학술적 글쓰기 능력, 일상생활에서 자신의 생각과 느낌을 표현하는 능력, 직업 세계에서 필요한 글쓰기 능력, 나아가 프레젠테이션과 토론 능력을 기를 수 있도록 집필하였다. 이 책을 통해 정확할 뿐만 아니라 효율적이면서도 창의적으로 글을 쓰고 표현하는 능력을 기를 수 있도록 필자들은 최선의 노력을 다하였다.

'사고와 표현'을 집필하면서 특별히 고려한 점은 다음과 같다.

첫째, 글쓰기에 필요한 지식은 물론 그러한 지식을 적용하여 실제 글을 쓸 수 있도록 하였다. 이를 위해 글을 쓸 때 실질적으로 활용할 수 있는 글쓰기 방법을 항목화하여 제시하였으며, 그러한 글쓰기 방법이 구체적으로 구현된 실제 글을 제시하였다. 그리고 각 장의 마지막 부분에는 앞에서 배운 글쓰기 방법을 적용하여 글을 써볼 수 있도록 다양한 형태의 과제를 제시하였다.

둘째, 글쓰기에 대한 흥미를 배가시키고 글쓰기의 모범적이면서도 구체적인 예를 제시하기 위해 다양한 예시 글을 선정하여 제시하였다. 모범적인 글뿐만 아니라 우리 사회에서 실질적으로 요구하는 글, 그리고 학생들이 직접 작성한 글을 다수 수록함으로써 학생들의 흥미와 관심을 두루 포괄할 뿐만 아니라 글쓰기의 생생한 실체를 접할 수 있도록 하였다.

셋째, 글쓰기를 중심으로 한 다양한 언어활동이 가능하도록 하였다. 특히 현대 사회에서 중요한 표현 능력으로 평가받고 있는 프레젠테이션과 토론 능력을 강조하여 제시함으로써 현대 사회가 요구하는 다양한 표현 능력을 신장시킬 수 있도록 하였다.

이 책은 크게 다섯 부분으로 나뉘어 있으며 각 부분은 두 개의 장으로 구성되어 있다. 글을 쓰는 데 필요한 기초적인 능력을 바탕으로 하여 대학에서 필요한 학술적 글쓰기, 일상생활에서 필요한 개인적 차원의 글쓰기, 직업 세계에서의 글쓰기, 프레젠테이션과 토론 능력 등으로 글쓰기의 영역을 확장하면서 익힐 수 있도록 구성하였다. 학술적 글쓰기에서부터 실용적 글쓰기에 이르기까지 다양한 형태의 글쓰기 능력의 신장이 가능하도록 하였으며 이를 바탕으로 한 프레젠테이션과 토론 능력을 기를 수 있도록 배려한 것이다. 이러한 구성이 학생들의 표현 능력 신장에 많은 도움이 되었으면 하는 것이 필자들의 바람이다.

이 책을 기획하고 출판하기까지 애써 주신 여러분들께 감사의 마음을 전하고 싶다. 특히 책의 기획 단계에서부터 물심양면으로 도와주셨을 뿐만 아니라 흔쾌히 출판을 허락해 주신 사회평론아카데미의 윤철호 사장님께 진심으로 감사드린다. 그리고 바쁘고 힘든 가운데에도 편집과 출판에 아낌없는 애정을 보여주신 김천희 선생님께도 이 자리를 빌려 감사의 말을 전하고 싶다.

2014년 2월 18일
저자 일동

차례

V 프레젠테이션과 토론

I

글쓰기의 기초

01

글쓰기의 이해

현대 사회에서는 매체의 변화와 사회 구조의 변화에 따라 엄청난 양의 정보가 제공되며, 여러 문제 상황에 직면하여 다양한 형식의 글을 쓸 기회가 확대되고 있다. 따라서 현대 사회의 지식인, 전문인은 주어진 정보를 있는 그대로 수용하는 것이 아니라 비판적 사고력, 논리적 사고력을 발휘하여 문제 해결에 필요한 정보를 선별하고 목적에 부합하는 올바른 형식과 표현을 갖춘 글을 쓸 수 있어야 한다.

글쓰기는 누군가가 차려 놓은 밥상에 앉아서 밥을 한 그릇 뚝딱 해치우는 것과 다르다. 내가 요리를 해서 먹어야 하는 상황과 같다. 요리할 음식을 정하고 재료를 준비하여 다듬고 익히는 과정을 거쳐 완성한 음식을 차려서 먹듯이, 글쓰기는 무엇을 어떻게 쓸 것인지에 대한 고민부터 시작하여 일련의 절차를 따라야 한다. 글쓰기의 목적을 고려하여 주제를 설정해야 하고, 관련된 자료를 조사하고 수집한 후 이를 토대로 개요를 작성해야 하며, 개요를 바탕으로 초고를 작성한 후 퇴고하는 과정을 거쳐야 한다. 따라서 글쓰기를 잘하려면 글쓰기의 이러한 과정을 이해하고 익혀야 한다.

1. 글쓰기의 의미

가. 현대 사회에서의 글쓰기

컴퓨터의 발달로 손으로 글을 쓰는 일은 줄어들었지만, 오히려 글을 쓸 기회는 늘어났다. 문자 메시지나 전자우편을 통해 글을 주고받고, 각종 소식이나 정보도 인터넷에서 실시간으로 보고 의견을 올린다. 장소나 시간에 구애 받지 않고 글을 쓰고 또 남의 글을 보는 것이다. 현대 사회를 사는 우리들은 글쓰기와 무관한 삶을 살기가 어렵다.

1) 소통의 도구

글쓰기는 소통의 도구이다. 우선 글쓰기를 통해 자기 자신과 소통한다. 머릿속에 막연하게 들어 있던 생각과 느낌을 글로 표현해 보면서 자신의 생각을 뚜렷하게 인지할 수 있게 된다. 어떤 문제에 대한 나의 관점을 뚜렷하게 할 수도 있고, 내가 원하는 것이 무엇인지도 분명하게 인지할 수 있게 된다. 따라서 글쓰기는 나의 생각과 느낌을 정리하여 표현하는 도구이다.

또한 글쓰기는 다른 사람과의 소통의 도구이다. 대부분 글을 쓰는 이유는 자신의 생각과 느낌을 다른 사람에게 전하고 싶어서이다. 물론 말이 1차적인 소통의 도구이지만 글은 시간과 공간의 제약을 받지 않기 때문에 소통의 범위가 훨씬 넓다. 특히 요즘 가상공간에서의 글쓰기는 실시간 상호작용으로 이루어지기 때문에 소통의 기능은 더욱 커졌다. 더욱이 인터넷 공간은 전 세계에서 동시에 접근이 가능하기 때문에 사회나 문화 간 소통도 확대되었다고 할 수 있다. 인터넷 공간에서의 정보는 사신이나 동영상으로 구성되기도 하지만 대부분은 글로 이루어져 있기 때문에 글을 통해 전 세계가 실시간으로 소통하고 있다고 할 수 있다.

2) 능력 발현의 도구

현대인에게 글쓰기는 학업이나 직장 업무를 수행하는 과정에서 반드시 필요하다. 그것을 통해 개인의 학습 능력 및 업무 능력을 평가받는다. 대학 생활에서는 시험, 과제 등의 활동이 글쓰기로 이루어진다. 시험 답안은 분량은 짧지만, 배우고 공부한 내용을 논리적으로 잘 풀어서 설명해야 좋은 점수를 받을 수 있다. 또한 대학에서의 과제물은 대부분 보고서 형식으로 제출한다. 보고서는 서론, 본론, 결론의 형식을 갖춘 논리적인 글쓰기의 대표적인 유형으로, 보고서를 잘 쓰면 좋은 평가를 받아서 학습 능력을 인정받게 된다.

직장인의 경우에도 업무의 시작과 끝이 문서 작성으로 이루어진다. 일의 시작도 서류로 보고해야 하고, 일의 결과도 서류로 보고해야 한다. 각종 회의 자료도 만들어야 하고, 사업계획서, 업무추진계획서, 최종보고서 등도 작성해야 한다. 이렇게 작성한 서류를 바탕으로 일이 추진되고, 그 결과로 능력을 평가하게 되기 때문에 글쓰기 능력이 곧 개인의 업무 능력이라고 할 정도로 중요해졌다.

3) 사회 발전의 도구

글은 인류 역사를 발전하게 한 도구이다. 한 사람의 인생은 유한하지만 우리 인류에게는 세대와 세대 간 소통의 도구였던 글이 있었기 때문에 앞 세대가 이룩한 문화를 다음 세대가 물려받아 발전해 올 수 있었다. 만약 글로 남겨진 기록이 없었다면 인류는 과거와 소통할 수 없었을 것이고, 역사적 발전도 이룩하지 못했을 것이다. 따라서 우리 인류에게 글쓰기는 역사 발전의 원동력이라고 할 수 있다.

또한 현대 사회를 살아가는 우리에게 글쓰기는 사회의 문제를 깨닫고 해결해 가는 도구이다. 우리 사회의 문제점을 인식하고 해결책을 모색하는 과정에는 사회에 대한 깊은 통찰이 바탕이 되어야 하고, 사회적 요구에 대한 깊은 이해가 깔려 있어야 한다. 사회에 대한 통찰과 사회적 요구에 대한 이해는 누군가의 글을 통해 이루어지고, 이에 대한 해결책 역시 나를 포함한 누군가의 글을 통해 제시된다. 따라서 사회 문제를 깨닫고 해결책을 제시하는 것도 글쓰기를 통해서이기 때문에 글쓰기는 우리 사회를 발전시키는 중요한 수단이다.

나. 창의적 사고와 글쓰기

좋은 글의 바탕은 창의적인 사고이다. 창의적인 생각이나 새로운 관점이 없으면 독자에게 감동을 주지 못하고 독자를 설득할 수도 없다. 같은 대상을 논할 때도 자기만의 관점이 필요하다.

1) 고정관념에서 벗어나기

창의적인 사고를 하려면 우선 고정관념에서 벗어나야 한다. 고정관념은 어떤 집단의 사람들이 가지고 있는 단순하고 지나치게 일반화된 생각들을 말한다. 소년과 그 아버지가 사고를 당해서 병원에 실려 갔다. 그런데 외과의사가 "이 소년을 도저히 수술할 수가 없습니다. 제 아들이니까 말입니다."라고 말했다. 티나 실리그(Tina Seelig)는 "스무 살에 알았더라면 좋았을 것들"에서 상당히 진보적인 생각을 가진 여의사들조차도 그 외과의사가 소년의 어머니라는 사실을 맞히지 못했다고 한다. 우리의 머릿속에 들어 있는 '외과의사는 남자다.'는 고정관념이 우리의 판단을 가로막고 있는 것이다.

유머: 거미의 귀

어떤 과학자가 거미에 관한 실험을 했다. 그는 거미를 책상 위에 올려놓고 사람들이 보는 앞에서 소리쳤다.

"뛰어! 뛰어!"

그랬더니 거미는 뛰기 시작했다.

그리고 그는 거미의 다리를 부러뜨리며 소리쳤다.

"뛰어! 뛰어!"

그러나 다리가 부러진 거미는 꼼짝하지 않았다.

실험이 끝나고 나서, 과학자는 실험의 결론을 발표했다.

"거미의 귀는 다리에 있다."

(박종하, "생각이 나를 바꾼다"에서)

이 유머는 너무나 어이가 없고 황당하지만 자신의 고정관념에 사로잡힌 사람을 아주 잘 표현하고 있다. 자신의 고정관념에 사로잡힌 사람들은 아무리 객관적인 실험을 하더라도 그것을 스스로의 생각에 맞춰서만 해석한다. 이렇게 고정관념에 빠져 있는 사람들은 상황을 객관적으로 보려 하지 않는다. 따라서 고정관념에서 벗어나야 상황을 바르게 볼 수 있다.

2) 나만의 관점 가지기

글을 쓸 때 필요한 창의적인 사고는 새로운 것을 만들어내는 '발명'의 문제가 아니라 어떤 대상을 관심 있게 보고 관찰하면서 새로움을 찾는 '발견'의 문제이다. 곧 대상을 새로 만들어내는 것이 아니라 대상을 나의 관점에서 새롭게 인식하는 문제이다.

대상에 대해 나만의 관점을 가지기 위해서는 우선 대상을 관심 있게 보고 관찰하는 눈이 필요하다. 다음 그림 속의 버스는 달리고 있다. 그렇다면 버스는 오른쪽으로 달리고 있을까? 왼쪽으로 달리고 있을까?

박종하, "생각이 나를 바꾼다"에서

    똑같아 보이지만 이 그림에서는 버스의 출입문이 없다. 따라서 출입문은 반대쪽에 있을 것이고 그럼 버스는 왼쪽으로 달리고 있다는 판단을 할 수 있다. 관심 있게 관찰하여 상황을 정확하게 보는 눈이 필요하다.

    어떤 대상이나 현상에 대해서 관심 있게 보면 새로운 것을 발견할 수 있다. 새롭게 발견한 것을 내 언어 표현으로 하면 그것이 바로 나의 관점을 담은 글쓰기가 된다. 새롭게 볼 수 있는 힘은 주변에서 일어나는 일을 관심 있게 바라볼 수 있을 때 생기며, 경험이 많을 때 생긴다. 아는 만큼 보인다고 했다. 따라서 새롭게 세상을 보려면 평소에 책을 많이 읽거나 다양한 경험을 하여 아는 것이 많아야 한다.

    글쓰기에서 나의 관점을 드러내는 좋은 방법으로는 주제나 대상과 나를 관련지어 논하는 것이다. 나의 경험에서 출발한 글쓰기는 구체적인 기술이 가능하여 내용이 풍성해져 그만큼 독자의 마음을 울리고 설득할 수 있는 힘을 가진다.

〔예1〕 책을 접하기 전에 내용이 어떤지는 대강 알고 있었다. 평소 내가 생각하는 마지막 강의는 정년을 앞둔 교수가 마지막으로 강단에 서는 것이었다. 하지만 이 책은 한 사람이 살아온 삶의 끝자락 그 마지막 순간에 이뤄진 강의의 내용을 담고 있다. 물론 저자가 교수이어서 일반적인 의미의 마지막 강의이기도 하지만, 죽음을 앞두고 있기에 진정한 의미의 마지막 강의였다. 보통 삶의 마지막을 목도한 사람이라면 많은 생각이 들 것이다. 저자인 랜디 포시 교수는 췌장암이라는 생존 확률이 극히 낮은 암으로 시한부 선고를 받았다. 그는 마지막 강의에서 아내와 세 아이를 위해 인생을 어떻게 살아야 하는지를 말하고 싶어 한다. (중략) (학생글)

〔예2〕 처음 이 책을 접하게 된 것은 할아버지 때문이었다. 부모님이 맞벌이를 하셔서 어릴 때부터 할아버지 댁에서 자라온 나에게 할아버지의 암 선고는 너무도 힘이 빠지고 아찔한 경험이었다. 그러다가 나에게 다가온 현실이 이렇게 힘든데 할아버지는 오죽하실까 하는 생각이 들었다. 모든 것을 포기하신 듯 아침에 눈뜨자마자 술을 찾으시고, 담배만 줄곧 피우시는 할아버지께 암을 극복한 사람들의 희망적인 사례를 알려 드리고 싶었다. 그래서 도서관에서 자료를 찾던 중 이 책을 만나게 되었다. 췌장암으로 시한부 삶을 선고 받은 대학교수로, 자신이 떠난 후 남게 될 아내와 세 아이들을 위해 그리고 자신의 삶을 정리하는 마지막 방법으로 '어릴 적 꿈을 진짜로 이루기'라는 주제의 강연을 준비하게 되는 랜디 포시의 이야기. 암을 이겨 내어 행복한 삶을 영위하게 되었다는 성공 스토리가 아니어서 할아버지께 소개해 드리지는 못했지만, 이 책은 나에게 3가지의 깨달음과 부끄러움을 주었다. (중략) (학생글)

위의 두 글은 랜디 포시의 "마지막 강의"를 읽고 쓴 비평문이다. 〔예1〕과 〔예2〕를 비교해 보면 〔예2〕의 글이 마음에 와 닿는다. 다른 사람들도 말할 수 있는 평범한 감상을 쓴 [예1]에 비해 자신의 할아버지 이야기로 나만의 감상을 시작한 [예2]가 더 새롭게 느껴져서이다.

다. 논리적 글쓰기

좋은 글은 논리를 갖추고 있어야 한다. 논리는 말이나 글에서 사고나 추리 따위를 이치에 맞게 이끌어 가는 과정이나 원리인데, 논리적이지 않은 글은 독자를 이해시키기도 어렵고 설득시키기도 어렵다. 어떤 상황에서 주장은 여러 가지가 나올 수 있지만 그 주장이 설득력이 있으려면 논리적인 근거가 제시되어야 한다.

> 면접에서 "서울에 택시는 몇 대나 있을까?"라는 질문을 받았다. 이 문제의 답은 정확한 숫자가 아니다. 택시 회사에 들어가지 않는 한, 서울 시내의 택시가 몇 대인지 알 필요가 없다. 따라서 '서울 시내에는 택시가 몇 대 있다.'고 말하는 것은 전혀 중요하지 않다. 왜 몇 대인가를 자신의 논리로 이야기하며 남을 설득시킬 수 있는 것이 이 문제의 핵심이다. 그러니까 황당하게 "한 대밖에 없습니다."라고 말을 해도 왜 한 대뿐인지를 논리정연하게 설명한다면 높은 점수를 얻게 될 것이다.
>
> (박종하, "생각이 나를 바꾼다"에서)

1) 근거를 제대로 제시하기

자신의 주장을 담은 글을 쓸 때는 그 근거가 분명해야 한다. 주장을 도출하는 근거가 얼마나 합리적이고 논리적인가에 따라 좋은 글이 될 수도 있고 아닐 수도 있다. 신뢰할 만한 근거로는 실제 조사를 바탕으로 나온 통계 수치, 구체적인 사례, 전문가의 견해 등이 있다. 또한 근거로 제시한 자료는 출처를 명확하게 밝혀야 한다.

[예1] 요즘 한국 사회에서는 남녀노소와 연령에 상관없이 성형수술이 유행하고 있다. 특히 중고생들까지 너도나도 성형수술 대열에 합류해 심각한 사회문제가 되고 있다. 취업 성형, 수능 성형, 방학 성형이라는 신조어는 물론 성형외과의 장단점을 미리 파악해 수술 받을 곳을 정하는 성형 쇼핑까지 등장했다. 가히 '성형왕국'이라 해도 틀린 말이 아닐 정도다. 중고생을 상대로 실시한 한 설문조사에서는 21.5%가 여름방학 때 가장 먼저 할 일로 '성형수술 및 다이어트'를 꼽았다.

[예2] 성형수술 부작용으로 사망 사고까지 발생하면서 성형수술 부작용 피해 사례가 심각해지고 있다. 이와 관련한 법적 분쟁도 복잡해지고 있다. 20일 한국소비자원에 따르면 성형수술 부작용으로 피해 구제를 요청한 건수는 2008년 45건에서 2012년 140건으로 4년 사이 3배 이상 늘었다.

[예1]에서는 우리나라에서 성형수술이 유행하는 것을 심각하게 보면서 '중고생까지 성형수술 대열에 합류했다.'고 주장하였다. 그 근거로 '중고생을 대상으로 여름방학에 할 일을 조사한 설문결과'를 제시하였는데, 어느 기관에서 언제 조사한 것인지의 정보가 있었다면 더 정확한 근거가 되었을 것이다. 곧 '지난 4월 한국갤럽에서'와 같은 출처를 밝힌다면 근거가 더욱 명확해진다.

[예2]에서는 '성형수술 부작용 피해가 심각해지면서 법적 분쟁도 복잡해졌다.'를 주장하면서 '20일 한국소비자원에 따르면'이라고 하여 한국소비자원의 조사 결과를 근거로 제시하였다. 따라서 [예1]보다는 [예2]가 근거를 제대로

제시했다고 할 수 있다.

〔예3〕 '성형수술'을 받고 사망하는 사고가 잇따르고 있어서 대책 마련이 시급하다. 며칠 전 대구의 한 성형외과에서 양악 수술을 받은 여대생이 입원 치료를 받다가 숨졌다. 지난 5월에는 서울 명동에서 턱 수술을 받은 30대 여성이 의식불명 상태에서 한 달 만에 목숨을 잃었다. 성형수술 부작용이 병원과 개인만의 일이 아닌 사회적 문제로 대두되고 있다.

〔예4〕 한국 사회는 성형공화국이라 불릴 정도로 성형이 만연되어 있다. 성형수술을 많이 하는 만큼 수술의 위험성도 높아져 사망 사고까지 빈번하게 나타나고 있다. 이러한 문제의 원인으로는 여러 가지가 있지만 언론의 책임도 무시할 수 없다. 임인숙(2010)에서는 언론이 미용성형의 효과만을 과장되게 선전하고 미용성형의 위험성은 충분히 고지하지 않는 문제점을 지적하고 있다. 또한 언론의 의료 정보 제공에서는 안전성과 위험성을 가장 중요하게 생각해야 한다고 주장하였다.

(참고 문헌: 임인숙(2010), 미용성형공화국의 고지되지 않는 위험, 사회와 역사 88, 한국사회사학회, 39-78쪽.)

〔예3〕에서는 '성형수술로 사망하는 사고가 잇따른다.'는 주장에 대해 '양악 수술을 한 환자가 숨진 사례, 턱 수술을 한 환자가 숨진 사례' 등으로 구체적인 사례를 통해 근거를 제시하고 있다.

〔예4〕에서는 '성형수술의 부작용이 많이 나타난 책임이 언론에도 있다.'는 주장을 뒷받침하는 근거로 임인숙(2010)의 연구를 인용하였다. 전문가의 견해나 연구자들의 연구 결과를 근거로 제시하면 주장이 확고해진다.

2) 앞뒤를 짜임새 있게 연결하기

글은 앞뒤의 연결이 아주 짜임새 있게 이루어져야 한다. 문장과 문장, 단락과 단락을 연결할 때 일의 선후 관계나 인과 관계가 분명해야 한다. 또한 긴밀한 짜임은 앞에 나오는 표현을 어떻게 받을 것인지와 어떻게 연결할 것인지에 따라 달라져 지시어나 접속어의 사용이 중요하다.

〔예1〕 하루 종일 정신이 없었다. 중요한 서류를 집에 두고 왔고 10년 만에 연락한 친구와의 점심 약속도 친구의 전화가 올 때까지 까맣게 잊고 있었다.

〔예2〕 비가 억수같이 쏟아지는 아침이었다. 작년 여름에 신고 신발장에 넣어 두었던 아이의 장화는 아무리 찾아도 보이지 않았다. 베란다까지 여러 번 들락날락하며 겨우 찾아서 신겨 보내고 났더니 하루 종일 정신이 없었다. 중요한 서류를 집에 두고 왔고 10년 만에 연락한 친구와의 점심 약속도 친구의 전화가 올 때까지 까맣게 잊고 있었다.

〔예1〕에서는 하루 종일 정신이 없는 이유가 제시되지 않아 글이 설득력이 없는 반면에 〔예2〕에서는 '비가 많이 와서 아이의 장화를 찾느라 아침부터 고생을 했다.'는 설명이 덧보태어져 하루 종일 정신이 없었던 이유가 설득력을 얻게 된다. 따라서 글이 설득력을 얻어 독자의 지지를 받기 위해서는 결과에 대한 원인이 적절하게 제시되거나 일의 선후 관계가 분명하게 제시되어야 한다.

그의 마지막 강의는 끝났다. 하지만 그의 마지막 강의를 통해 나는 교사로서 첫 수업을 위한 도전에 힘을 얻었다. 랜디 포시는 비록 하늘나라로 돌아갔지만, 그의 강의를 통해 그의 뜻과 신념을 이어받은 사람들과 함께 영원히 숨 쉴 것이라고 생각한다. 과연 교사로서 나의 마지막 강의는 무엇일까? 여태까지는 그 답을 내릴 수 없었지만, 이제는 어렴풋이나마 말할 수 있을 것 같다. 랜시 포시 교수의 마지막 강의와 비슷하지 않을까? (학생글)

• 수정

그의 마지막 강의는 끝났다. 하지만 그의 마지막 강의를 통해 나는 교사로서 첫 수업을 위한 도전에 힘을 얻었다. 랜디 포시는 비록 하늘나라로 돌아갔지만, 그의 강의를 통해 그의 뜻과 신념을 이어받은 사람들과 함께 영원히 숨 쉴 것이라고 생각한다. 과연 교사로서 나의 마지막 강의는 무엇일까? 여태까지는 그 답을 내릴 수 없었지만, 이제는 어렴풋이나마 말할 수 있을 것 같다. 랜시 포시 교수처럼 나의 꿈과 신념을 누군가에게 전하고 있을 것이라고.

위 글은 랜디 포시 교수의 "마지막 강의"를 읽고 쓴 글이다. '랜디 포시 교수의 마지막 강의와 비슷하지 않을까?'는 '랜디 포시 교수의 마지막 강의'의 의미를 그대로 받는다. 곧 '랜디 포시는 하늘나라로 돌아갔다. 그의 강의를 통해 그의 꿈과 신념을 많은 사람이 이어받았다.'는 의미를 갖게 된다. 만약 '랜디 포시처럼 죽음을 앞두고 하는 강의'라는 말을 배제하고 싶다면 '마지막 강의'라는 표현이 아닌 '꿈과 신념을 전하는 강의'라는 말로 받아야 한다.

"정말 500원으로 한 생명을 살릴 수 있을까?"에서 글쓴이의 주장에는 공감할 수 있는 부분이 있다. 그러나 놓치고 있는 중요한 점도 몇 가지 있다.

우선 첫 번째는 '티셔츠의 추억'이라는 사업의 문제점에 관한 것이다. 우리나라가 가난한 나라의 아이들에게 티셔츠를 보내 주는 것은 운송비가 꿩

장히 많이 드는 일이며 <u>그 나라의</u> 의류 사업을 망치는 것이라고 한다. <u>하지만</u> 우리나라가 가난한 나라에 옷을 보내 주는 의미는 티셔츠 한 장도 사 입기 어려운 가난한 사람들을 위한다는 데 있다. (중략)

<u>또한</u> 1:1 결연 사업으로 착하고 부유한 후원하는 사람과 가난하고 불쌍한 후원 받는 사람으로 구분 짓는 문제가 발생한다고 한다. 물론 자신이 부유하고, 또 자신을 괜찮은 사람으로 인정받고 싶어서 후원하는 사람도 있겠지만 분명히 순수한 마음으로, 생활이 어려운 사람들을 돕는다는 마음으로 하는 사람도 있을 것이기 때문에 <u>이는</u> 잘못된 주장이다. (중략)

<u>그뿐만 아니라</u> 국내의 기금 운영을 문제점으로 꼽았다. 모금을 하여 후원 받는 국가에 보내려면 많은 인력과 시간이 필요하기 때문에 후원금이 운영 경비로 상당히 많이 쓰인다고 주장한다. 원시 사회처럼 옆집에 물건을 직접 갖다 주고 가져 오는 일이 불가능한 현대 사회에서 나라와 나라끼리의 지원에는 그만큼의 경비가 들 수밖에 없다. <u>게다가</u> 일자리 창출의 의미까지 고려한다면 부정적으로만 볼 것은 아니다.

<u>이렇듯</u> "정말 500원으로 한 생명을 살릴 수 있을까?"라는 의심을 품은 질문에는 많은 오류가 존재한다. 물론 지금 현재 이루어지고 있는 후원 사업에는 부정적인 부분도 존재할 것이다. <u>하지만</u> 우리의 작은 후원이 어려운 사람들을 도와줄 수 있고, 한 생명을 살릴 수 있는 것은 분명한 사실이다. (학생글)

위 글은 단락과 단락 사이의 연결 표현이 적절히 들어가 긴밀한 짜임을 보이고 있다. 시작 부분에서 언급한 '놓치고 있는 중요한 점'을 두 번째 단락에서

---

* **지시 표현**: 이, 그, 저, 이것, 그것, 저것, 여기, 거기, 저기, 이렇게, 그렇게, 저렇게, 이러하다, 그러하다, 저러하다 등

* **연결 표현**: 그리고, 그러나, 그러므로, 그렇지만, 그래도, 그래서, 하지만, 첫째·둘째·셋째, 우선, 또한, 결국, 마침내, 그뿐만 아니라, 게다가, 다시 말하면, 예를 들면, 요약하면, 앞에서 언급한 바와 같이, 지금까지 살펴본 바에 의하면 등

'우선 첫 번째는', 세 번째 단락에서 '또한', 네 번째 단락에서 '그뿐만 아니라'를 사용하여 설명하고 있다. 그리고 마지막 단락에서 '이렇듯'을 이용하여 앞부분의 내용을 전부 아울러 정리하고 있다. 또한 문장과 문장 사이에서 사용된 부사 '그러나, 하지만, 물론, 게다가' 등과 지시 표현 '그 나라의, 이는' 등의 사용도 내용을 연결하는 중요한 역할을 하였다.

3) 대안을 제시하여 빈틈없이 쓰기

자신만의 논리에 빠지다 보면 다른 가능성은 배제해 버리기가 쉽다. 따라서 다른 사람의 관점을 일방적으로 부정하고 만다. 하지만 동일한 문제에 대해서도 다른 관점에서 접근할 수 있기 때문에 다양한 가능성을 고려해야 한다. 다양한 관점에서의 접근을 고려하지 않으면 허점이 많아져 논리가 금방 무너질 위험이 있다. 또한 문제점을 지적하는 데 그치지 말고 새로운 해결책을 제시해야 나의 논리가 산다.

> "500원이면 생명을 살릴 수 있습니다. 500원만 기부하세요."라고 먼저 권유한 쪽은 자선단체이다. 그런데 기부한 사람들을 무책임하다고 하는 것은 매우 '무책임한 말'로 들린다. 기부를 하는 이유는 자선이나 결연을 직접 할 수 없기 때문에 단체에서 대신해 주길 바라며 하는 것이다. 단지 도움이 되기를 바라는 마음으로 했는데 결과에 대한 책임을 지우는 것은 기부자들에게 너무 큰 부담을 주는 것이다. 결과에 대한 책임은 기부자들의 몫이 아니다. 결과에 대한 책임은 자선단체의 몫이다. 따라서 기부자들을 무책임하다고 비난하면 안 된다. (학생글)

기부 문화의 문제점을 기부자들의 책임감 부족으로 본 글에 대한 반박으로,

도움이 되기를 바라는 마음에서 기부를 한 사람들에게 부담을 안겨 주지 말라는 주장을 하고 있다. 이것은 '결과에 대한 책임이 자선단체에만 있다면 문제가 발생했을 때는 어떻게 하느냐'는 과제를 여전히 남기게 된다. 이를 해결하지 못하면 자신의 주장이 무너지게 된다. 따라서 내가 생각하는 해결책, 곧 대안을 제시하여 빈틈을 해결해야 한다. 흔히 대안이 없는 비난은 하지 말라고 한다. 대안이 없다면 현재의 해결책이 최상의 해결책이기 때문이다. 따라서 상대방의 해결책을 부정적으로 평가하려면 새로운 해결책을 제시해야 한다.

• 수정

"500원이면 생명을 살릴 수 있습니다. 500원만 기부하세요."라고 먼저 권유한 쪽은 자선단체이다. 그런데 기부한 사람들을 무책임하다고 하는 것은 매우 '무책임한 말'로 들린다. 기부를 하는 이유는 자선이나 결연을 직접 할 수 없기 때문에 단체에서 대신해 주길 바라며 하는 것이다. 단지 도움이 되기를 바라는 마음으로 했는데 결과에 대한 책임을 지우는 것은 기부자들에게 너무 큰 부담을 주는 것이다. 결과에 대한 책임은 기부자들의 몫이 아니다. 결과에 대한 책임은 자선단체의 몫이다. 그리고 만약 자선단체의 운영에 문제가 있다면 그 책임은 제도적 뒷받침을 하지 못한 국가에 있다.

2. 글쓰기의 과정

가. 주제 선정

글쓰기에서 제일 먼저 해야 하는 작업이 글의 주제를 정하는 것이다. 글의 주제는 글쓴이가 글에서 다루고자 하는 중심 내용이 된다. 글의 주제를 잡을 때는 넓은 범위의 주제가 아닌 좁은 범위의 주제를 잡아서 구체적인 방향을 설정해야 한다. 또한 주제를 정한 후 주제문을 완성해 보면 생각이 훨씬 명확해진다.

1) 주제를 구체화하기

글을 쓸 때 처음 생각하거나 처음 제시되는 주제는 구체적이지 않아 다루고자 하는 내용이 명확하지 않다. 따라서 주제를 좁혀서 구체적으로 만들어야 한다.

〔예〕 **넓은 주제: 한류**

좁은 주제(1): 문화 한류의 현황과 전망

좁은 주제(2): 한식의 세계화 현황 및 발전 방안

좁은 주제(3): 한류와 국가 이미지의 상관관계

좁은 주제(4): 한류를 기반으로 한 경제 발전 방안

주제 '한류'는 다룰 수 있는 내용의 범위가 매우 넓어서 구체적인 주제로 범위를 좁혀야 한다. 주제를 좁힐 때는 다루고 싶은 주제가 무엇인지를 생각하고, 어떤 관점에서 다루어야 할 것인지를 생각해야 할 것이다. 전체 한류의 현황과 전망을 조사하고 싶을 수도 있고, 음식으로 한정해서 현황과 발전 방안을 마련해 보고 싶을 수도 있다. 또한 한류가 국가 이미지나 국가 경제 성장과 어떤 관련성이 있는지를 살펴보고 싶을 수도 있다. 따라서 '한류'라는 넓은 범위의 주제에서 구체적인 주제로 좁힐 때는 나의 관심 분야와 내가 관심을 가져야 하는 분야 등을 고려하여 정하면 좋다. 예술이나 문화 관련 분야에 관심이 있다면 '문화 콘텐츠로서의 한류'를, 외식산업 관련 분야에 관심이 있다면 '한

식의 세계화'로 접근할 수 있다.

〔예1〕 최근 한국 문화는 전 세계적으로 각광받고 있다. 드라마, 음악, 음식, 패션, 영화, 애니메이션 등 한국 문화에 대한 관심은 점차 넓어지고 있는 추세이다. 그러나 현재의 한류 현상에는 한국 특유의 콘텐츠가 없고, 지나치게 상업적인 면을 쫓다 보니 거품이 있고 부작용이 크다는 문제가 있다. 이 같은 이유로 한류 열풍에 인기를 얻는 연예인들은 몇 명 되지 않으며, 이들이 출연하는 일부 드라마, 영화에 국한되어 주문 의뢰가 들어오고 있다. 또한 국제 마케팅에 해박한 지식이 없는 기업들의 문제점이 내재되어 있다. 외국의 언어나 문화에 정통한 직원이나 현지 법률 전문가가 없어서 외국 기획사에 사기를 당하고 불법 복제 음반에 큰 피해를 당하여도 이에 대비하거나 이를 해결할 방법이 거의 없다는 것이다. 따라서 이 글에서는 한류가 지속가능한 경쟁력을 갖추기 위해서는 어떻게 해야 하는지를 살펴보고자 한다. 한류 현상의 문제점을 정리하고, 이를 개선하기 위한 방안을 찾아보겠다. (학생글)

〔예2〕 한식의 세계화라는 말은 우리에게 익숙한 표현이다. 그러나 우리에게만 익숙한 표현이 아닐까? 물론 우리는 다양한 방법으로 한식을 홍보하고 있다. 특히 비빔밥은 그 대표적인 음식으로 많은 이들이 비빔밥을 홍보하기 위해 노력하고 있다. 일례로 2010년 MBC 예능프로그램 무한도전은 뉴욕 타임스스퀘어 광장에서 비빔밥 광고를 상영하였고 최근 서경덕 교수는 이영애 씨와 함께 뉴욕타임스에 비빔밥 광고를 전면 게재했다. 이렇듯 다양한 방법으로 비빔밥을 홍보하고 있다. 그러나 아직까지 비빔밥은 세계인에게 낯선 음식이다. 이에 우리는 비빔밥이 세계화되지 못한 원인을 살펴보고, 세계화하는 방안을 강구하고자 한다. 먼저 외국인이 본 한식에 대한 인식을 분석하고, 다른 나라의 사례를 조사하여 우리가 비빔밥을 세계화하기 위해 나아가야 할 방향을 제시할 것이다. (학생글)

〔예1〕은 넓은 주제인 '한류'를 '문화 한류 현상의 문제점과 개선 방안'이라는 주제로 구체화하여 쓴 글이다. 〔예2〕는 '한류'를 '한식의 세계화'로 접근하였고, 그 가운데서도 '비빔밥'을 구체적인 대상으로 하여 쓴 글이다. 이와 같이 글을 쓸 때는 넓은 주제를 좁은 주제로 좁혀서 접근해야만 좋은 글을 쓸 수 있다.

　따라서 모든 글을 쓸 때는 넓은 주제에 대해 구체적인 사실로 좁히면서 자신의 관점이 드러나게 주제를 잡아서 쓴다.

넓은 주제를 좁은 주제로 만들어 보세요.

1. 넓은 주제: 성형

　좁은 주제: _____

2. 넓은 주제: _____

　좁은 주제: _____

---

2) 주제를 명확하게 드러낼 주제문 쓰기

　주제를 좁힌 후에 주제를 문장의 형식으로 완성해 보면 글의 중심 내용이 더욱 뚜렷해진다. 좁은 주제는 명사구의 형식이기 때문에 생각이 완결된 상태가 아니다. 따라서 문장의 형식으로 주제를 만들어 보면 쓰고자 하는 내용이 뚜렷해진다.

＊브레인스토밍(brainstorming)은 자유로운 토론으로 창조적인 아이디어를 끌어내는 방법이다. 브레인스토밍은 여러 사람의 협력 작업에 더 어울리지만 자신의 생각을 모으는 데도 유용하다. 넓은 주제에서 좁은 주제로 좁힐 때 브레인스토밍 방법을 이용하면 좋다.

〔예〕

넓은 주제: 한류

좁은 주제: 문화 한류의 현황과 전망

주제문: 드라마, 음악, 영화 등의 문화 한류의 현황을 살펴보고 이를 바탕
으로 전망을 제시한다.

넓은 주제: 한류

좁은 주제: 한식의 세계화 현황 및 발전 방안

주제문: 비빔밥의 세계화 현황을 바탕으로 한식의 세계화 방안을 마련한다.

주제를 좁히고 주제문을 작성해 보는 일은 글의 중심 내용을 명확하게 하는 것으로 글을 쓸 수 있는 기본 준비를 마친 것이다.

주제 문장을 만들어 보세요.

1. 넓은 주제: 성형

  좁은 주제: _____

  주제문: _____

2. 넓은 주제: _____

  좁은 주제: _____

  주제문: _____

나. 자료 수집 및 정리

글의 주제를 정하였으면, 글의 재료가 될 자료를 수집해야 한다. 자료에는 문헌 자료, 설문 조사 자료, 관찰 및 관측 자료, 실습 및 실험 자료, 답사 자료 등이 있다. 글의 종류와 목적에 맞는 자료를 선택해서 쓰면 된다. 이 글에서는 대학 글쓰기에서 주로 활용하는 문헌 자료를 수집하고 정리하는 방법을 소개한다.

1) 핵심어를 활용한 자료 수집하기

문헌 자료에는 단행본, 학위논문, 소논문(학술논문)이 있다. 단행본은 학술 서적을 의미하고, 학위논문은 석사 학위논문과 박사 학위논문을 말한다. 소논문은 주로 학회에서 발행하는 학회지에 실린 논문을 말한다. 이들 자료는 각 대학 도서관이나 국립중앙도서관, 국회도서관 등에서 열람하고 대출할 수 있다. 요즘은 직접 가지 않고도 각 도서관에서 운영하는 전자도서관을 이용하면 어디에서든지 쉽게 자료를 검색할 수 있다.

자료를 검색할 때는 핵심어(key word)를 정해야 한다. 주제에 따른 핵심어를 몇 가지 정하여 자료를 찾아야 한다. 예를 들면 '비빔밥을 중심으로 한 한식의 세계화 현황 및 발전 방안'이 주제라면 핵심어는 '비빔밥, 한식, 세계화' 등

---

* 학술 자료 검색 사이트
국립중앙도서관(http://www.nl.go.kr)
국회도서관(http://www.nanet.go.kr)
각 대학교 도서관(예: 상명대학교 학술정보관 http://lib.smu.ac.kr)
국가전자도서관 사이트(http://www.dlibrary.go.kr)
한국학술정보 사이트(KISS, http://kiss.kstudy.com)
학술연구정보서비스 사이트(RISS, http://www.riss.kr)

이 될 수 있다. 학술 자료 검색 사이트에서 핵심어로 검색을 하면 관련 자료의 목록이 나온다. 목록 가운데 주제와 관련된 것만 뽑아서 보면 된다. 제목만으로도 주제와의 관련성을 알 수 있는 경우도 있지만 제목만으로는 내용을 알기 어렵기 때문에 반드시 원문을 확인하고 자료로 선택할지를 결정해야 한다.

다음은 학술 자료 검색 사이트에서 '한식'으로 검색한 결과의 일부이다.

강혜정·최지현·홍승지(2013), 한식점의 경영성과에 영향을 미치는 요인 분석, 농촌경제 36-2, 한국농촌경제연구원, 115-136쪽.

권대영(2011), 글로벌 경쟁력 확보를 위한 한식의 우수성·기능성 연구 세계화 전략, 식품산업과 영양 16-2, 한국식품영양과학회, 6-10쪽.

김미주·오문향·이희열(2011), 고급한식당의 미주지역 진출을 위한 레스토랑 선택속성 및 컨셉과 한식 선호도에 대한 연구: 뉴욕에 거주하는 미국인과 한국인을 중심으로, 관광레저연구 23-8, 한국관광레저학회, 189-209쪽.

민계홍(2011), 호주 현지 한식당의 실태와 심층면접에 의한 한식 세계화 방안 연구, 한국조리학회지 17-1, 한국조리학회, 44-57쪽.

방문규(2009), 한식 산업화·세계화 추진계획(안), 식품산업과 영양 14-1, 한국식품영양과학회, 1-11쪽.

배은석(2010), 글로컬 문화 시대 한식 세계화의 의미 성찰, 인문콘텐츠 18, 인문콘텐츠학회, 337-354쪽.

이다운(2013), 한식의 해외시장 성공방안에 관한 연구: 비빔밥을 중심으로, 광운대학교 석사학위논문.

이은정·문기철(2012), 한식 소스류를 통한 한국음식의 세계화 방안—세계적인 소스류 성공사례를 중심으로—, 한국조리학회지 18-3, 한국조리학회, 108-120쪽.

이준혁(2011), 한식당 선택요인이 고객만족 및 충성도에 미치는 영향과 효율성 비교 연구—국내 한식 체인레스토랑을 중심으로—, 호텔경영학연구 20-2, 한국호텔외식경영학회, 191-207쪽.

진양호(2011), 한식세계화에 대한 외식관련전공 학생의 인식에 관한 연구,
한국조리학회지 17-5, 한국조리학회, 57-73쪽.

이 가운데 강혜정·최지현·홍승지(2013)와 이준혁(2011)의 논문은 한식의 세계화와 관련이 없기 때문에 자료로 선택하지 않는다. 나머지 논문들은 원문 확인을 한 후에 자료로 선정할지를 정하면 된다. 이렇게 선택한 자료는 내려받기를 하거나 인쇄를 하여 가지고 있으면 된다.

2) 항목별로 자료 정리하기

수집한 자료를 읽고 정리하는 과정이 필요하다. 눈으로 읽고 손으로 정리하는 과정을 밟아야 한다. 읽기만 하면 그 순간에만 내용을 이해하게 되기 때문에 개요를 작성하거나 초고를 쓸 때 처음부터 다시 읽어야 한다. 하지만 읽은 내용을 정리해 두면 정리한 내용을 바탕으로 개요를 작성할 수 있고, 초고를 쓸 때도 필요한 부분을 적절히 인용할 수 있다.

그리고 참고 자료별로 처음부터 끝까지 정리하는 방식보다는 내용을 나누어 항목별로 정리하는 방식이 더 좋다. 위에서 찾은 자료 가운데 민계홍(2011), 배은석(2010), 이은정·문기철(2012)의 연구를 중심으로 한식 세계화의 방향성과 구체적인 방안을 정리해 보면 다음과 같다.

1. 한식 세계화의 방향성
(1) 배은석(2010: 339-342)
• 자국 음식의 세계화 사례의 두 경향

－경제적 효율성과 공업화에 의한 음식 세계화: 미국, 맥도날드나 코카콜라, 인간과 지역에 대한 성찰보다는 자국의 경쟁력을 앞세우며 식품 산업을 대량화하여 세계화함.

－문화와 지역을 배려한 소통에 의한 음식 세계화: 중국, 문화의 힘 작용, 음식에 대한 글로컬적인 관점을 갖고 자국 음식을 세계화함.

• 한식의 세계화: 한국음식의 글로컬 문화로서의 가능성을 모색해야 함.

－한국의 독특한 토양과 한국인의 삶과 철학, 과학, 역사, 지리적 조건, 관습, 민속, 생리학적 체질 등 한국적인 것을 담은 한국음식이 세계인이 즐기는 문화로 자리매김하기 위해서 필수적으로 선택해야 하는 것은 글로컬 문화로서의 가능성을 끊임없이 추구하는 것임.

(2) 이은정·문기철(2012: 108)

• 문화 콘텐츠화하여 경쟁력을 갖추어야 함.

－음식이 가지는 문화적 측면의 중요성에 경제적 가치를 결합하여 독창적이고 새로운 경쟁력의 원천으로 인식하고 각 나라마다 자국의 고유한 전통음식을 문화 콘텐츠화하여 세계시장으로 자국 음식문화 확산정책을 전개하고 있음.

2. 한식 세계화의 구체적인 방안

(1) 음식 개발

• 민계홍(2011: 55)

－호주의 현지 조사를 바탕으로

－현지인의 입맛에 맞는 메뉴 개발이 필요함. 한식의 세계화는 한식당의 메뉴에서 시작되어야 함. 즉 한식 메뉴에 현지인들이 좋아할 수 있는 음식으로 메뉴를 개발하여 표준화된 메뉴를 만들어야 함.

• 이은정·문기철(2012: 117)

－소스류의 개발

－간장, 고추장, 된장, 쌈장을 기본으로 하는 파생 소스류를 만들어 이 제품들을 바로 사용할 수 있도록 식품회사 연구원, 조리사들이 새로운 제품

을 개발해야 함.

(2) 홍보 방안

- 민계홍(2011: 55): 정부 주도의 한식 식자재와 음식을 홍보해야 함. 정부 차원에서 한식 식자재를 해외로 유통을 시키거나 유통기업을 전략적으로 해외에 진출을 시켜야 함.

- 이은정·문기철(2012: 117): 기존의 한국의 장류인 간장, 고추장, 된장, 쌈장을 해외에 있는 셰프들에게 알려서 장류의 우수성, 사용하는 방법 등을 알려서 제품을 홍보해야 함.

다. 개요 작성

수집한 자료를 정리하는 과정이 끝나면 글의 개요를 작성한다. 글의 개요를 작성하는 것은 글의 기본 틀을 만드는 것이다. 개요는 핵심 내용을 중심으로 정리되기 때문에 전체 글의 논리적인 흐름을 한눈에 보여준다.

1) 마인드맵으로 생각 정리하기

개요를 작성할 때는 먼저 자신이 쓰려는 내용이나 주제와 관련해서 떠오르는 다양한 생각들, 혹은 자료 조사를 통해 정리한 내용들을 자유롭게 정리해 본다. 이럴 때 자신의 생각을 지도를 그리듯 이미지화하는 마인드맵(mind map)을 이용하면 좋다. 마인드맵으로 일련의 생각이나 자료들을 유기적으로 연결하면 개요를 작성할 수 있다.

마인드맵으로 정리한 내용 가운데 비슷하거나 중복되는 내용은 빼고, 자신의 주제를 드러내기에 적절한 내용만을 선택하여 사용한다.

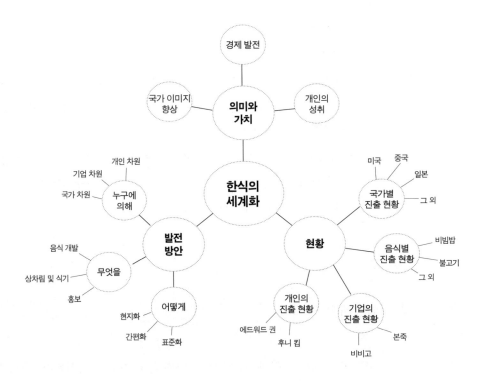

2) 상하관계를 고려하여 순서 정하기

정리된 내용들을 일정한 기준을 정해서 층위별로 나누고 묶어서 개요를 이루는 항목을 정한다. 나눈 항목들 사이에서 연관 관계를 따져서 순서를 정한다. 상위 층위와 하위 층위가 섞이지 않도록 하여 상위 층위는 큰 항목으로, 하위 층위는 작은 항목으로 설정해야 한다.

그리고 논리적인 순서에 따라 항목들의 배열 순서를 정한다. 원인을 파악하는 일을 해결 방안을 제시하는 것보다 앞에 두어야 하고, 현황을 앞으로의 과제보다 앞에 두어야 하며, 문제점을 파악하는 것도 해결 방안을 제시하는 것보다 앞에 두어야 한다.

주제: 한식 세계화의 현황과 발전 방안

1. 서론

2. 한식 세계화의 의미와 가치

   2.1. 국가 이미지 향상

   2.2. 경제 발전

   2.3. 개인의 성취

3. 한식 세계화의 현황

   3.1. 국가별 진출 현황

      3.1.1. 미국

      3.1.2. 일본

      3.1.3. 중국

      3.1.4. 그 외

   3.2. 음식별 진출 현황

      3.2.1. 비빔밥

      3.2.2. 불고기

      3.2.3. 그 외

   3.3. 주관자별 진출 현황

      3.3.1. 기업의 진출

      3.3.2. 개인의 진출

4. 한식 세계화의 방안

   4.1. 기본 방향

      4.1.1. 보편화

      4.1.2. 현지화

      4.1.3. 간편화

   4.2. 구체적인 방안

      4.2.1. 음식 개발

      4.2.2. 상차림 변화

      4.2.3. 식기

   4.3. 지원 방안

      4.3.1. 홍보

      4.3.2. 식자재 산업 발달

5. 결론

라. 초고 작성

글을 쓸 때 한 번에 완벽하게 쓰기는 어렵다. 초고는 언제든지 수정할 수 있으므로 작성한 개요대로 처음부터 끝까지 일단 써야 한다. 초고를 쓸 때 주의할 점은 글의 결속성이다. 한 편의 글은 전체적으로 유기적인 관계를 맺어야 하기 때문에 글의 시작과 마무리가 결속되어야 하고, 단락 내의 작은 단위들도 결속되어야 한다.

1) 시작과 연결된 마무리하기

일반적으로 한 편의 글은 시작, 중심, 결말의 구조를 가진다. 주제가 드러나는 시작과 주제를 마무리하는 결말이 한 줄에 꿰어 있어야 한다는 것이다.

> 제목: 작은 선행이 불러오는 행복의 크기
>
> • 도입
>
> 카페에서 주문을 하고 계산을 하다 보면 계산대 앞에 놓여 있는 저금통 하나를 볼 수 있다. 영수증을 기다리는 동안 불우이웃을 돕는다는 내용이 적혀 있는 저금통을 보고 남는 동전이 있으면 종종 넣었다. 가끔 이 돈이 어디에 쓰일까라는 의문이 든 적도 있었지만 지금 내가 기부한 이 100원이 누군가에게는 큰 힘이 될 수 있을지도 모른다는 생각에 기회가 되면 기부하곤 했다.
>
> • 본문 (중략)
>
> • 결말
>
> 내가 일주일에 100원, 200원씩 카페의 저금통에 넣는 그 돈은 정말 작은 선행이지만 그 선행은 나에게 큰 행복을 주었다. 그 행복은 또 다른 행복을 불러 다음에도 또 저금통에 동전을 넣게 하였다. 나는 이 작은 행복도 진정한 기부에 포함시켜야 한다고 생각한다. 지속적이고 책임감 있는 기부도 중요하지만 작은 실천부터 할 수 있는 마음이 더 중요하기 때문이다. (학생글)

위의 글은 '일시적인 기부의 문제점을 지적하며 기부자들의 책임감 있는 태도'를 요구하는 글에 대한 비평문이다. 불우이웃을 돕기 위해 카페의 저금통에 100원씩 넣은 경험을 시작으로 하여 어떻게 사용되는지는 구체적으로 모르지만 저금통에 넣은 100원, 200원의 가치도 높게 평가해야 한다고 마무리하였다. '작은 선행이 불러오는 행복의 크기'라는 주제로 큰돈은 아니더라도, 지속성은 없더라도 누군가를 위해 기꺼이 나눌 수 있는 그 마음이 중요하다는 것을 말하려는 의도가 시작과 마무리에서 잘 드러나 있다.

2) 소주제문으로 결속된 단락 구성하기

한 편의 글은 전체적으로 하나의 덩어리가 아니라 여러 개의 작은 덩이들이 모여서 이루어진다. 이 작은 덩이가 단락이고, 단락은 하나의 소주제 문장을 중심으로 뒷받침하는 문장들로 구성된다. 이때 중심 문장을 뒷받침하는 문장들은 논리적으로 연결되어야 한다. 중심 문장에서 벗어나는 글을 쓰면 안 된다.

셋째, 글쓴이는 돈이 어디에 쓰이는지 모르는 문제가 있다고 했다. 예전 IMF 시절 금모으기 운동을 통해 금이 들어 있는 빈지나 징신구를 기부했던 적이 있다. 우리는 반지나 장신구가 우리나라 경제 회복을 위해서 쓰일 것이라고 믿고 기부했었기 때문에 경제위기로부터 벗어날 수 있었다. 이런 행동을 통해 개인의 먹고 살 궁리에 대한 것 자체가 자신의 생명을 소중히 여겼다는 것을 알 수 있다. (학생글)

• 수정

셋째, 글쓴이는 돈이 어디에 쓰이는지 모르는 문제가 있다고 했다. 예전 IMF 시절 금모으기 운동을 통해 금이 들어 있는 반지나 장신구를 기부했던 적이 있다. 우리는 반지나 장신구가 우리나라 경제 회복을 위해서 쓰일 것이라고 믿고 기부했었기 때문에 경제위기로부터 벗어날 수 있었다. 믿고 기부하는 것이 좋은 결과를 가져올 것이라고 생각하기 때문에 기부 단체를 믿는 것이 필요하다.

믿고 기부하는 것의 중요성을 'IMF 때의 금모으기 운동'을 빗대어 설명한

글이다. 그러나 '이런 행동을 통해 개인의 먹고 살 궁리에 대한 것 자체가 자신의 생명을 소중히 여겼다는 것을 알 수 있다.'는 전혀 관련 없는 내용이 들어가면서 글이 논리적으로 결속되지 못하였다. 따라서 하나의 단락 내에서는 하나의 중심 문장을 중심으로 관련 있는 내용들로 구성해야 한다. 따라서 믿고 한 행동이었기 때문에 금모으기 운동이 성공한 것처럼 기부도 믿고 하는 것이 좋다는 내용을 넣으면 된다.

마. 점검 및 수정

글을 완성하고 난 후에는 점검과 수정 작업을 거쳐야 한다. 좋은 글을 쓰기 위해서는 점검과 수정 작업에 시간과 정성을 들여야 한다.

1) 주제를 잘 드러냈는지 점검하기

글의 주제가 잘 드러나 있는지를 점검해야 한다. 자신의 의도와는 달리 주제와 관련 없는 내용이 들어가 있을 수도 있고 오히려 필요한 내용이 빠질 수도 있다.

평소 나는 선행을 잘하지 않는다. 월드비전에서 광고하는 1:1 결연 프로그램을 들었을 때도 '아 좋은 일인 것 같다.'고 생각하면서 실천하지 않았고, 심지어는 지하철역에 있는 자선냄비에 100원조차도 기부해 본 적이 없었다. 그 이유는 내가 기부한 돈이 어디에 어떻게 쓰일지 모르기 때문이다. 요즘에는 식당에서도 어려운 이웃을 돕는다고 카운터 앞에 저금통을 두는데 그 또한 어디에 쓰일지 모르는 일이다.

내가 나쁜 사람이라서 선의를 베풀지 않는다고 말할지도 모른다. 하지만 내가 기부한 돈이 한 아이를 살릴 수도 있지만, 자선 단체를 더 높이 세워주는 일이라고도 생각한다. 오늘날 1:1 결연을 맺어 다른 나라 사람들을 돕는 경우가 늘고 있고, 한 아이를 돕는 좋은 일이라고 기부를 권하고 있다. 하지만 개인적으로 3만 원을 한 아이에게 기부했을 때 그 아이에게 직접적으로 들어가는 돈을 구체적으로 알 수 없다. 자신이 선행을 베풀고 있다고 생각할 때 그 단체에 더 이득이 가는 일을 하고 있을지도 모른다. 결연 아이에게 기부를 하는 것이 아니라 결연 기업에 기부하는 셈이다.

그렇다고 해서 기부를 비판하는 것은 아니다. 하지만 그 기업에서나 결연 단체에서는 투명한 내역을 공개해야 한다는 것이다. 또 한 아이만 도움을 주었을 경우, 도움을 받지 못한 주변 친구들에 대해서 생각을 해 보아야 한다. 옆의 친구가 같은 처지에서 잘사는 친구가 되었을 때 얼마나 배가 아플 것인가. 마지막으로 우리나라에도 충분히 어렵고 불쌍한 사람들이 많다. 독거노인이나 고아원에 있는 아이들도 도움의 손길이 급한 사람들인데, 기부에 대한 의미를 둔답시고 다른 나라의 사람들에게만 도움을 준다면 그건 큰 모순이라고 생각한다. 자신의 앞에 도움을 기다리는 사람을 두고 얼굴도 모르고, 어떻게 쓰일지도 모르는 돈을 기부한다는 것은 자신의 기부가 어떻게 이루어지고 있는지도 모르는 일이다.

1:1 결연이나 기부, 후원을 하는 것이 꼭 나쁜 것만은 아니지만 적어도 자신이 베푼 돈이 어디에 어떻게 쓰였고 어떤 도움을 주었는지 내역을 알아야 한다. 진심어린 마음으로 기부를 하고 싶다면 뚜렷한 기부를 해야 한다. 불투명한 선행을 하는 것은 진정한 선행이라고 할 수 없다. (학생글)

위의 글은 자선 단체의 투명한 운영이 필요하고, 이러한 투명한 운영을 위해서는 기부자들이 관심을 가져야 한다는 주제를 담고 있다. 그러나 '도움을 받지 못하는 친구의 질투 문제, 우리나라 내에서의 어려운 사람들을 돕는 일'이라는 또 다른 문제를 글의 중간에 제기하여 글의 결속성을 해치고 있다. 이

부분을 삭제하면 문제가 해결된다.

2) 구성이 적절한지 점검하기

글의 큰 덩어리를 나눈 작은 덩이글인 단락이 잘 구분되어 있으면 글을 읽을 때 그 흐름을 파악하기 쉽지만, 단락이 구분되어 있지 않으면 글의 내용을 파악하기가 어렵다. 따라서 소주제문에 따라 단락이 잘 나누어져 있는지를 점검해야 한다. 또한 도입과 마무리의 내용이 적절한지, 본문의 항목이 잘 배열되어 있는지 등도 점검해야 한다.

제목: 발효식품의 숙성 기간을 통해 본 한식 세계화의 장기적인 전략

1. 발효의 정의와 효능

미생물이 가지고 있는 효소를 이용해 유기물을 분해시키는 과정을 발효라고 한다. 발효 반응과 부패 반응은 비슷한 과정에 의해 진행되지만 분해 결과, 우리의 생활에 유용하게 사용되는 물질이 만들어지면 발효라고 하고 악취가 나거나 유해한 물질이 만들어지면 부패라고 한다(네이버 두산백과). 이러한 발효 작용을 이용하여 만든 식품을 발효식품이라 일컫는다. 발효식품의 대표적인 예로는 김치, 간장, 된장, 고추장 등이 있다.

발효식품의 효능을 간단히 말하자면 발효식품은 큰 분자의 영양소를 작은 분자로 분해하여 소화에도 좋으며, 유기산 등이 생성되는 산성 식품으로 김치 같은 경우는 식중독균 및 병원균의 성장을 억제한다. 또한 맛과 조직감을 좋게 하며, 무엇보다도 건강기능성을 증진하는 효과를 가진다. 그뿐만 아니라 발효식품은 식품 발효 과정을 통해 독성 물질을 파괴하고, 소화를 증진하며, 우리 몸에 필수적인 비타민을 생성하여 식품의 영양학적 가치를 높인다.

2. 한식 세계화의 장기적인 전략

2.1. 초기

2.2. 중기

2.3. 말기

3. 결론

발효식품이 오랜 기간을 거쳐 우리 인체에 좋은 영향을 끼치는 음식이 되어 가는 것처럼 우리 역시 한식을 세계화함에 있어서 조급함을 가지지 않고 장기적인 안목을 가져 단계별로 어떻게 한식을 세계화할 것인지를 고민해야 한다. 그리고 단계적이고 지속적인 전략을 바탕으로 실천해 나가야 한다. (학생글)

위 글에서는 서론이 잘못 구성되어 있다. 서론에서는 이 보고서에서 다루고자 하는 주제가 무엇인지 어떤 방향으로 전개해 나갈 것인지를 밝혀야 하는데, '발효식품의 정의와 효능'을 서론으로 제시하고 있다. '발효식품의 정의와 효능'은 본론에서 지식 정보로 제시하고, 서론에서는 왜 발효식품의 숙성 기간을 모티브로 해서 한식의 장기 전략을 구상하게 되었는지를 설명하고, 장기 전략을 구체적으로 어떻게 살펴보겠다는 논의의 방향을 제시해야 한다.

3) 표기를 제대로 했는지 점검하기

글에서 표기를 제대로 하는 것은 글쓰기의 기본을 갖추는 문제이다. 한글의 문자 생활에서 지켜야 할 규칙을 모아 놓은 어문 규정에는 한글 맞춤법, 표준어 규정, 외래어 표기법, 로마자 표기법 등이 있다. 어문 규정은 원활한 의사소통과 합리적인 국어생활을 위하여 지켜야 할 필요가 있다. 어문 규정에 맞지 않는 표기가 많으면 글 자체의 신뢰성이 떨어지면서 좋은 글이 될 수 없다. 한글 맞춤법 검사기를 활용하는 것도 하나의 방법이고, 그것으로 해결이 안 되는 문제는 국어사전을 확인하도록 한다.

3. 정리

과제1. 다음 글의 주장을 찾고 그 주장을 뒷받침하는 근거는 무엇인지 설명하세요.

최고가 아닌 최선의 판단을 하라

영국 탐험가 어니스트 섀클턴 일행의 남극 횡단 스토리를 담은 "인듀어런스"는 나에게 '올바른 판단은 무엇인가?'라는 질문을 남겼다.

유럽 전역에 전운이 감돌던 1914년 섀클턴은 인듀어런스 호를 타고 남극대륙 횡단에 도전한다. 그 배에는 섀클턴 외에 스물일곱 명의 대원이 타고 있었는데, 요리사와 기자, 기상예측가 등 '남극대륙 탐험가 모집'이라는 신문 광고를 보고 모여든 이들이었다. 하지만 탐험이 시작되고 1년여 만에 인듀어런스 호는 바다 위를 떠다니는 얼음덩어리에 부딪혀 '웨들 해' 한가운데서 난파된다. 게다가 섀클턴은 아문센 일행이 한발 차로 자신들을 앞선 사실도 알게 된다.

'얼마 남지 않은 남극대륙 탐험을 강행할 것인가, 아니면 대원들의 무사귀환인가.' 이러한 문제로 고민하던 섀클턴은 결국 대원들의 무사귀환을 택한다. 그리고 다섯 명의 대원과 함께 출발지인 사우스조지아 섬으로 구조 요청을 하기 위해 떠난다. 그들은 길이 6미터에 불과한 보트에 타고 1,000킬로미터가 넘는 거리를 가야 했다. 높은 파도와 추위를 생각할 때 불가능한 일이었지만 무사귀환을 위해서는 그것이 최선이었다. 구조를 요청하기 위해 떠난 섀클턴 일행은 1,280킬로미터의 드레이크 해협을 통과하고 도끼 한 자루와 로프에 의지해 해발 3,000미터에 달하는 얼음산을 넘어 마침내 기지에 도착한다. 섀클턴 선발대가 나머지 대원들의 생존을 알림에 따라, 나머지 대원 스물두 명은 조난당한 지 634일째 되는 날 칠레 정부가 급파한 군함에 의해 전원 구조된다.

이 기적 같은 일은 섀클턴의 판단과 신념이 만들어낸 작품이었다. 섀클턴은 문제에 부딪힐 때마다 목적을 분명히 했고, 문제를 해결하기 위해 최선의 판단을 했다. 나는 섀클턴의 이야기를 통해 디시전 메이킹(Decision Making)에서

중요한 것은 '어떻게'보다 '무엇'을 '왜' 해야 하는가라는 사실을 깨달았다.

만일 섀클턴이 "아문센을 따라잡을 수 있다."거나 "여기서 목표를 포기할 순 없다. 끝까지 가 보자."라고 생각했다면 어떻게 되었을까? 최초라는 기록을 놓치더라도 올바른 판단과 신념으로 대원들을 살렸기에 그는 역사에 드문 '위대한 패배자'로 기억되고 있지 않은가.

섀클턴은 문제를 해결해야 하는 순간 '왜 일을 해야 하는지', '무엇을 해야 하는지'를 알았기 때문에 '어떻게 해야 하는지'를 자연스럽게 결정할 수 있었다.

(이형규의 "디시전 메이킹"에서)

과제2. 글의 주제를 드러내기 위한 구성의 측면에서 단락 ④의 적절성을 평가해 보세요.

① "당신에게는 살 수 있는 시간이 3개월밖에 남지 않았습니다." 시한부 선고를 받은 사람의 심정을 상상해 보았는가? 비통함, 절박함, 세상에 대한 원망 등의 내가 감히 상상하기도 어려운 복합적인 감정들이 교차할 것이다. 그런데 이 책의 주인공 랜디 포시는 전혀 절망과 비탄에 빠진 사람처럼 보이지 않는다. 도리어 정관수술을 받고 새 스포츠카를 구입하는 등의 상식적으로 받아들이기 힘든 일을 할 만큼 낙관적이다. 게다가 그는 암에 걸려 죽는 것은 오히려 '행운'이라고까지 말한다. 만약 그가 심장마비로 죽거나 교통사고로 죽게 되었다면 부인 '재이'와 아무런 대화도 나누지 못한 채 삶을 마감해야 했을 것이기 때문이다. 어느 누가 보아도 비극의 정점을 찍은 상황에 처했음에도 불구하고, 주어진 삶에 대해 긍정적인 마음을 잃지 않으려 노력하는 그의 모습에 감탄하고 그를 존경하지 않을 수 없었다.

② 그는 긍정직인 사람이기도 했지만 꿈을 누구보다도 소중히 여긴 사람이었다. 나를 포함한 보통의 사람들은 자신의 꿈에 대해 막연한 생각을 하고 살

아가는 것 같다. 그러나 랜디 포시는 어려서부터 '무중력 상태에 있어 보기', '"세계백과사전"에 내가 쓴 항목 등재하기' 등과 같은 아주 독특하면서도 구체적인 꿈을 이루길 소망해왔고 그것을 성취하기 위해 누구보다도 노력하는 사람이었다. 비록 'NFL 선수 되기'라는 꿈은 이루지 못했지만 그는 "꿈은 이루었을 때보다 성취하려고 노력하는 단계에서 보다 더 많은 것을 배울 수 있다."라고 말한다. 내가 20대이기 때문일까. 간절한 꿈을 가지고 또 성취하기 위해 부단히 노력하는 지금의 나에게 그의 말은 무엇보다도 위안이 되었다.

③ 또한 그는 자신의 죽음으로 누리지 못할 모든 것들을 아쉬워하는 것이 아니라 자신의 죽음으로 인해 상실감과 공허함으로 힘들어할 가족들을 위해 책 속에 따뜻한 위로와 사랑을 담은 사람이었다. 이 점이 아니었더라면 나는 이 사람이 정말 조증 환자일지도 모른다고 생각했을 것이다. 그는 남편 없이 혼자 세 아이를 돌보게 될 아내에게 잘해 낼 수 있을 거라는 격려와 무한한 믿음을, 훗날 아빠 없이 커나갈 아이들에게는 행복했던 추억과 사랑이 담긴 말들을 전한다. 내가 어렸을 때 아빠가 나에게 써 둔 편지를 컴퓨터에서 우연히 찾아 읽은 적이 있었다. 그 당시 아빠에 대한 서운함이 좀 있었는데 그 편지를 읽고 미안하고 고마운 마음에 한참을 울었던 기억이 있다. 이 아이들이 커서 책을 읽고 하늘로 간 아빠의 사랑을 느낀다면 그것도 얼마나 행복하고 감격스러울까를 생각하니 눈에 눈물이 맺혔다. 많은 이들이 그의 '마지막 강의'를 통해 감동과 용기를 얻은 것도 사실이지만, 그가 진정 바랐던 것은 가족들에게 전하는 소중한 '마지막 작별'이 아니었을까.

④ 사실 나는 자기계발 서적을 읽는 것을 좋아하지 않는다. 자기계발 서적은 성공하기 위해서 우리가 알아야 할 아주 특별한 것들을 이야기해 주는 것 같지만, 본질적으로는 우리도 이미 알고 있는 매우 뻔하면서도 실천에 옮기지 않는 이상은 아무짝에도 쓸모없는 것들만을 말하고 있다고 생각했기 때문이다. 그래서 나는 대학 신입생 시절 이후로는 지식을 얻을 수 있는 인문학 책이나 유명 작가의 문학작품 위주의 독서를 해 오곤 했다. 그럼에도 불구하고, "마지막 강의"라는 이 책은 제목에서부터 여타 자기계발 서적과는 다른 특별한 느낌이 있었다. 보통 자기계발 서적은 '20대에 알아야 할 것들' 또는 '죽기 전에 꼭 해

야 할 것들' 등의 진부한 제목이 대부분이었기 때문일까? 아니면 그의 간절했던 삶에 대한 소망이 제목에서부터 느껴져서였을까? '한번 읽어보고 말지 뭐'라는 생각으로 집어든 책을 단숨에 읽고 독후감도 쓰게 되었다.

　⑤ '훌륭하게 죽는 법을 모르는 사람은 한마디로 살았을 때도 사는 법이 나빴던 사람이다.' 토마스 풀러의 말이다. 나는 랜디 포시가 그 누구보다도 훌륭하게 죽음을 맞이한 사람이었다고 말하고 싶다. 시한부 선고를 받았는데 두렵지 않은 사람이 어디 있겠는가. 그도 자기가 죽고 홀로 남겨질 아내와 두 아들과 딸을 생각하면 울음을 터뜨리는 한 가정의 아버지이고 남편일 뿐이었다. 하지만 그가 이렇게 존경받고 우리에게 메시지를 줄 수 있었던 것은 자기에게 맞닥뜨린 현실을 부정하거나 외면하려 하지 않고, 온전히 받아들이고 담담히 준비할 수 있었기 때문이 아닐까. 췌장암으로 시한부 선고를 받은 랜디 포시의 꿈과 자신의 인생에서 의미를 가졌던 모든 것들을 솔직하게 풀어낸 이 책은 나에게 많은 것을 느끼게 해 준 고마운 책이다. (학생글)

참고 문헌

김경원·김미란·김성수(2012), 창의적 사고 소통의 글쓰기, 서울: 성균관대학교 출판부.

박종하(2003), 생각이 나를 바꾼다, 서울: 한국경제신문.

신형기·정희모·김성수·김현주·이재성·김신정·최기숙·김병길(2008), 대학 글쓰기, 서울: 삼인.

이형규(2011), 디시전 메이킹, 서울: ㈜메디치미디어.

이화여자대학교 교양국어 편찬위원회 엮음(2013), 우리말과 글쓰기, 서울: 이화여자대학교출판부.

임지룡·이은규·김종록·송창선·황미향·이문규·최웅환(2005), 학교문법과 문법교육, 서울: 박이정.

한양대학교 국어교육위원회 편(2004), 창조적 사고와 글쓰기, 서울: 한양대학교 출판부.

Seelig, T.(2010), 스무 살에 알았더라면 좋았을 것들, 이수경 역, 서울: 엘도라도.

02

올바른 문장 표현

문장의 사전적 의미는 '생각이나 감정을 말과 글로 표현할 때 완결된 내용을 나타내는 최소의 단위'이다. 문장이 바르지 않으면 글에서 드러내고자 하는 의미를 파악하기가 어렵다. 따라서 자기의 생각이나 감정이 잘 드러나는 좋은 글은 문장을 바르게 쓰는 것에서부터 출발한다.

우리나라 사람들은 자신이 한국에서 태어나 한국에서 자라고 교육을 받았기 때문에 당연히 우리말글을 잘 알고 잘 사용한다고 생각하고 있다. 하지만 그동안의 학교 교육에서 문장력을 키워 주는 교육이 제대로 이루어지지 않아서 성인이 되어서도 문장 쓰기에 어려움을 느끼는 사람이 많다. 따라서 글쓰기를 잘하기 위해서는 올바른 문장에 대한 이해와 문장 쓰기에 대한 훈련이 필요하다.

1. 올바른 문장의 요건

올바른 문장은 바르고 정확한 문장이어야 한다. 정확한 문장이 되려면 어법에 맞게 써야 한다. 최근에 많이 사용하는 표현 가운데 '-실게요'가 있다. "이쪽에서 계산하고 가실게요. 영수증 받으실게요." 주체를 높이는 '-시-'와 화자의 행동에 대한 약속, 의지를 담은 '-ㄹ게(요)'가 함께 쓰여 도대체 무슨 말을 하는지 알 수가 없다. '손님에게 계산하고 가라는 것인지, 종업원 자신이 계산을 한다는 것인지'를 알 수 없고, '손님에게 영수증을 받으라는 것인지, 종업원 자신이 영수증을 받겠다는 것인지'를 알 수 없다. 이때의 바른 표현은 '이쪽에서 계산하세요(계산하시지요).'와 '영수증 받으세요(받으시지요).'이다. 따라서 어법에 맞는 문장을 써야 의미를 정확하게 이해할 수 있게 된다.

올바른 문장은 간결한 문장이어야 한다. 문장의 길이가 길면 많은 내용이 담기게 되고 그러면 문장 성분들 간의 관계가 얽히게 되면서 이해하기 어려운 문장이 된다. 따라서 긴 문장은 짧은 문장으로 적당하게 나누어 써야 한다. 또한 의미를 반복적으로 쓰지 않도록 주의해야 하고, 군더더기 표현이 들어가지 않도록 해야 한다. 예를 들면 '미리 예상하여 추진했다.'라는 표현은 '예상하다'가 '어떤 일을 직접 당하기 전에 미리 생각하여 두다.'이기 때문에 '미리'가 반복적으로 사용되었다. 이를 피하려면 '예상하여'라고 하거나 '미리 생각하여'라고 해야 한다.

올바른 문장은 우리말답게 명료한 문장이어야 한다. 요즘 명사와 명사를 나열하여 문장을 만드는 방식이 널리 쓰이고 있는데, 명사를 여러 개 나열하다 보면 어색한 문장이 되고, 의미를 파악하기 어려운 문장이 된다. '어설픈 자막은 사람들의 영화에 대한 자연스러운 감상을 막는다.'는 문장은 명사와 명사를 '-의'와 '-에 대한'으로 연결하여 만든 '사람들의 영화에 대한 자연스러운 감상'이라는 명사구가 목적어의 역할을 하고 있다. '-의'나 '-에 대한' 등을 이용한 표현은 외국어를 번역하는 과정에서 나타나는 것으로, 이를 사용한 문장은 우리말다움에서 멀어져 의미를 쉽게 이해하는 데 방해가 된다. 따라서 '어설픈 자막은 사람들이 영화를 자연스럽게 감상하는 것을 막는다.'와 같이 주어와 서술어의 구조가 있는 자연스러운 문장으로 바꾸어야 한다.

올바른 문장은 맥락이나 상황에 적절한 어휘나 표현을 사용한 문장이어야 한다. 문법적인 요소가 틀리지는 않았지만 의미가 다른 어휘를 사용하면 문장의 의미를 분명하게 파악하기 어렵다. 따라서 비슷한 단어이지만 의미의 차이를 파악하여 사용해야 한다. 예를 들면 '운영(運營)'은 조직이나 기구, 사업체 따위를 운용하고 경영함을 뜻하는 말이고, '운용(運用)'은 무엇을 움직이게 하거나 부리어 씀을 뜻하는 말이다. 조직, 기구, 사업체 등을 경영하는 것은 운영으로 쓰고 정책, 법, 제도, 인력 등을 움직이게 하거나 부리는 것은 운용으로 쓰는 것이 적절하여 '정부의 교육정책 운영'이 아니라 '정부의 교육정책 운용'이 적절하다. 또한 '교육정책의 운용 방식은 나라마다 틀리다.'에서 '맞지 않다'는 뜻의 '틀리다'는 이 문장에서는 틀린 표현이다. 따라서 '같지 않다'는 뜻의 '다르다'를 써야 한다.

2. 올바른 문장 쓰기

가. 정확한 문장

1) 문장 성분 어울리게 쓰기

문장에서 사용되는 단어들은 문장에서의 역할에 따라 주어, 서술어, 목적어, 보어, 관형어, 부사어, 독립어 등으로 나눌 수 있다. 이러한 문장 성분들은 문장

[예1]

- 나는 먹었다.
  (주어) (서술어)

- 나는 밥을 먹었다.
  (주어) (목적어)(서술어)

- 나는 어제 아침에 밥을 먹었다.
  (주어)   (부사구) (목적어)(서술어)

- 나는 어제 아침에 엄마가 차려 주신 밥을 먹었다.
  (주어)   (부사구)   (관형절)   (목적어)(서술어)

에서의 역할이 정해져 있어 그것에 맞게 제대로 써야 한다.

　문장에서 가장 중요한 성분은 주어와 서술어이다. '그녀는 아름답다.'와 같이 주어와 서술어만으로 완결된 문장이 되는 것이 있고, '나는 먹었다.'와 같이 서술어에 목적어가 필요한 것도 있다. 그래서 '나는 밥을 먹었다.'라고 하면 하나의 문장으로서 완결된 상태가 된다. 그러나 '나는 밥을 먹었다.'의 문장에서 언제 어떤 밥을 먹었는지를 부가적으로 설명을 해야 그 상황의 의미를 제대로 전달할 수 있게 되는 경우도 있다. 따라서 '언제'에 해당하는 '어제 아침에'라는 부사구와 '어떤'에 해당하는 '엄마가 차려 주신'이라는 관형절을 추가하여 내용을 더욱 풍성하게 만들 수 있다. 올바른 문장은 이러한 문장 성분들을 서로 잘 어울리게 써야 한다. 곧 주어와 서술어가 서로 잘 어울리게, 서술어와 목적어가 잘 어울리게, 부사어와 관형어 등의 수식어가 수식을 받는 말과 잘 어울리게 써야 한다.

[예2] '청춘가악'은 서울시 청소년 국악단의 정기 연주회인데 이번이 35번째였다.

　　　 '청춘가악'은 서울시 청소년 국악단의 35번째 정기 연주회의 주제였다.

[예2]의 문장에서 주어 '청춘가악'은 서술어(부) '서울시 청소년 국악단의 정기 연주회이다.'와 연결되어 있다. 따라서 이 문장에서는 서울시 청소년 국악단의 정기연주회의 명칭이 '청춘가악'인 것으로 파악된다. 아래의 문장은 주어 '청춘가악'이 서술부 '서울시 청소년 국악단의 35번째 정기 연주회의 주제이다.'와 연결되어 있다. 따라서 '서울시 청소년 국악단의 35번째 정기연주회'의 주제가 '청춘가악'인 것이다. '청춘가악'이 어떤 서술어와 연결되었는지에 따라 문장의 의미가 달라진다.

문장 성분이 잘못 연결되면 다른 의미를 전달하며 심지어는 무슨 내용인지를 이해하기 어렵게 한다.

[예3] 제 인생에서 가장 도전적이었던 경험은 2011년 한 해입니다.

→ 제 인생에서 가장 도전적이었던 경험은 2011년에 있었습니다.

[예3]의 문장에서 주어 '경험은'의 서술어(부)로 '2011년 한 해이다.'가 왔다. '경험'이 '2011년'으로 연결되면서 문장의 의미를 파악하기 어렵다. 따라서 주어 '경험은'은 '2011년에 있었다.'고 해야 글쓴이가 전달하고자 하는 의미에 맞게 된다. 따라서 글을 쓸 때 주어와 서술어의 연결 관계가 어떠냐에 따라서 의미 전달이 달라지고, 연결 관계가 올바르게 이루어져야 전달하려는 의미를 명확하게 파악할 수 있게 된다.

[예4] 저에게 '순수'란 언제나 깨끗한 마음으로 문제의 본질을 생각하는 삶입니다.

→ 저에게 '순수'란 언제나 깨끗한 마음으로 문제의 본질을 생각하는 삶

을 의미합니다.

〔예5〕 사람들이 많이 오가는 곳을 지나다 보면 기부를 권유하는 <u>사람들이</u>
       쉽게 <u>만나게 된다.</u>
   → 사람들이 많이 오가는 곳을 지나다 보면 기부를 권유하는 <u>사람들을</u>
       쉽게 <u>만나게 된다.</u>

〔예6〕 비록 몸은 멀리 <u>있고</u> 마음만은 가까이 있다.
   → <u>비록</u> 몸은 멀리 <u>있더라도</u> 마음만은 가까이 있다.

〔예4〕는 주어와 서술어의 호응이 맞지 않는 예이다. 주어 '순수란'은 '무엇을 뜻(의미)한다.'와 연결되어야 하는데, '순수는 삶이다.'고 하여 주어와 서술어의 호응이 적절하지 않다. 〔예5〕에서 '만나게 되다'는 목적어를 필요로 한다. 따라서 '사람들이 만나게 되다.'가 아니라 '사람들을 만나게 되다.'로 써야 한다. 〔예6〕에서 용언을 꾸며 주는 부사 '비록'은 '-ㄹ지라도', '-지마는'과 같은 어미가 붙는 용언과 함께 쓰인다. 따라서 '있고'는 '있더라도, 있지마는'으로 써야 맞는 표현이 된다. 부사 가운데 화자의 의도나 태도를 나타내는 데 쓰이는 '결코, 과연, 마치, 반드시, 비록, 설마, 제발' 등은 의미적으로 다음에 오는 말을 제약하기 때문에 주의해야 한다.

2) 문장 성분 필요한 만큼 쓰기

의미 전달에서 중요한 것은 필요한 문장 성분을 필요한 만큼 사용하는 것이다. 따라서 올바른 문장을 쓰기 위해서는 필요한 문장 성분을 생략해서도 안 되고, 중복해서도 안 된다.

〔예1〕 비가 오고 눈도 온다.
→ 비와 눈이 온다. (○)

〔예2〕 비가 오고 바람이 분다.
→ 비와 바람이 분다. (×)

'비'와 '눈'은 모두 '오다'는 서술어와 호응하기 때문에 비의 서술어 '오다'를 생략해도 된다. 하지만 '비'와 '바람'은 동일한 서술어를 필요로 하지 않기 때문에 '비'의 서술어 '오다'를 생략하면 '비가 불다.'는 사태에 어울리지 않는 말이 된다. 곧 동일한 표현이 동일한 문장 성분의 역할을 할 때에는 생략이 가능하지만 그렇지 않을 때는 생략하면 안 된다.

〔예3〕 기자단 활동을 하면서 성금 모금 캠페인 행사를 다수 취재를 했다.
→ 기자단 활동을 하면서 성금 모금 캠페인 행사를 다수 취재하였다.

'캠페인 행사를 취재를 하다.'는 문장에는 목적어가 두 번 나온다. 이러한 문장 성분의 중복은 의미를 파악하는 데 방해가 되기 때문에 필요한 만큼만 사용해야 한다. '캠페인 행사를 취재하다.'로 수정하면 의미를 이해하기가 쉬워진다.

〔예4〕 지방이 적고 연하며 맛도 담백합니다.
→ 지방이 적고 육질이 연하며 맛도 담백합니다.

〔예5〕 <u>청소년기 학생들의</u> 마음을 잘 헤아려 대화를 쉽게 나누는 편입니다.
→ <u>청소년기 학생들의</u> 마음을 잘 헤아려 <u>그들과</u> 대화를 쉽게 나누는 편입니다.

〔예6〕 건강을 위해 주중에는 <u>에어로빅을</u>, 주말에는 청계산에 오른다.
→ 건강을 위해 주중에는 <u>에어로빅을</u> <u>하고</u>, 주말에는 청계산에 오른다.
→ 건강을 위해 주중에는 <u>에어로빅을</u>, 주말에는 청계산 <u>등산을</u> <u>한다</u>.

〔예4〕에서는 '적다'의 주어와 '연하다'의 주어가 모두 '지방'이다. '지방이 적다.'는 맞지만 '지방이 연하다.'는 맞지 않는 표현이다. 따라서 '연하다'의 주어인 '육질'을 넣어서 써야 한다. 〔예5〕에서는 앞에 나오는 '청소년기 학생들'이 관형어의 기능을 그대로 유지하며 '대화를'과 연결된다면 생략할 수 있지만, '대화를 나누다.'와 어울리는 성분은 부사격 조사 '과'와 연결된 부사어이기 때문에 '그들과(청소년기 학생들과)'를 넣어서 써야 한다. 〔예6〕에서는 '에어로빅'은 '오르는 것'이 아니라 '하는 것'이기 때문에 '에어로빅'과 호응하는 서술어 '하다'를 넣어야 한다. 혹은 뒤 절의 '산에 오르다.'를 '등산을 하다.'로 수정하면 앞에 오는 '하다'는 생략 가능하다.

3) 조사와 어미 기능에 맞게 쓰기

문장에서 문법적인 기능을 표시하는 데 사용하는 조사와 어미를 잘못 쓰면 문장의 의미를 명확하게 파악하기 어렵다. 따라서 조사와 어미의 적절한 사용도 문장 쓰기에서 매우 중요하다.

〔예1〕 그는 집에서 나왔다.

그는 집으로 가고 있다.

　'에서'와 '으로'는 앞말이 부사어임을 나타내는 조사이다. '에서'는 앞말이 출발점의 뜻을 갖고 있고, '으로'는 움직임의 방향과 경로를 나타낸다. 따라서 '나오다'는 출발점의 뜻을 갖는 '에서'와 '가고 있다'는 방향성을 나타내는 '으로'와 어울린다. 만약 '그는 집으로 나왔다.'와 같이 '나오다'는 동사에 조사 '으로'를 연결하면 자연스럽지 않은 문장이 된다.

〔예2〕 그는 밥을 먹고 학교에 갔다.

그는 밥을 먹으러 학교에 갔다.

　연결 어미 '-고'는 두 가지 이상의 사실을 대등하게 벌여 놓거나 앞뒤 절의 두 사실 간에 계기적인 관계가 있음을 나타내는 연결 어미이고, '-으러'는 동작의 목적을 나타내는 연결 어미이다. 따라서 '밥을 먹고 학교에 갔다.'는 '밥을 먹다.'와 '학교에 가다.'는 두 행동이 시간적으로 앞뒤에 이어서 나타난 것임을 말해 주는 것이고, '밥을 먹으러 학교에 가다.'는 학교에 가는 목적이 밥을 먹는 것이라는 의미를 전달한다.

〔예3〕 3년 동안 전략 기획 동아리에서 활동하면서 공모전을 참여하여 수상도 해 보았다.

→ 3년 동안 전략 기획 동아리에서 활동하면서 <u>공모전에 참여하여</u> 수상도 해 보았다.

[예4] 사람들은 화면 속의 연예인이 드는 가방, 입은 <u>옷부터</u> 그들이 사용한 <u>화장품에</u> 열광한다.
→ 사람들은 화면 속의 연예인이 드는 가방, 입은 <u>옷부터</u> 그들이 사용한 <u>화장품에까지</u> 열광한다.

[예5] 두 번째 여행지에서 엄마가 <u>아들에</u> 버럭 화를 내는 일이 일어났다.
→ 두 번째 여행지에서 엄마가 <u>아들에게</u> 버럭 화를 내는 일이 일어났다.

[예3]의 동사 '참가하다'는 '모임이나 단체 또는 일에 관계하여 들어가다.' 의 의미로 조사 '에'와 결합된다. 따라서 의미를 제대로 전달하기 위해서는 '공모전에 참여하다.'라고 해야 한다. [예4]의 '열광하다'도 '에/에게'와 연결되는 동사이어서 '화장품에'가 적절하지만, 앞에 나온 시작의 조사 '부터'가 있기 때문에 뒤에 끝을 나타내는 조사 '까지'가 와야 한다. [예5]에서는 사람이나 동물 등의 유정 명사 뒤에는 '에게'가 기관이나 단체 등의 무정 명사 뒤에는 '에' 가 오기 때문에 '아들에'가 아니라 '아들에게'라고 해야 한다.

[예6] 통일에 대해 무지한 청년들에게 이것이 얼마나 중요한 것인지 올바로 <u>알려 주고</u> 통일 후 남북의 혼란을 줄여야 한다.
→ 통일에 대해 무지한 청년들에게 이것이 얼마나 중요한 것인지 올바로 <u>알려 주어</u> 통일 후 남북의 혼란을 줄여야 한다.

[예7] 파도가 철썩철썩 <u>치고</u> 바다에서 배를 타고 아무도 없는 미지의 섬으로 여행을 떠났다.

→ 파도가 철썩철썩 치는 바다에서 배를 타고 아무도 없는 미지의 섬으로 여행을 떠났다.

〔예8〕 그는 이미 우리 곁을 떠났지만 어떻게 살아가야 하는지를 알려주는 인생의 교사다.
→ 그는 이미 우리 곁을 떠났지만 어떻게 살아가야 하는지를 알려준 인생의 교사다.

〔예6〕에서는 앞 절과 뒤 절이 연결 어미 '-고'로 대등하게 연결되어 있다. 하지만 연결어미 '-어'를 사용하여 앞 절이 원인이나 근거가 되어 뒤 절의 결과를 이끄는 것으로 표현하는 것이 더 적절하다. 〔예7〕에서는 앞 절과 뒤 절이 대등한 관계가 아니고 뒤에 오는 명사인 바다를 꾸미는 관형절이 되어야 한다. 따라서 관형사형 어미 '-는'이 와야 한다. 〔예8〕의 '-는'은 현재를 나타내는 관형형 어미이고, '-ㄴ'은 과거를 나타내는 관형형 어미이다. 이 문장에서는 영향을 주는 것이 현재가 아니라 과거이기 때문에 '알려주는'이 아닌 '알려준'을 써야 한다.

4) 대등한 자격을 가진 말끼리 접속하기

단어는 단어끼리, 구절은 구절끼리, 문장은 문장끼리 접속되어야 하는데 그 연결 관계가 대등하지 않은 경우가 많다.

〔예1〕 두 사람의 마음속에는 사랑과 미워함이 다 있었습니다.
→ 두 사람의 마음속에는 사랑과 미움이 다 있었습니다.

[예1]에서 '사랑'은 명사이고, '미워함'은 동사의 명사형이다. 곧 명사와 동사가 접속 조사 '과'로 연결되어 있다. '과'는 둘 이상의 사물을 같은 자격으로 이어 주는 접속 조사로 명사와 명사를 연결하거나 용언의 명사형과 명사형을 연결할 때 사용한다.

[예2] 저의 장점은 <u>성격이 원만하여 교우 관계가 좋고</u> <u>책임감이 강하다는 것</u> 그리고 <u>끈기</u>입니다.

→ 저의 장점은 <u>성격이 원만하여 교우 관계가 좋고</u> <u>책임감이 강하며 끈기가 있다는</u> 것입니다.

[예2]에서 '성격이 원만하여 교우 관계가 좋다.'는 절과 '책임감이 강하다는 것'이라는 명사구가 연결되어 있다. 그 다음에는 '그리고'를 통해 '끈기이다'라는 서술어와 연결되어 있다. 연결된 말들의 자격이 다 달라서 연결 관계가 부자연스럽다. 두 가지 이상의 사실을 대등하게 벌여 놓는 연결 어미 '-고'에 맞추어 뒤에 나오는 항목도 절로 바꾸어 절과 절의 대등한 형식으로 연결하는 것이 좋다.

[예3] 고등학교 재학 중에는 <u>동아리의 장과 반장</u>을 맡기도 하였습니다.

→ 고등학교 재학 중에는 <u>동아리의 장과 학급의 반장</u>을 맡기도 하였습니다.

[예4] 전공 수업을 들으면서 <u>식품과 영양학의 이론을 공부하고</u>, <u>실습수업으로</u> 저의 미래를 준비해 나갈 것입니다.

→ 이론 수업을 들으면서 <u>식품과 영양학의 지식을 공부하고</u>, <u>실습수업에 참여하면서 조리사가 갖추어야 하는 기능을 익혀</u> 저의 미래를 준비해 나갈 것입니다.

〔예3〕에서는 '동아리의 장'과 '반장'이 접속조사 '과'로 연결되어 있다. 대등한 자격으로 연결되려면 '반장'이 '학급의 반장'으로 수정되어야 한다. 〔예4〕에서는 '전공 수업을 들으면서 식품과 영양학의 이론을 공부하다.'는 절과 '실습수업'이라는 명사가 연결어미 '-고'로 접속되어 있다. 따라서 대등한 연결이 이루어지 않았기 때문에 뒤에서도 '실습수업에 참여하면서 조리사가 갖추어야 하는 기능을 익히다.'는 절이 와야 한다.

또한 접속어가 아닌데 접속어처럼 사용하는 경우도 있다.

〔예5〕 할아버지는 홀로 남한에 내려오셔서 분단을 맞이하셨습니다. <u>때문에</u> 남한에서 평생 고향을 그리워하시다 몇 년 전에 돌아가셨습니다.

→ 할아버지는 홀로 남한에 내려오셔서 분단을 맞이하셨습니다. <u>그(그것) 때문에</u> 남한에서 평생 고향을 그리워하시다 몇 년 전에 돌아가셨습니다.

〔예6〕 봉사 활동을 꾸준히 해 오면서 제 자신이 누군가에게 도움을 줄 수 있다는 것에 자신감을 얻었습니다. <u>뿐만 아니라</u> 많은 사람들과 함께하면서 더불어 살아가는 것의 의미를 깨달았습니다.

→ 봉사 활동을 꾸준히 해 오면서 제 자신이 누군가에게 도움을 줄 수 있다는 것에 자신감을 얻었습니다. <u>그(그것)뿐만 아니라</u> 많은 사람들과 함께하면서 더불어 살아가는 것의 의미를 깨달았습니다.

〔예5〕의 '때문에'는 명사 '때문'에 조사 '에'가 붙은 말로 접속어가 아니다. '때문'은 명사나 대명사 혹은 어미 '-기', '-은', '-는', '-던' 뒤에 쓰이기 때문에 '그 때문에, 그것 때문에'로 써야 한다. 〔예6〕의 '뿐만 아니라' 역시 접속어가 아니다. '뿐'은 의존 명사와 조사로의 쓰임만 있기 때문에 '뿐만 아니라' 앞

에 '그' 혹은 '그것'을 넣어서 사용해야 한다.

나. 간결한 문장

1) 문장의 길이 짧게 쓰기

문장의 길이가 길면 구조가 복잡해져 의미를 이해하기 어렵다. 한 문장에 많은 내용을 넣으려고 하지 말고 한 문장에는 하나의 메시지만 전달한다는 생각으로 짧게 끊어 쓰는 것이 바람직하다. 긴 문장은 몇 개의 짧은 문장으로 나누어 적당한 길이(30-50자)로 써야 읽기 편하고 이해하기 쉽다(배상복, 2009 : 21).

[예1] 내가 이 글을 쓰고 있는 늦은 저녁 시간까지도 할아버지는 자신의 업이셨던 가방 부속 만드는 작업을 어두운 불에 의지하여 끊임없이 하고 계시는데, 저 한 땀 한 땀의 정성 또한 본인 삶을 정리하는 것이자 남겨지게 될 나에 대한 메시지일 것이라는 생각이 들자 조금이라도 같이 시간을 보내고자 하는 나와는 달리 일에만 매달리는 할아버지의 냉정한 모습에 서운했던 내가 부끄러워졌다.

→ 내가 이 글을 쓰고 있는 늦은 저녁 시간까지도 할아버지는 자신의 업이셨던 가방 부속 만드는 작업을 어두운 불에 의지하여 끊임없이 하고 계신다. 순간 저 한 땀 한 땀의 정성 또한 본인 삶을 정리하는 것이자 남겨지게 될 나에 대한 메시지일 것이라는 생각이 들었다. 조금이라도 같이 시간을 보내고자 하는 나와는 달리 일에만 매달리는 할아버지의 냉정한 모습에 서운했던 내가 부끄러워졌다.

[예1]의 문장에서는 '늦은 저녁 시간까지 할아버지는 가방 부속 만드는 작업을 하고 계시다.', '작업의 의미는 본인의 삶의 정리이자 남겨지는 나에 대한 메시지일 것이다.', '같이 시간을 보내지 않는 할아버지를 원망한 내 모습이 부끄럽다.' 등의 메시지가 담겨 있다. 한 문장에 많은 메시지를 담다 보니 글이 간결하지 않아 의미를 파악하는 데 오래 걸린다. 따라서 문장을 나누어서 한 문장에 들어가는 정보를 줄이면 이해하기 쉬운 문장이 된다.

[예2] 내가 교사가 되어서 학생들과 수업할 작품을 고른다면 아직 활발한 선행 연구가 이루어지지 않아 문학적 가치가 인정되지 않았더라도 가르치는 단원의 교육과정에 부합하고 교육목표를 달성하는 데 도움이 되는 작품을 선정할 것이며, 작품의 내용 측면에서는 수업이 끝났을 때 학생들의 삶을 긍정적인 방향으로 변화시켜 주는 내용이 담긴 작품을 읽게 할 것이다.

→ 내가 교사가 되어서 학생들과 수업할 작품을 고른다면 아직 활발한 선행 연구가 이루어지지 않아 문학적 가치가 인정되지 않았더라도 가르치는 단원의 교육과정에 부합하고 교육목표를 달성하는 데 도움이 되는 작품을 선정할 것이다. 그리고 작품의 내용 측면에서는 수업이 끝났을 때 학생들의 삶을 긍정적인 방향으로 변화시켜 주는 내용이 담긴 작품을 읽게 할 것이다.

[예2]에서는 교사가 되어 학생들과 수업할 작품을 고르는 기준을 두 가지로 제시하고 있다. '선행 연구가 활발하게 이루어지지 않아 가치가 인정되지는 않았더라도 교육과정이나 목표에 부합하는 작품'과 '학생들의 삶을 긍정적인 방향으로 변화시키는 내용이 담긴 작품'을 선정한다는 것이다. 따라서 두 가지의 선정 기준을 별도의 문장으로 제시하면 의미를 이해하기가 훨씬 쉬워진다.

문장을 나눈 후에는 내용에 따라 접속어 '또한', '그리고' 등을 활용하면 자연스럽게 연결이 된다.

2) 되풀이 없이 매끈하게 쓰기

문장을 간결하게 쓰려면 단어나 구절을 되풀이하지 않아야 한다. 또한 의미가 겹치는 말도 쓰지 않아야 한다.

〔예1〕 올바른 문장 쓰기에 대한 자세한 설명과 사례 등을 자세하게 소개하겠습니다.
→ 올바른 문장 쓰기에 대한 설명과 사례 등을 자세하게 소개하겠습니다.

〔예2〕 이 글에서는 1:1 결연 사업의 문제점을 이야기했다. 물론 동의하는 문제점이 많았지만, 그렇지 않은 문제점도 있었다.
→ 이 글에서는 1:1 결연 사업의 문제점을 이야기했다. 물론 동의하는 부분도 많았지만, 그렇지 않은 점도 있었다.

〔예3〕 다음으로는 판소리를 들었는데 수궁가에서 토끼가 용왕을 속이고 자라 등을 타고 육지로 다시 나오는 내용이었는데 판소리를 하는 분의 재치가 인상 깊었다.
→ 다음으로 판소리를 들었다. 수궁가에서 토끼가 용왕을 속이고 자라 등을 타고 육지로 다시 나오는 내용이었는데 판소리를 하는 분의 재치가 인상 깊었다.

〔예1〕에서는 '자세하다'가 두 번 사용되고 있다. 이때는 '자세한 설명'에서

'자세한'을 빼는 것이 더 자연스럽고 간결하다. 〔예2〕의 문장에서는 '문제점'이 연이어 사용되고 있다. 뒤에 오는 문제점을 '부분' 혹은 '점'으로 수정하면 반복적인 사용을 피할 수 있다. 〔예3〕에서는 상황 제시의 의미를 가지는 연결어미 '-는데'가 두 번이나 사용되어 동일한 표현의 반복이 나타났다. 앞 절의 '-는데'를 종결형으로 만들면 해결이 된다.

〔예4〕 학교 도서관 근로를 하면서 상습적으로 지각하던 습관을 고치게 되었다.
→ 학교 도서관 근로를 하면서 지각하던 습관을 고치게 되었다.

〔예5〕 저는 회사의 영업 관리를 통해서 국내의 지점 관리를 통해서 영업에 대한 지식과 실무 경험을 쌓을 것입니다.
→ 저는 회사의 국내 지점 관리를 하면서 영업에 대한 지식을 익히고 실무 경험을 쌓을 것입니다.

〔예6〕 미국은 자국을 방문하는 외국인들에 대한 입국 심사 절차를 대폭 강화하겠다고 발표했다.
→ 미국은 외국인들에 대한 입국 심사 절차를 대폭 강화하겠다고 발표했다.

〔예4~6〕은 의미가 중첩된 예이다. 〔예4〕에서는 '어떤 행위를 오랫동안 되풀이하는 과정에서 저절로 익혀진 행동 방식'인 습관이라는 말에 되풀이했던 행위의 의미가 있기 때문에 '상습적으로'를 덧붙일 필요가 없다. 〔예5〕에서는 '국내의 지점 관리'에 '영업 관리'의 뜻이 포함되어 있기 때문에 '영업 관리를 통해서'는 의미가 중첩된 표현이다. 〔예6〕에서는 자기 나라 또는 남의 나라 안으로 들어감의 의미인 '입국'에 '자국을 방문하는'의 의미가 이미 들어 있다. 따라서 의미가 중첩되는 '자국을 방문하는'을 빼야 한다.

3) 군더더기 과감하게 버리기

글에서 군더더기는 없어도 되는 표현을 말한다. 군더더기 표현이 나타나는 이유는 문장 안에 많은 정보를 담아서 표현하고 싶기 때문이다. 그러나 군더더기가 있으면 문장이 산만해져 핵심 의미를 전달하기가 어렵다.

[예1] 저의 의지만으로 소외된 이웃에게 사랑을 나누어 줄 수 있는 <u>어디서도 들어본 적 없는 좋은 취지의 목적이 있는</u> 국토대장정에 꼭 참여하고 싶습니다.

→ 저의 의지만으로 소외된 이웃에게 사랑을 나누어 줄 수 있는 국토대장정에 꼭 참여하고 싶습니다.

[예2] 야권의 단일화 시도와 여권의 군소정당 합당이라는 작금의 이슈만 보아도 지금 우리나라 각 정당이 표방하고 있는 <u>정책과 사상의 노선은</u> 크게 두 가지 정도로 단순하게 구분할 수 있을 것이다.

→ 야권의 단일화 시도와 여권의 군소정당 합당이라는 작금의 이슈만 보아도 지금 우리나라 각 정당이 표방하고 있는 <u>정책과 사상은</u> 크게 두 가지 정도로 단순하게 구분할 수 있을 것이다.

[예3] 우리는 보이는 한 <u>아이의 인간으로서의 존엄성을</u> 선택할 것인지 보이지 않는 수많은 <u>아이의 인간으로서의 존엄성을</u> 선택할 것인지 결정해야 한다.

→ 우리는 보이는 한 <u>아이의 존엄성을</u> 선택할 것인지 보이지 않는 수많은 <u>아이의 존엄성을</u> 선택할 것인지 결정해야 한다.

[예1]에서 '소외된 이웃에게 사랑을 나누어 줄 수 있는 국토대장정'에 보충

설명이 덧붙어 있다. '어디서도 들어본 적 없는 좋은 취지의 목적이 있는'이 그 것인데, 관형절이 연속적으로 나타나 문장의 뜻을 명확하게 드러내는 데 방해 한다. 국토대장정의 목적이 소외된 이웃에게 사랑을 나누어 주는 것으로 이미 파악이 되기 때문에 '어디서도 들어본 적이 없는 좋은 취지의 목적이 있는'은 군더더기 표현이다. [예2]에서는 '정책과 사상은 크게 두 가지로 구분할 수 있 다.'로 충분한 정보가 되기 때문에 '노선'을 넣는 것이 오히려 의미 파악에 장 애가 된다. [예3]에서는 '아이의 존엄성'으로 충분하다. '아이의 인간으로서의 존엄성'에서 '인간으로서의'를 빼는 것이 문장을 간결하게 만들어 의미를 파악 하기 쉽게 한다.

[예4] 저는 저의 단점을 <u>가만히 두고 살아가기보다는</u> 긍정적으로 개선하기 위해 하루하루 열심히 노력하고 있습니다.

→ 저는 저의 단점을 긍정적으로 개선하기 위해 하루하루 열심히 노력하 고 있습니다.

[예5] 식이요법과 운동을 병행하여 10kg을 감량했으며 <u>근력 없는 몸이 아 닌</u> 적정 수준의 근력이 있는 건강한 몸을 만들었다.

→ 식이요법과 운동을 병행하여 10kg을 감량했으며 적정 수준의 근력이 있는 건강한 몸을 만들었다.

[예6] 내 결혼식에 자신 있게 초대할 친구들은 300명 이상이고, <u>만약 내가 죽었을 때</u> 나의 장례식에서 울어줄 친구들도 30명 이상 있다고 자부 한다.

→ 내 결혼식에 자신 있게 초대할 친구들은 300명 이상이고, 나의 장례 식에서 울어줄 친구들도 30명 이상 있다고 자부한다.

〔예4〕에서는 '단점을 긍정적으로 개선하기 위해 노력하다.'는 의미를 전달하는 과정에서 '가만히 두고 살아가기보다는'은 '개선하다'의 군더더기 표현이다. 〔예5〕에서는 '몸무게를 감량하고 적정 수준의 근력이 있는 건강한 몸을 만들었다.'는 의미를 전달하는 문장이다. 이때 '적정 수준의 근력이 있는'으로 충분한 의미 전달이 되기 때문에 '근력 없는 몸이 아닌'은 군더더기 표현이다. 〔예6〕에서는 '결혼식에 초대할 친구와 장례식에서 울어줄 친구가 많이 있다.'는 의미를 전달하는 과정에서 '장례식'만으로도 충분하기 때문에 '만약 내가 죽었을 때'는 군더더기 표현이 된다.

다. 우리말다운 명료한 문장

1) 명사구 대신 동사를 넣어서 표현하기

명사와 명사가 연결된 명사구를 남용하면 주어와 서술어의 구성으로 이루어지는 문장의 자연스러움에서 벗어나게 된다. 명사구의 남용은 영어의 전치사구를 번역하는 과정에서 흔히 나타나는 현상이다(김정우, 2007: 70). 따라서 명사구를 남용한 문장은 우리말다움에서 멀어진 문장으로 의미를 이해하는 데 방해가 된다. 또한 명사를 여러 개 나열하다 보면 어려운 어휘를 사용하게 되는 단점도 있다.

〔예1〕 <u>비용 절감도 가능해졌다.</u>
  → 비용도 줄일 수 있게 되었다.

〔예2〕 물의 소중함을 생활화합시다.
→ 물을 소중히 여깁시다.

〔예3〕 시민의 삶의 질 개선과 도시 위상 강화 방향을 추진해 나간다.
→ 시민의 삶의 질을 개선하고 도시 위상을 강화해 나간다.

〔예1〕에서는 '비용을 줄일 수 있게 되었다.'를 '비용 절감도 가능해지다.'로 표현하여 문장의 구조를 부자연스럽게 만들었고, '절감'이라는 한자어를 사용하여 의미를 이해하기 어렵게 하였다. 〔예2〕에서는 '물을 소중히 여기자.'를 '물의 소중함을 생활화합시다.'로 표현하여 역시 쉽게 이해할 수 있는 의미를 더 어렵게 만들었다. 〔예3〕에서는 '시민의 삶의 질 개선'이라는 명사구와 '도시 위상 강화 방향'이라는 명사구를 나열하고 있다. 명사구와 명사구의 나열보다는 동사를 사용하여 '시민의 삶의 질을 개선하고 도시 위상을 강화해 나간다.'고 하는 것이 의미를 이해하기 더 쉽다.

〔예4〕 수칙 준수만 잘해도 충분히 예방할 수 있습니다.
→ 수칙만 잘 지켜도 충분히 예방할 수 있습니다.

〔예5〕 이 연구에서는 대학 교육의 질 제고를 위한 여러 방안을 모색한다.
→ 이 연구에서는 대학 교육의 질을 높이기 위한 여러 방안을 모색한다.

〔예6〕 외식 프랜차이즈 사업가라는 최종 목표를 위해 전공과 경영학 복수 전공 그리고 다양한 공모전 활동을 통해 자질을 기르겠다.
→ 외식 프랜차이즈 사업가라는 최종 목표를 위해 전공과 경영학을 복수 전공하고 공모전에 다양하게 참여하여 자질을 기르겠다.

〔예4〕에서 '수칙(守則)'은 '행동이나 절차에 관하여 지켜야 할 사항을 정한 규칙'이고, '준수'는 '전례나 규칙, 명령 따위를 그대로 좇아서 지킴.'을 뜻한다. 따라서 '수칙 준수를 잘해도'는 '규칙 지킴을 잘해도'의 뜻이다. 이 말은 '규칙을 잘 지켜도'라는 뜻의 '수칙을 잘 지켜도'로 쓰면 더 자연스러운 문장이 된다. 〔예5〕에서 '제고(提高)'는 '쳐들어 높임.'의 뜻을 가지고 있다. 따라서 '대학 교육의 질 제고를 위한 방안'은 '대학 교육의 질을 높이기 위한 방안'으로 쓰면 문장이 자연스럽고 의미를 이해하기도 쉽다. 〔예6〕은 명사구가 나열된 문장이다. '전공과 경영학 복수 전공'과 '다양한 공모전 활동'이 연결되어 문장이 자연스럽지 않다. 이를 '전공과 경영학을 복수 전공하다.'와 '공모전에 다양하게 참여하다.'는 절로 바꾸고 연결 어미 '-고'로 연결하면 자연스러워진다.

2) 피동문은 되도록 능동문으로 쓰기

피동문은 피동사가 서술어로 쓰인 문장이다. '도둑이 경찰에 잡히었다.', '아기가 엄마에게 안기었다.'와 같이 주체가 다른 힘에 의하여 움직이는 의미를 나타낸다. 피동 접미사를 덧붙이거나 '-어지다, -게 되다' 등의 표현을 사용한다. 이러한 피동형 문장은 영어의 영향을 받아 늘어난 것으로 보인다. 영어에서는 동사의 유형을 바꿈으로써 능동문과 피동문을 자유롭게 구사하고 무생물을 주어로 쓰는 데 익숙하지만 우리말에서는 피동형을 쓰면 어색해지고, 행위의 주체가 잘 드러나지 않아 뜻이 모호해지며 전체적으로 글의 힘이 떨어진다(배상복, 2009: 82-83).

〔예1〕 남북 경협은 그동안의 실패를 거울삼아 단계적으로 <u>추진되어야 한다.</u>
  → 남북 경협은 그동안의 실패를 거울삼아 단계적으로 <u>추진해야 한다.</u>

〔예2〕 이번 선사 유적지는 아파트 공사를 하던 사람들에 의해서 발견되었다.

→ 이번 선사 유적지는 아파트 공사를 하던 사람들이 발견하였다.

〔예3〕 허리디스크를 앓고 있는 환자는 가벼운 물건을 들어 올리는 일로도 디스크가 파열될 수 있으니 주의가 요구된다.

→ 허리디스크를 앓고 있는 환자는 가벼운 물건을 들어 올리는 일로도 디스크가 파열될 수 있으니 주의해야 한다.

〔예1〕에서 피동문 '추진되어야 한다.'는 '추진해야 한다.'와 같이 주체가 능동적으로 행위를 하는 것으로 표현하는 것이 더 자연스럽고 문장의 뜻도 분명하다. 〔예2〕의 '사람들에 의해서 발견되다.' 역시 '사람들이 발견하다.'로 주체의 행위로 표현하는 것이 좋다. 〔예3〕의 '주의가 요구된다.' 역시 '주의해야 한다.'는 능동형으로 표현하는 것이 문장이 더 자연스럽고 뜻도 분명하다. 따라서 문장에서 주체의 행위가 잘 드러나도록 피동형이 아닌 능동형으로 써야 한다.

〔예4〕 체계적으로 짜여져 있는 일정을 소화하는 것만으로도 학생들이 벅찰 수 있다.

→ 체계적으로 짜여 있는 일정을 소화하는 것만으로 학생들이 벅찰 수 있다.

〔예5〕 재난을 당한 사람들을 돕기 위해 낸 성금은 유용하게 쓰여질 것으로 보여진다.

→ 재난을 당한 사람들을 돕기 위해 낸 성금은 유용하게 쓰일 것으로 보인다.

〔예6〕 오랜 협상 끝에 <u>절충안이 마련되어졌다.</u>
→ 오랜 협상 끝에 절충안을 마련하였다.

    피동형 문장을 이중으로 사용하는 것도 자제해야 한다. 〔예4〕에서 '짜여지다'는 '계획이나 일정 따위를 세우다.'는 '짜다'의 피동형 '짜이다'에 또 다시 피동을 만드는 '-어지다'가 붙어서 이중 피동문이 되었다. 이중 피동을 쓰는 것은 우리말의 구조에서 맞지 않기 때문에 수정해야 한다. 〔예5〕에서 '쓰여지다'와 '보여지다' 역시 피동사인 '쓰이다', '보이다'에 피동을 만드는 '-어지다'가 결합하고 있어서 이중 피동문이다. 〔예6〕은 '마련하다'에 피동을 만드는 접사 '-되다'가 붙어서 '마련되다'는 피동사가 된 것에 '-어지다'가 결합하여 이중 피동이 되었다. 이는 '절충안이 마련되었다.'로 수정을 하여야 하고, 더 나아가 '절충안을 마련하였다.'는 능동문으로 쓰는 것이 더 적절하다.

3) 우리말다운 어투로 쓰기

    명사구나 피동문의 남용은 외국어의 번역 과정에서 주로 나타난 문제이다. 이 외에도 우리가 문장을 쓸 때 영어 번역 투나 일본어 번역 투를 상당히 많이 사용하고 있다.

＊사동 표현은 주체가 다른 사람에게 동작이나 행동을 하게 하는 의미를 나타내며, 주로 사동 접미사를 사용하거나 '-시키다, -게 하다, -게 만들다'를 사용하여 표현한다. 문장을 쓸 때 시킴의 의미가 없는데도 사동 표현을 쓰는 것은 하지 않아야 한다. 특히 타동사인 경우 이미 '-게 하다'의 의미를 갖게 되므로 '-시키다'를 결합하여 사동문으로 만드는 것은 자제해야 한다.

〔예1〕 대학 동창생들끼리 연말 모임을 <u>가졌다.</u>
→ 대학 동창생들끼리 연말 모임을 <u>하였다.</u>

〔예2〕 우리 학교는 서울 종로구<u>에 위치하고 있습니다.</u>
→ 우리 학교는 서울 종로구<u>에 있습니다.</u>

〔예3〕 이번 기회<u>를 통해</u> 늠름한 아들로 거듭나고 싶다.
→ 이번 기회<u>에</u> 늠름한 아들로 거듭나고 싶다.

〔예1~3〕은 영어 번역 투이다. 〔예1〕과 같이 '모임을 가지다, 기자 회담을 가지다, 만남을 가지다'와 같이 쓰는 것은 영어의 'have' 번역 투이다. '연말 모임을 하다, 기자 회담을 하다, 만나다'로 쓰는 것이 좋다. 〔예2〕와 같이 '-에 위치하다'는 'be located'의 번역 투이다. 우리말에서 '위치'는 '그곳의 위치는 어디입니까?'처럼 동사가 아닌 명사로 주로 쓰인다. 이 문장에서는 '-에 있다'로 바꾸어 쓰면 된다. 〔예3〕의 '-를 통해(통하여)'는 전치사 'through'의 번역 투이다. 조사 '에'를 넣어서 쓰면 된다.

〔예4〕 <u>만남의</u> 인사말에는 무엇이 있을까요?
→ <u>만났을 때의</u> 인사말에는 무엇이 있을까요?

〔예5〕 잡채를 만드는 과정<u>에 있어서</u> 주의할 점은 다음과 같다.
→ 잡채를 만드는 과정<u>에서</u> 주의할 점은 다음과 같다.

〔예6〕 공부를 <u>함에 있어서</u> 나는 계획부터 철저히 세운다.
→ 공부를 <u>할 때</u> 나는 계획부터 철저히 세운다.

[예4~6]은 일본어 번역 투이다. [예4]의 '명사형+의'를 사용하는 것은 일본어 'の'의 번역 투로 볼 수 있다. 적당한 말로 풀어서 써 주는 것이 우리 문장으로서는 더 자연스럽다. [예5]에서 '-에 있어서'는 일본어 'において'를 직역하면서 생겨난 표현이다(김경훤, 2010: 233). 조사 '에서'로 바꾸어 사용하는 것이 적절하다. [예6] 역시 '공부를 함에 있어서'도 '공부를 할 때'로 바꾸어 써야 한다.

라. 맥락을 고려한 문장

1) 어휘 의미 고려하기

문법적인 요소가 틀리지는 않았지만 의미가 다른 어휘를 사용하면 문장의 의미를 이해하는 데 방해가 된다. 특히 비슷한 의미를 나타내는 단어를 혼동하여 쓰는 경우가 많아서 주의가 필요하다.

> [예1] 아직까지 급한 성향으로 낭패를 본 적은 없지만 서두르는 경향을 고치기 위해 더욱 노력할 것이다.
> → 아직까지 급한 성격으로 낭패를 본 적은 없지만 서두르는 경향을 고치기 위해 더욱 노력할 것이다.
>
> [예2] 제가 탁월하게 일하기까지는 많은 분들의 불편이 있었습니다.
> → 제가 능숙하게 일하기까지는 많은 분들의 불편이 있었습니다.
>
> [예3] 자신의 타선이 아니더라도 더그아웃에 앉아 쉬는 것이 아니라 캐치볼을 하거나 몸을 푸는 등 훈련을 계속하고 있었다.

→ 자신의 <u>타순</u>이 아니더라도 더그아웃에 앉아 쉬는 것이 아니라 캐치볼
을 하거나 몸을 푸는 등 훈련을 계속하고 있었다.

[예1]의 '성향'의 사전적 의미는 '성질에 따른 경향'이다. 성질에 따른 경향
은 '정치적 성향'처럼 무엇에 대한 경향인지, '보수적 성향, 진보적 성향'과 같
이 어떠한 경향인지를 나타낼 때 쓰인다. 또한 성향의 정도성을 나타낼 때는
'강하다, 약하다'로 표현을 한다. 따라서 '급하다'와 호응이 되는 것은 '개인이
가지고 있는 고유의 성질이나 품성'인 성격이다. [예2]의 '탁월하다'는 '남보다
두드러지게 뛰어나다.'는 뜻이다. 이 문장에서는 어떤 일에 능하고 익숙해졌다
는 의미를 나타내야 하기 때문에 '능숙하게'를 사용하는 것이 적절하다. [예3]
의 '타선(打線)'은 '야구에서 타자의 진용'을 이르는 말이다. 이때는 '공을 치는
선수의 차례'인 '타순(打順)'을 써야 한다.

[예4] 먼저 안부를 묻고 약속을 잡아 만나는 것에 익숙지 않아서 한 번 <u>사귄</u>
사람을 금방 잊을 때가 많습니다.
→ 먼저 안부를 묻고 약속을 잡아 만나는 것에 익숙지 않아서 한 번 <u>만난</u>
사람을 금방 잊을 때가 많습니다.

[예5] 휴학하면서 '협동조합', '사회적 경제'<u>에 관한</u> 사람들을 만났다.
→ 휴학하면서 '협동조합', '사회적 경제'<u>에 관련한</u> 사람들을 만났다.

[예6] 나는 요리 동아리에 가입하여 활동하면서 요리에 대한 지식을 <u>성장시
켰다</u>.
→ 나는 요리 동아리에 가입하여 활동하면서 요리에 대한 지식을 <u>쌓았다</u>.

〔예4〕의 '사귀다'는 '서로 얼굴을 익히고 친하게 지내다.'의 뜻으로 한 번 얼굴을 본 사람을 사귄다고 하지 않는다. 따라서 '만나다'로 바꾸어 써야 한다. 〔예5〕의 '관하다'는 '말하거나 생각하는 대상으로 하다.'의 뜻으로, '협동조합, 사회적 경제를 대상으로 한 사람들'로 해석이 되어 의미가 제대로 전달되지 않는다. '협동조합'이나 '사회적 경제' 분야와 관계를 맺어 온 사람들을 만났다는 의미를 전달하려면 '-에 관련한, -와 관련한'을 써야 한다. 〔예6〕의 '성장하다'는 '사물의 규모나 세력 따위가 점점 커지다.'의 뜻으로 '지식'과는 어울려 쓰지 않는 말이다. '지식'은 '쌓다'나 '얻다'와 함께 쓰는 것이 자연스럽다.

2) 앞뒤 문장 고려해서 쓰기

문장은 완결된 의미를 나타내는 단위이지만 앞뒤의 문장 더 나아가 글 전체와 결속되어 있기 때문에 문장을 쓸 때는 전후 맥락을 고려해야 한다.

〔예1〕 "마지막 강의"를 다 읽고 난 후 모든 사람들이 그랬던 것처럼 나도 나의 마지막에 대해서 생각해 보았다. 몇 달 후 나의 삶이 끝난다면 어떨까? 과연 나는 삶을 보람차게 잘 살았다고 할 수 있을까? 대답은 '아니요'이다.

→ "마지막 강의"를 다 읽고 난 후 모든 사람들이 그랬던 것처럼 나도 나의 마지막에 대해서 생각해 보았다. 몇 달 후 나의 삶이 끝난다면 어떨까? 과연 나는 삶을 보람차게 잘 살았다고 할 수 있을까? 대답은 '아니요'였다.

〔예1〕에서는 앞 문장의 '생각해 보았다'와의 관련성을 고려하면 "'아니요'이다'가 아닌 "'아니요'였다'로 고쳐야 한다. 시간 표현은 한 문장뿐만 아니라 앞

뒤 문장, 나아가 글 전체에서 드러나는 시간과도 관련되어 있음을 기억해야 한다.

[예2] 발표 및 토론을 준비하기 위해 많은 서적을 읽어 보고 자료도 찾아보았다. 시간이 부족해서 발표 및 토론 준비를 많이 하지 못했다. 그래서 실제 발표 및 토론에서 제대로 하지 못해 아쉬움이 남는다.

→ 발표 및 토론을 준비하기 위해 많은 서적을 읽어 보고 자료도 찾아보았다. 그러나 시간에 쫓기다 보니 준비가 부족하여 실제 발표 및 토론에서 제대로 하지 못해 아쉬움이 남는다.

[예2]에서는 앞 문장과 뒤 문장이 내용상 호응하지 않는다. 앞 문장에서는 '발표 및 토론을 준비하기 위해 책이나 자료를 많이 찾고 읽었다.'고 했고 뒤 문장에서는 '시간이 없어서 준비를 많이 못했다.'고 한 것이다. 따라서 서로 내용이 일치하지 않기 때문에 뒤 문장을 '그러나 시간에 쫓기다 보니 준비가 부족하여'로 수정하여야 한다.

3. 정리

과제1. 다음 문장을 바르고 정확하게 고쳐 보세요.

(1) 에스컬레이터에서 걷거나 뛰는 것은 사고의 위험이 높습니다.

(2) 관객 중에 아이들이 많아서인지 아이들에 눈높이에 맞는 작품들도 많았다.

(3) 나머지 한 가지는 '치열하게 살아봤다는 경험'을 가진 것과 '삶의 방향

성'을 찾은 것이다.

과제2. 다음 문장을 간결하게 고쳐 보세요.

(1) 젊음과 열정이 가득한 20대 대학생으로서 국토대장정에 참여하여 고난과 역경을 통해 저의 육체적, 정신적 한계를 시험하고 극복해 내고 싶습니다.

(2) 만약 내가 이런 불평을 할 때 불평 대신에 나의 꿈을 이루기 위해 노력한다면 많은 것이 바뀔 것이다.

(3) 우리 학교는 이 지역에서 가장 오래된 학교이며, 훌륭한 인재를 많이 배출한 학교다.

과제3. 다음을 우리말답게 명료한 문장으로 고쳐 보세요.

(1) 사고 원인 파악과 재발 방지 대책을 마련한다.

(2) 이를 통해 갈등을 해결하는 요령이 생기게 되었습니다.

(3) 이 글에서는 아이들의 사진으로 기부를 유도하는 것을 가지고 인권 침해의 문제로 보았다.

과제4. 다음 문장을 맥락을 고려하여 고쳐 보세요.

(1) 종종 뉴스에 등장하는 기부 횡령 같은 문제가 발생하지 않는다면 애초에 불신할 필요가 없을 테니 말이다.

(2) 누군가는 해외의 길로, 누군가는 귀향의 길로 각자의 발걸음을 옮겼다.

(3) 교수님께서 재미있게 수업을 진행해 주셔서 지금까지 받았던 영어 수업 중에서 가장 재미있었다. 그리고 영어에 대한 흥미를 일깨워 주는 수업

이어서 그때 생긴 영어에 대한 흥미 덕분에 지금까지도 즐기면서 영어 공부를 하고 있다.

과제5. 다음 글이 자연스럽게 읽히도록 고쳐 보세요.

(1) 저는 집의 가족들의 영향을 받아서 '서울국제조리학교'에 입학하였습니다. 고등학교에 저는 외식, 영양, 조리에 대해 다방면의 것을 배우게 되었습니다. 외식창업 시간에는 현재 외식 산업에 대한 트렌드에 대해서 배웠고 창업 계획과 창업 광고에 대해서 만들어 보았습니다. 영양수업 시간에는 기초적인 영양지식과 우리나라 음식의 효능에 대해서 조사하고 발표하였습니다.

(2) 학위를 받은 후에는 통일 관련 연구소에서 계속적인 연구를 통해 실질적 통일 방안을 모색하고 싶고 통일 교육을 담당하여 통일을 준비하는 일을 하고 싶습니다. 지금으로서는 정확히 통일의 시기를 예측하는 것은 어렵지만 비단 청소년과 젊은이들만 통일교육의 대상으로 한정지을 수는 없다고 생각합니다. 즉 어린아이부터 노인까지 모두 통일교육의 대상이 됩니다. 남북이 단절된 지 60년이 훌쩍 넘었고 그 사이 양 사회는 다른 체제로 변화되었으며 두 국가에서 생활했던 사람들의 생각이 분명이 다르므로 빚어지는 혼란은 불가피하기 때문입니다.

참고 문헌

국립국어원(2013), 〈국립국어원, 경어법 혼란 개선을 위해 동영상 제작〉, 국립국어원
　　알림 마당 국어원 소식, 2013. 9. 12., 〈http://korean.go.kr/09_new/notice/
　　korean_view.jsp?idx=462〉

김경훤(2010), 글쓰기를 위한 문장의 실제와 분석, 서울: 지코사이언스.

김정우(2007), 번역 투의 성격 규명을 위한 다차원적 접근: 진단에서 처방까지, 번역학연구
　　8-1, 한국번역학회, 61-82쪽.

박종덕(2013), 공문서 바로 쓰기, 바른 국어 생활(국어문화학교 국어전문교육과정 교재), 서울:
　　국립국어원.

배상복(2009), 개정증보판 문장 기술, 서울: 씨앤아이북스.

여세주(2006), 논리적 글쓰기 이렇게 하면 쉽다, 서울: 푸른사상.

장하늘(2007), 문장력 높이기 기술, 서울: 다산초당.

정기철(2001), 문장의 기초, 서울: 도서출판 역락.

II

대학에서의 글쓰기

03

학술적 글쓰기

대학에 갓 입학한 학생들이 느끼는 여러 가지 어려움 중에는 대학 수업에서 요구하는 다양한 '보고서' 쓰기에서 오는 부담감도 큰 비중을 차지한다. 대학에서 학생들에게 요구하는 글은 서평이나 여러 가지 감상문에서부터 조사 보고서, 실험 보고서, 학술논문 등 매우 다양한 유형을 망라한다.

이러한 다양한 유형의 글 중 특히 보고서와 논문은 대학에서 요구하는 '학술적인 글'의 핵심이지만 학생들에게는 가장 생소하고 어려운 것으로 인식되고 있다. 학생들은 참고서나 인터넷 등에 의존하여 자료를 수집하고 정리하는 것에 익숙하다. 반면 수집한 자료를 바탕으로 현상을 분석, 평가하는 것, 자신의 견해를 논리적으로 입증하는 것에는 익숙하지 않다. 따라서 이 장에서는 학술적인 글의 요건과 단계별 글쓰기, 수집한 자료를 정확하게 인용하는 방법과 주석 및 참고 문헌 작성 방법에 대해 알아보도록 한다.

1. 학술적인 글의 이해

가. 학술적인 글의 요건

학술적인 글이 갖추어야 할 요건 중 가장 중요한 것은 '독창성'이다. 이미 알려진 사실, 기존에 연구된 내용을 되풀이하는 것은 학술적인 글로서 의의가 없다. 독창성을 지닌 보고서나 논문을 쓰기 위해서는, 새로운 주제를 찾거나, 새로운 자료를 찾거나, 새로운 연구 방법을 찾아야 한다.

학술적 글쓰기에서 '독창성' 못지않게 중요한 것이 '논증'이다. 아무리 새롭고 독창적인 주장이라도 (근거를 바탕으로 정당성을 입증하는) 논증 과정이 없다면 학술적인 글로서 의미를 가질 수 없다. 논증을 위한 근거는 사실적으로 정확하고 객관적이며, 합리적으로 타당한 것이어야 한다. 기존의 연구에서 언급된 사실이나 통계 자료, 실험 결과, 입증된 근거를 이용할 때에는 주석과 참고 문헌을 통해 그 출처를 분명히 밝혀야 한다. 이 부분이 미비하면 곧 '표절'이 되기 때문이다. 최근 대학 내에서 연구의 윤리성 문제가 중요한 주제로 떠올랐는데, 이에 대비하기 위해서는 올바른 인용 방법과 주석 및 참고 문헌 작성 방법을 익힐 필요가 있다(이에 대해서는 '라. 올바른 인용 방법' 참고).

학술적인 글은 주제와 목적에 따라 일정한 형식을 요구한다. 보고서의 경우는, 조사 보고서, 실험 보고서, 답사 보고서 등 주제와 목적에 따라 형식이 다양하며, 논문의 경우는 학문 분야에 따라 형식의 차이를 보인다. 따라서 보고서와 논문의 주제, 목적, 분야에 따라 적합한 형식을 익혀야 한다.

학술적인 글쓰기에서는 서술 방식도 중요하다. 구어적 표현을 지양하고 '대개, 적당히, 매우 많은' 등과 같이 정밀하지 못한 표현 사용을 자제하며, 간결하고 명료한 표현, 올바르고 정확한 어법을 사용해야 한다.

나. 보고서와 논문

보고서는 특정 대상이나 현상에 대해 관찰, 조사하거나 실험한 내용을 알리는 글로서, 체계적인 형식을 갖추고, 관찰과 조사, 실험 방법과 과정, 수집된 정보에 대한 분석과 평가가 제시된다. 보고서는 그 내용에 따라 실험 보고서, 조사 보고서, 답사 보고서 등으로 나뉜다.

이 중 실험 보고서의 경우는 분야마다 정해진 형식이 있는데, 일반적으로는 실험 목적을 밝힌 서론, 실험 재료와 장치, 실험 방법, 실험 결과, 실험 고찰(결과에 대한 분석, 평가, 설명)과 결론 등으로 구성된다.

---

1. 서론
2. 실험 재료 및 장치
3. 실험 방법
4. 실험 결과
5. 실험 고찰
6. 결론

실제 실험 보고서의 한 사례를 보이면 다음과 같다.

식품위생학 실험 보고서

실험 제목: 오렌지주스, 식초의 총산도 측정
실험 날짜 : 2013/10/29, 2013/11/05

---

1. 서론

산을 많이 함유한 식품에는 일반적으로 산도의 정도를 표시한다. 산도 측정은 식품성분 실험의 기본으로, 일반적인 이화학적 실험에도 많이 사용된다. 산과 염기의 적정을 이용, pH의 변화를 확인하여 적정점을 정해 산도를 측정하거나 지시약(페놀프탈레인 용액)을 넣어 색이 변하는 지점을 확인하여 적정점을 확인한다. 이 실험에서는 시중에 판매되는 오렌지 주스의 산도를 확인하는 산도 적정 실험을 통해 식품 분석의 기초를 배우는 것을 목적으로 한다.

2. 실험 재료

오렌지주스 시료 3ml, 식초 시료 10ml, 뷰렛 2개, 피펫필러 3개, 일회용 1ml 메스피펫 5개, 10ml 메스피펫 2개, 증류수 12ml, 페놀프탈레인 지시약 5ml, NaOH 용액, 삼각 플라스크

3. 실험 방법

1. 오렌지주스 1ml를 메스피펫으로 정확히 취해 비커에 담는다. (총 3회 실시)

1-1. 식초 0.1ml를 메스피펫으로 취해 비커에 담는다.

2. 시료 1ml에 증류수 4ml를 넣어 5배 희석을 하고 충분히 교반한다.

2-1. 증류수 4.9ml를 (1-1)에 넣어 50배 희석을 하고 충분히 교반한다.

(중략)

4. 실험 결과

실험 결과 오렌지주스의 산도 측정 값은 다음 Table 1과 같다.

〈Table1〉 오렌지주스의 산도 측정 값

	측정 값 (mL)
1차	8.65
2차	8.35
3차	8.40
평균값	8.47

(중략)

5. 실험 고찰

1차 오렌지주스의 산도 실험에서는 실험 방법을 숙지하지 못하고 페놀프탈레인 지시약을 너무 적게 넣어 분홍색으로 바뀌는 NaOH 소비량의 값이 상대적으로 커졌다. 2, 3차 시도에는 상대적으로 오차가 적은 NaOH 소비량을 보였다. 최종적으로 NaOH 소비량의 평균값을 통해 산도 측정 값의 NaOH 소비량을 구할 수 있었다. (후략)

6. 결론

총 6번의 측정 중 3번 실패하였는데, 갑자기 코크를 열어 NaOH의 급격한 투입이 일어나거나 페놀프탈레인의 농도 조절이 정확하지 않은 것이 실패의 원인이었다. 따라서 산도 측정에서는 시료를 충분히 교반하고, 처음 시료 채취 때 정확한 양을 채취하여 오차가 적어지도록 해야 한다.

논문은 특정 주제에 대한 연구를 수행하여, 정확하고 논리적인 근거를 토대로 자신의 주장이 옳다는 것을 입증하는 글이다. 논문은 단순한 정보 전달을 위한 글이 아니고 해당 분야의 학문적 발전에 기여하는 것을 목적으로 하므로 주제나 방법, 자료, 결론 등이 새롭고 독창적이어야 한다.

학문 분야에 따라 학술 논문의 체제에도 차이가 있는데, 조사 연구를 토대로 한 논문의 경우, 일반적인 체제는 다음과 같다.

---

1. 서론

    1.1. 연구 목적과 필요성

    1.2. 선행 연구

2. 이론적 배경

3. 연구 방법

    3.1. 연구 대상

    3.2. 연구 절차

4. 연구 결과

5. 결론

참고 문헌

그에 비해 문헌 연구의 경우는 본론 부분의 체제가 위와는 차이를 보이는데, 실제 학술 논문의 목차를 통해 구체적인 구성을 보이면 다음과 같다.

고등학교 문법 교육의 내용과 문제점

―국어과 교과서 문법 단원을 중심으로

1. 서론

    1.1. 연구 주제

    1.2. 선행 연구

    1.3. 연구 방법

2. 이론적 배경

    2.1. 기술주의 관점

보고서와 논문은 모두 일정한 형식과 체계를 갖추어야 하고, 정확성과 객관성, 논리성을 지녀야 한다. 또한 기존에 보고되거나 연구된 내용과는 다른, 독창성을 갖추어야 한다. 단순히 자료를 수집, 정리하는 것만으로는 보고서와 논문으로서 의미를 가질 수 없다.

2. 학술적 글쓰기의 실제

가. 주제 선정

보고서나 논문은 단순히 기존에 조사, 연구된 내용을 수집, 정리하는 데 머물러서는 안 된다. 학술적인 글의 주제는, 기존의 연구와는 다른 새로운 것, 자신이 논증할 수 있는 것, 연구의 의의가 있는 것이어야 한다. 이러한 주제를 찾기 위해서는 먼저 자신의 관심 분야에서 일반적인 주제를 찾은 후, 자신만의 새로운 주장을 펼칠 수 있도록 특정한 주제로 범위를 좁히고 구체화 하여야 한다. 일반적인 주제, 포괄적인 주제를 선택하면 학생의 입장에서 새로운 주장이나 해결 방안을 제시하거나 논증하기가 어려워서 결국 기존에 이야기된 내용을 요약, 정리하는 데 그칠 수밖에 없다.

〔예〕

'청소년들의 스마트폰 사용 실태와 문제점'을 주제로 보고서를 쓰려고 한다.

⇒ 문제점: 최근 청소년층에 스마트폰 보급률이 높아지면서 발생하는 여러 가지 문제점에 대해서는 이미 언론의 보도나 학계의 조사를 통해 널리 알려져 있다. 기존에 조사, 보고된 내용과 차별화된, 새로운 현상이나 문제점, 해결 방안을 제시할 수 있는가?

⇒ 대안: '우리 대학 학생들의 스마트폰 사용 실태와 문제점'으로 주제를 바꾸어 보면 어떨까? 기존에 연구된 청소년층의 문제점과 비교도 가능하고, 새로운 자료 수집이 가능하며, 우리 대학 내라는 특정 환경에서 가능한 문제 해결 방안을 제안할 수도 있다.

나. 자료 수집, 정리

주제를 선택한 후에는 자료를 검색하여 자신의 글에 필요한 자료를 찾고, 이를 비판적으로 검토하여 정리하는 과정이 시작된다. 자료를 수집할 때에는 주제와 관련하여 신뢰성과 권위를 인정받는 자료, 최신의 자료부터 확신하도록 하며, 출처가 불분명한 자료는 이용하지 않도록 한다.

과거에는 자료를 수집하는 일 자체가 쉽지 않아 필요한 자료를 찾는 일이 보고서나 논문을 쓰는 과정에서 가장 큰 난관이었다. 그러나 요즈음은 인터넷을 통해 수많은, 다양한 자료를 찾는 일이 가능해졌기 때문에 자료를 수집하는 일보다는 수많은 자료 중에서 양질의, 믿을 만한 정보를 선별하는 것이 더 어렵고 중요한 일이 되었다. 인터넷이 매우 훌륭한 정보 검색의 도구인 것은 분명하다. 예전에는 여러 도서관을 직접 찾아가거나 자료 복사를 별도로 주문하고, 두꺼운 자료를 일일이 들춰 필요한 정보를 찾는 등 많은 시간과 노력을 필요로 했던 작업이 인터넷의 등장으로 몇 번의 검색이면 사전, 신문 기사, 학술 논문, 전자 책, 이미지, 영상 등 다양한 자료를 한자리에서 순식간에 찾을 수 있게 되었다. 그러나 이렇게 손쉬운 만큼 인터넷을 통해 자료 수집에는 여러 문제점도 도사리고 있기에 학생들의 각별한 주의가 필요하다.

아마도 많은 학생들이 보고서나 논문을 위한 자료를 찾을 때 가장 먼저 인터넷 포털사이트의 검색을 통해 그럴 듯한 것을 골라 '복사하기, 붙이기' 과정을 되풀이하여 자료를 수집할 것이다. 이러한 방법의 가장 큰 문제점은 '정보의 출처'가 분명하지 않다는 점이다. 간혹 학생들이 보고서에 정보의 출처로 포털사이트나 블로그를 명시하는 경우가 있는데, 문제는 이들 정보의 정확한 출처와 고유성을 확인하기가 어렵다는 것이다. 따라서 정보를 올린 사람이 그 정보의 최초 생산자임이 분명하지 않은 경우, 정보의 출처를 명확히 밝히지 않은 경우, 이러한 정보는 보고서나 논문의 자료로 이용하기에 부적절하다. 또한 정보의 출처가 명시된 경우라면 그 원래 출처를 찾아 원 자료를 확인한 후에 이용하여야 한다.

학술적인 글을 쓸 때 가장 우선적으로 참고해야 할 자료는 주제와 관련된 분야의 최근 연구 성과, 즉 학술 서적이나 논문이 될 것이다. 도서관을 찾아 관련 분야의 책과 논문들을 둘러보거나, 공인된 학술 정보 검색 사이트에서 주제어를 검색하여 필요한 자료를 찾고, 목차 및 요약을 검토하여 주제와 관련된 자료를 선별하도록 한다. 통계 자료나 조사 결과 등도 이들이 수록된 연구보고서나 언론 기사, 해당 기관 홈페이지를 이용하여 정확히 확인한 후 이용하도록 한다. 수집한 자료는 종류별로 목록을 작성하고 서지사항(저자명, 논저명, 학술지

명, 간행 연도, 인용 면 등)을 정확히 기록하도록 한다. 자료별 서지사항 작성 방법에 대해서는 뒤의 '라. 올바른 인용 방법'에서 자세히 다룰 것이다.

다. 집필

1) 목차 작성하기

보고서나 논문에서 목차 작성은 글의 전체적인 구조, 글의 뼈대를 잡은 작업에 해당한다. 읽는 사람은 보고서나 논문의 목차만 보고도 그 전체 구성을 살펴볼 수 있는데, 주제와 벗어난 부분 없이 통일성을 이루고 있는지, 각 부분이 균형을 이루고 있는지, 앞뒤 연결은 논리적인지 등을 모두 목차를 통해 가늠해 볼 수 있다.

다음 예로 든 목차를 보고 통일성, 균형성, 논리성을 검토해 보자.

대학 글쓰기 교재의 내용 구성 연구

1. 서론

   1.1. 연구 주제

   1.2. 선행 연구

   1.3. 연구의 목적과 필요성

   1.4. 연구 방법

2. 이론적 배경

   2.1. 결과 중심 글쓰기

   2.2. 과정 중심 글쓰기

   2.3. 문제 해결 중심 글쓰기

통일성의 측면에서, 논문의 주제가 대학 글쓰기 교재의 내용 구성을 살펴보는 것인데, '3. 대학 글쓰기 교육 현황'은 대학 글쓰기 수업의 운영 현황이나 대학 글쓰기에 대한 학생들의 인식 조사를 다루고 있으므로 주제에서 벗어난다. 따라서 이 장은 삭제하여야 한다.

균형성의 측면에서, 1장의 세부 목차가 4개 절로 되어 있어 다른 장에 비해 너무 많은 것이 문제로 지적될 수 있다. 내용상으로 '1.3.연구의 목적과 필요성'은 '1.1.연구 주제'와 함께 다룰 수 있으므로 통합하는 것이 좋다.

논리성의 측면에서, 4장에서 내용 분석과 문제점을 제시하였는데, 문제에 대한 해결 방안이나 대안은 제시되지 않은 점은 수정될 필요가 있다. 4장에서 문제점과 해결 방안을 함께 다루거나, 해결 방안을 다각적으로 모색하여 더 자세히 다루려면 별도로 장을 마련하는 것이 좋다.

2) 본문 쓰기

서론에서는 문제의 배경, 연구의 목적과 필요성, 연구 범위와 연구 방법을 제시한다. 또한 주제와 관련된 기존의 연구 성과를 정리하여 소개하는 경우도 있는데, 연구사 정리가 길어지는 경우에는 별도의 장으로 분리하여 소개하기도 한다. 서론에서 문제의 배경, 연구의 목적과 필요성을 장황하게 서술하는 것은 바람직하지 않으며, 간략하고 명확하게 서술하도록 한다. 연구 범위는 구체적으로, 연구 방법은 자세하고 분명하게 기술하도록 한다.

본론에서는 정확하고 구체적인 근거를 통해 주장하고자 하는 바를 논증하는 과정을 제시한다. 보고서나 논문에서 주장하고자 하는 바, 혹은 밝히고자 하는 바는 분명하고 구체적으로 기술되어야 한다. 그리고 이를 뒷받침하는 근거는 정확하고, 명료하고, 믿을 만한 것이어야 한다. 이러한 근거를 제시하기 위해서는, 구체적인 자료나 조사 결과, 실험 결과를 제시하도록 하며, 기존 연구를 참고할 때에는 대표성과 권위를 지닌 연구 성과를 이용하되 그 출처를 분명히 밝혀야 한다.

결론에서는 연구를 통해 알아낸 사실을 요약하고 연구 결과의 의미와 중요성을 서술한다. 요약을 한다고 해서 본론에 제시한 내용을 전부 소개할 필요는 없으며, 연구 결과를 일반화하여 주요한 결론을 제시해 주도록 한다. 이 밖에 남은 연구 과제, 앞으로의 연구 방향 등을 제시할 수도 있다.

라. 올바른 인용 방법

1) 올바르게 인용하기

보고서나 논문에서 다른 사람의 글을 참고로 하는 경우에는 해당 부분에 인용 표시를 분명하게 하고 주석을 통해 출처를 정확히 밝혀야 한다. 요즈음 대학에서 표절 문제가 심각하게 제기되고 있는데, 실제 표절 사례들을 보면 그중에는 의도된 표절도 있지만, 정확한 인용 방법과 주석 방법을 알지 못해서 저지른 '의도하지 않은 표절' 사례도 많다. 예를 들어 보고서나 논문 본문에서는 인용 표시와 출처 표시를 제대로 하지 않고 참고 문헌에만 자료의 서지사항을 제시하는 경우가 종종 있는데, 다른 사람의 글을 참고하였다는 사실을 밝혔다는 점에서 남의 글을 '표절'하려는 의도는 없었을 것으로 추정된다. 그러나 비록 표절 의도가 없었다 하더라도 인용한 부분에 정확하게 인용 표시를 하고 주석으로 출처를 밝히지 않았다면 이 역시 의도하지 않은 '표절'이 될 수밖에 없다. 따라서 대학 글쓰기에서 올바른 인용 방법, 주석 및 참고 문헌 작성 방법을 익히는 것은 가장 중요한 첫걸음이라 할 수 있다.

인용과 표절을 나누는 기준은 무엇일까? 일단 다른 사람의 글에서 한 문장이라도 똑같은 문장을 인용 표시와 출처 표시 없이 가져왔다면 '표절'로 의심받을 수 있다. 그러나 물론 '해는 동쪽에서 뜬다', '우리의 고유 문자인 한글은 1446년에 반포되었다'와 같이 누구나 알고 있으며 동일하게 표현할 법한 내용이라면 굳이 '표절'을 걱정할 필요가 없다. 그러나 같은 내용이라도 이를 개성적으로, 독특하게 표현한 것이라면 당연히 문제가 된다. 예를 들어 '오월은 푸른 젊음의 계절이다'와 같은 문장은 누구나 쓸 법한 표현인 데 반해 '오월은 금방 찬물로 세수를 한 스물한 살 청신한 얼굴이다(피천득, 오월)'와 같은 문장은 독창성을 지닌 표현이므로 이를 자신의 글인 양 사용할 수는 없다. 또한 다른 사람의 글을 그대로 가져오지 않았다 하더라도 그 유사성이 현저한 경우, 즉 원래 문장의 몇몇 단어를 첨삭하거나 바꾸어서 기술하고 인용과 출처 표시를 하지 않은 경우 역시 표절 논란에서 자유로울 수 없다. 기존의 글에서 설정을 그대로 가지고 와서 몇몇 요소만 바꾸었다고 해서 그것이 곧 자신의 글이 될 수는 없다. (표절에 대한 자세한 설명은 4장 참조.)

2) 직접 인용과 간접 인용 방법

다른 사람의 글을 이용하여 글을 쓸 때에는 해당 부분에 정확히 인용 표시와 출처 표시를 하여야 한다. 인용 방법에는 원문의 문장을 그대로 옮기는 직접 인용 방식과 원문의 내용을 요약, 정리하여 자신의 표현으로 바꾸어 옮기는 간접 인용 방식이 있다.

　직접 인용을 할 때, 인용을 하고자 하는 것이 어절 단위이거나 두세 줄의 문장인 경우에는 큰따옴표를 사용하고, 그 이상일 때에는 별도의 인용 단락으로 제시한다. 인용문의 출처를 밝힐 때에는 대개 두 가지 방법이 쓰이는데, 하나는 본문 내에 '저자 이름(간행 연도: 인용 면)'을 제시하는 방법이고(이를 '본문 주'라 부르기로 한다), 또 다른 하나는 인용문에 각주 번호를 달고 각주에서 저자 이름, 논저 이름, 출판지, 출판사, 간행 연도, 인용 면 등을 모두 제시하는 방법이다.[1]

　다음 원문을 '직접 인용' 방식에 따라 인용한 사례를 보이면 다음과 같다.

> 　종래 자국문학사의 대개는 애초에 남성문학사 기술을 목적으로 한 것은 아니었으되, 결과적으로 남성 중심의 문학사를 낳았다. 그 대안이 여성작가들만의 문학사 서술은 아닐 것이다. 그러나 자국문학사의 남성중심성을 극복하기 위해서는 그 중간 단계로서, 말 그대로 여성 중심의 문학사 서술이 필요하다고 생각된다. 중간 단계로서의 '여성문학사'는 기존의 자국문학사에서 누락되고 평가절하 되었던 여성작가와 작품들을 가능한 많이 복원하는 것을 목표로 삼는다. 여성에 관한 망각된 기억, 이로 인한 역사의 부재가 영원히 고착되지 않도록 하는 것이 이 단계의 중요한 임무이다. 그 다음 단계

---

1)　학문 분야에 따라, 또는 학술지에 따라 주석 및 참고 문헌 출처 표시 방법이 다른데, 널리 쓰이는 방법으로는 APA(American Psycological Association) 방식, CMS(The Chicago Manual of Style) 방식 등이 있다. APA 방식에서는 본문에 저자 이름과 간행연도, 인용 면수만을 제시하고, 저자 이름, 간행연도, 논저 이름, 출판사 등 완전한 서지 사항은 참고 문헌에서 제시한다. 그에 비해 CMS 방식에서는 본문 주와 각주 두 가지 방식을 모두 규정하고 있으므로 이 책에서는 CMS 방식에 기대어 두 가지 출처 표시 방식을 보이기로 한다.

의 문학사, 궁극적인 도달점을 여성문학사와 굳이 구분한다면 '젠더문학사'로 명명할 수 있을까.

　　이경하, 여성문학사 서술의 필요성에 대하여, 여성문학연구 11, 한국여성문학학회, 2004, 397쪽.

본문 주 방식의 직접 인용 사례

〔예1〕 이경하(2004: 397)에서는 남성 중심의 문학사를 극복하기 위한 중간 단계로서 여성문학사 서술이 필요함을 강조하면서, "중간 단계로서의 '여성문학사'는 기존의 자국문학사에서 누락되고 평가절하 되었던 여성작가와 작품들을 가능한 많이 복원하는 것을 목표로 삼는다. 여성에 관한 망각된 기억, 이로 인한 역사의 부재가 영원히 고착되지 않도록 하는 것이 이 단계의 중요한 임무이다."라고 진단하였다.

〔예2〕 이경하(2004: 397)에서는 남성 중심의 문학사를 극복하기 위한 중간 단계로서 여성문학사 서술이 필요함을 강조하면서, 그 목표와 임무를 다음과 같이 제기하였다.

　　중간 단계로서의 '여성문학사'는 기존의 자국문학사에서 누락되고 평가절하 되었던 여성작가와 작품들을 가능한 많이 복원하는 것을 목표로 삼는다. 여성에 관한 망각된 기억, 이로 인한 역사의 부재가 영원히 고착되지 않도록 하는 것이 이 단계의 중요한 임무이다.

각주 방식의 직접 인용 사례

〔예1〕 이경하는 여성문학사 서술이 남성 중심의 문학사를 극복하는 중간 단계이며, "중간 단계로서의 '여성문학사'는 기존의 자국문학사에서 누락되고 평가절하 되었던 여성작가와 작품들을 가능한 많이 복원하는 것을 목표로 삼는다. 여성에 관한 망각된 기억, 이로 인한 역사의 부재가 영원히 고착되지 않도록 하는 것이 이 단계의 중요한 임무이다."[1]라고 진단하였다.

---

1) 이경하, 여성문학사 서술의 필요성에 대하여, 여성문학연구 11, 한국여성문학학회, 2004, 397쪽.

〔예2〕 이경하는 남성 중심의 문학사를 극복하기 위한 중간 단계로서 여성문학사 서술이 필요함을 강조하면서, 그 목표와 임무를 다음과 같이 제기하였다.

　　중간 단계로서의 '여성문학사'는 기존의 자국문학사에서 누락되고 평가절하 되었던 여성작가와 작품들을 가능한 많이 복원하는 것을 목표로 삼는다. 여성에 관한 망각된 기억, 이로 인한 역사의 부재가 영원히 고착되지 않도록 하는 것이 이 단계의 중요한 임무이다.[1]

---

1) 이경하, 여성문학사 서술의 필요성에 대하여, 여성문학연구 11, 한국여성문학학회, 2004, 397쪽.

직접 인용을 할 때에는 원문에 오자나 탈자가 있거나 현행과는 다른 맞춤법이 사용되었더라도 원문대로 제시하는 것이 원칙이나, 정확한 의미 전달을 위해 꼭 필요한 경우에는 해당 단어 뒤에 "(**의 오기-인용자)"와 같은 식으로 바로잡아 보여줄 수 있다. 인용자가 원문의 특정 부분을 강조하고자 밑줄이나 굵은 글씨를 사용했을 때에도 "(밑줄-인용자)", "(굵은 글씨-인용자)"와 같이 표시하여야 한다. 또한 원문이 너무 길어서 다 보여주기 어려워서 일부를 생략해야 할 때에는 "(중략)"으로 표시를 한다. 다만 이렇게 생략을 할 경우에는 저자의 의도를 왜곡하는 일이 없도록 각별히 주의를 해야 한다.

다른 사람의 글을 원문 그대로 가져오지 않고, 그 내용을 요약, 정리하여 자신의 글로 다시 기술하여 인용하는 '간접 인용'을 할 때에는 별도의 부호나 단락 구분이 필요하지 않다. 그러나 이 때문에 오히려 간접 인용의 경우는 인용문과 인용하지 않은 부분의 구분에 각별히 주의하여야 한다.

다음 원문을 '간접 인용' 방식에 따라 인용한 사례를 보이면 다음과 같다.

디지털넷은 쌍방향 소통이다. 구술사회에서 이루어졌던 쌍방향 소통이 새로운 차원에서 다시 나타난 것이다. (중략) 이러한 쌍방향 소통은 구술사회에서 나타났던 몇 가지 특징들을 다시 나타나게 해주고 있다. 구술이 즉각적인 청자의 반응과 참여에 의해 소통이 이루어졌다면 인터넷에서도 접속한 자의 즉각적인 반응과 참여가 가능해졌다.

이정덕, 21세기 한국의 문화혁명, 서울: 살림, 2004, 80쪽.

본문 주 방식의 간접 인용 사례

현재와 같은 다매체 환경에서 사적 소통과 공적 소통의 경계는 점점 더 모호해지고 있다. 이러한 상황에서 특히 인터넷이 지닌 쌍방향성에 주목한 논의들이 많은데, 예를 들어 이정덕(2004: 80)에서는 인터넷이 구술과 마찬가지로 말하는 사람뿐 아니라 듣는 사람(인터넷의 경우는 접속한 사람)의 즉각적인 반응과 참여를 가능하게 하는, 새로운 차원의 쌍방향 소통이라는 점에 큰 의의를 두었다.

간혹 학생들의 글에는 주석을 통해 출처를 표시하기는 했으나, 그 주석이 어느 문장까지 걸리는 것인지 알 수 없어 인용한 부분이 모호해지는 경우가 있는데 이는 자칫 표절 문제로 번질 수도 있으므로 조심하여야 한다(이에 대해서는 4장 참고).

3) 재인용 표시하기

다른 사람의 글에 이미 인용되어 있는 글을 다시 인용하는 경우가 있다. 원칙은 원 출처를 확인하여 그것을 인용해야 하지만, 원래의 자료를 구하기 어렵거나 언어를 해독하기 어려운 경우 등 부득이하게 '재인용'을 해야 할 경우에는 주석에 원 출처와 재인용 사실을 모두 밝혀야 한다.

조선시대에는 여성의 역할이 집안일을 주관하는 것으로 한정되어 있었기 때문에 여성에 대한 교육 역시 여공(女工), 즉 음식 만들기나 바느질 등에 국한되었다. 그러나 17세기 이후 사대부 여성 중에는 상당한 정도의 한문 실력과 교양을 갖춘 경우가 종종 보이고 있다. 그 한 예로, 17~18세기 문인인 정제두의 누이인 연일 정씨는 '여사(女士)'라 불릴 정도였다고 한다.

　　총명함이 남보다 뛰어나서 항상 열녀전, 여계(女戒) 등 여러 교훈서들을 공부하고, 사전(史傳)을 두루 섭렵하여 고금의 일에 통달하고 시사(時事)를 잘 살펴 분별하였다. 실로 식견이 특출했으나 안에 감추고 밖으로 드러내어 사람들에게 보인 적이 없었다. 어릴 때 이종 자매들과 함께 큰 외삼촌 춘파 이공에게 배웠는데, 이공이 부인을 여사(女士)라 칭하고 특히 중하게 여겼으며 그 현숙함과 빼어남은 남들이 미칠 수 없다고 하였다.[1]

---

1)　정제두, 자씨정부인유사(姊氏貞夫人遺事), 하곡집(霞谷集) 권6. 이경하, 17세기 사족(士族) 여성의 한문 생활, 국어국문학 140호, 국어국문학회, 2005, 105-106쪽에서 재인용.

4) 출처 표시하기

주석(註釋)은 본문의 내용에 대해 보충 설명을 덧붙이거나 인용한 글의 출전을 밝힐 때 사용한다. 주석은 그 위치에 따라 본문 아래에 주석란을 두어 제시하는 각주(脚註)와 각 장의 끝이나 책의 마지막 부분에 주석을 모아 별도로 제시하는 후주(後註) 등으로 나눌 수 있다.

인용한 글의 출전을 밝히는 주석은 그 위치 및 형식에 따라 '본문 주' 방식과 '각주' 방식으로 나뉜다.[2] 학문 분야나 학회에 따라 요구하는 방식이 다르므로 둘 다 익혀둘 필요가 있다.

---

2)　'본문 주' 방식을 '내각주(內脚註)', '각주' 방식을 '외각주(外脚註)'라 부르기도 한다.

■ 본문 주 방식

본문 주 방식에서는 본문 내에 인용한 글의 저자 이름, 간행 연도, 인용 면만을 다음과 같이 표시한다.

〔예1〕 김영희(1999: 188)를 따른다면 여성주의 시각은 "피억압자로서의 '정치적' 위치 및 의식"에서 출발한다. 문학사를 비롯한 역사 서술이 갖추어야 할 학문적 객관성이 비당파적인 시각을 의미하는 것은 아니다. 여성문학을 다루면서 여성주의 자체에 무관심한 태도는 분명 재고의 여지가 있다. 그러나 '여성주의'가 페미니즘의 어떤 특정 이론을 표방하거나 실천적 운동에 동참하는 경우만을 한정해서 가리키는 말은 아니라고 생각한다.

〔예2〕 여성주의 시각은 "피억압자로서의 '정치적' 위치 및 의식"(김영희, 1999: 188)에서 출발한다. 문학사를 비롯한 역사 서술이 갖추어야 할 학문적 객관성이 비당파적인 시각을 의미하는 것은 아니다. 여성문학을 다루면서 여성주의 자체에 무관심한 태도는 분명 재고의 여지가 있다. 그러나 '여성주의'가 페미니즘의 어떤 특정 이론을 표방하거나 실천적 운동에 동참하는 경우만을 한정해서 가리키는 말은 아니라고 생각한다.

본문 주 방식을 따를 경우, 인용한 글이 포함된 논저의 이름, 출판사 등 완전한 서지사항은 마지막 참고 문헌에 제시한다.

■ 각주 방식

각주 방식에서는 인용문에 각주를 달아 '저자 이름, 논저 이름, 출판사, 간행 연도, 인용 면' 등 완전한 서지사항을 제시한다(이 서지사항은 인용 면만 제외하고 모두 참고 문헌에서 다시 제시한다).

김영희는 여성주의 시각이 "피억압자로서의 '정치적' 위치 및 의식"에서 출발한다고 하였다.[1] 문학사를 비롯한 역사 서술이 갖추어야 할 학문적 객관성이 비당파적인 시각을 의미하는 것은 아니다. 여성문학을 다루면서 여성주의 자체에 무관심한 태도는 분명 재고의 여지가 있다. 그러나 '여성주의'가 페미니즘의 어떤 특정 이론을 표방하거나 실천적 운동에 동참하는 경우만을 한정해서 가리키는 말은 아니라고 생각한다.

1)   김영희, 페미니즘과 학문의 객관성, 여성과 사회 제10호, 한국여성연구소, 1999, 188쪽.

각주 방식에서, 저서를 인용할 때에는 저자 이름, 저서 이름, 출판지, 출판사 이름, 간행연도, 인용 면을 제시한다.

조동일, 문학연구방법, 서울: 지식산업사, 1980, 51쪽.
D. Nettle & S. Romaine, *Vanishing Voices: The Extinction of World's Languages*, Oxford: Oxford University Press. 2000, p.112.

한편 번역서의 경우는 저자 이름을 원어로 제시한 후, 저서 이름과 번역자 이름, 출판사, (번역서의) 간행 연도, 인용 면을 제시한다.

Walter J. Ong, 구술문화와 문자문화, 이기우·임명진 역, 서울: 문예출판사, 1995, 70쪽.

학술지 등에 실린 논문을 인용할 때에는 저자 이름, 논문 이름, 학술지 이름, 권호 수, 발행처(학회) 이름, 간행 연도, 인용 면을 제시하고, 학위논문의 경우는 저자 이름, 논문 이름, 학위 이름, 인용 면을 제시한다.

김영희, 페미니즘과 학문의 객관성, 여성과 사회 제10호, 한국여성연구소, 1999, 188쪽.

이경하, 여성문학사 서술의 문제점과 해결방안, 서울대학교 박사학위논문, 2004, 105－106쪽.

신문이나 잡지 기사나 전문가의 글 등을 인터넷을 통해 찾아 참고한 경우에는 URL도 함께 제시한다.

남형두, 표절에 관대한 문화, 한겨레, 2013년 2월 25일. 〈http://www.hani.co.kr/arti/opinion/column/575423.html〉

이현우, 세상에서 가장 비싼 물질 이야기, 2013.11.24. 〈http://blog.aladin.co.kr/mramor/6710535〉

그 밖에 통계자료, 영상 등의 경우는 다음과 같이 제시한다.

유엔개발계획, 2013년도 인간개발보고서(Human Development Report)

Ridley Scott, Thelma and Louise, MGM films, 1991.

각주 방식을 따를 때에, 반복하여 인용되는 자료의 경우는 일일이 서지 사항을 다 밝히는 것이 번거로우므로 약호를 사용한다.

바로 위에서 인용한 자료를 다시 인용할 경우에는 '위의 글' 또는 'Ibid.'라고 적고 인용한 면을 밝힌다. 그리고 바로 위는 아니지만 앞에서 이미 인용한 자료를 다시 인용할 경우에는 저자의 이름을 적고, '앞의 글' 또는 'Op.cit.'라고 적고 인용한 면을 밝힌다.

> 1) 이영아, 육체의 탄생, 서울: 민음사, 2008, 258-260쪽.
> 2) 박창원·김창섭·전혜영·차현실, 언어와 여성의 사회적 위치, 서울: 태학사, 1999, 61-78쪽.
> 3) 위의 글, 27-39쪽. (또는 Ibid., pp.27-39.)
> 4) 이영아, 앞의 글, 257쪽. (또는 Op. cit., p.257.)

5) 참고 문헌 작성하기

참고 문헌은 보고서나 논문에서 인용하거나 참고한 자료의 자세한 서지사항을 확인할 수 있도록 정리한 것이다. 참고 문헌 작성은 다음과 같은 기본 형식을 따른다.

① 국내 문헌과 외국 문헌을 함께 이용하였을 때에는 국내 문헌을 먼저 제시하고, 외국 문헌은 동양권 문헌과 서양권 문헌으로 나누어 제시한다.
② 국내 문헌은 저자 이름을 가나다 순으로 제시한다. 동양권 문헌(주로 중국, 일본)은 저자 이름을 한문의 가나다 순으로, 서양권 문헌은 저자 이름을 알파벳 순으로 제시한다. 단 서양 이름의 경우, 각주에서는 '이름, 성'의 순으로

제시하지만 참고 문헌에서는 '성, 이름'의 순서로 제시한다.

③ 본문에서 선택한 출처 표시 방식에 따라 참고 문헌의 형식이 달라지는데, 본문 주 방식을 선택한 경우에는 '저자 이름(간행 연도), 저서 이름, 출판사'의 순서로, 각주 방식을 선택한 경우에는 '저자 이름, 저서 이름, 출판사, 간행 연도'의 순서로 제시한다. 각주에서는 인용한 부분의 정확한 면을 밝히지만 참고 문헌에서는 이를 표시하지 않는다. 다만, 학술지 등에 실린 논문이나 여러 사람의 글을 엮은 단행본 중 일부만 참고한 경우에는 해당 면을 표시한다.

④ 동일한 저자의 논저를 여럿 참고한 경우에는 간행 연도 순서에 따라 제시하되, 같은 해에 발표된 논저는 그 선후 관계를 따져 ㄱ, ㄴ 또는 a, b로 제시한다.

위의 사항을 반영하여 본문 주 방식일 경우의 참고 문헌과 각주 방식일 경우의 참고 문헌 예를 보이면 다음과 같다.

본문 주 방식을 선택한 경우의 참고 문헌

강옥희(1996), 올바른 여성문학사 정립을 위한 초석 마련, 민족문학사연구 9권 1호, 민족문학사연구소, 414-420쪽.

이경하(2004), 여성문학사 서술의 문제점과 해결방안, 서울대학교 박사학위논문.

이경하(2005), 17세기 士族 여성의 한문 생활, 국어국문학 140호, 국어국문학회, 101-120쪽.

이영아(2008ㄱ), 육체의 탄생, 서울: 민음사.

이영아(2008ㄴ), 최정희의 "천맥"에 나타난 국민 형성 과정, 국어국문학 149호, 국어국문학회, 639-659쪽.

조동일(1980), 문학연구방법, 서울: 지식산업사.

한국문학연구회 편(1997), 페미니즘과 소설비평: 현대편, 서울: 한길사.

허영자·한영옥(1997), 한국 여성시의 이해와 감상, 서울: 문학아카데미.

譚正璧(1984), 中國女性文學史話, 天津: 百花文藝出版社.

後藤祥子 編(2003), 日本女性文學史: 古典編, 京都: ミネルヴァ書房.

Elliott, E.(1987), "The Politics of Literary History", *American Literature* 59, pp.265-276.

Nettle, D. & Romaine, S.(2000), *Vanishing Voices: The Extinction of World's Languages*, Oxford: Oxford University Press.

Ong, W. J.(1995), 구술문화와 문자문화, 이기우·임명진 역, 서울: 문예출판사.

Scott, J. W.(1999), *Gender and the Politics of History*, New York: Columbia University Press.

각주 방식을 선택한 경우의 참고 문헌

강옥희, 올바른 여성문학사 정립을 위한 초석 마련, 민족문학사연구 9권 1호, 민족문학사연구소, 1996, 414-420쪽.

이경하, 여성문학사 서술의 문제점과 해결방안, 서울대학교 박사학위논문, 2004.

이경하, 17세기 士族 여성의 한문 생활, 국어국문학 140호, 국어국문학회, 2005, 101-120쪽.

이영아, 육체의 탄생, 서울: 민음사, 2008ㄱ.

이영아, 최정희의 "천맥"에 나타난 국민 형성 과정, 국어국문학 149호, 국어국문학회, 2008ㄴ, 639-659쪽.

조동일, 문학연구방법, 서울: 지식산업사, 1980.

한국문학연구회 편, 페미니즘과 소설비평: 현대편, 서울: 한길사, 1997.

허영자·한영옥, 한국 여성시의 이해와 감상, 서울: 문학아카데미, 1997.

譚正璧, 中國女性文學史話, 天津: 百花文藝出版社, 1984.

後藤祥子 編, 日本女性文學史: 古典編, 京都: ミネルヴァ書房, 2003.

Elliott, E., "The Politics of Literary History", *American Literature* 59, 1987, pp.265-276.

Nettle, D. & S. Romaine, *Vanishing Voices: The Extinction of World's Languages*, Oxford: Oxford University Press, 2000.

Ong, W. J., 구술문화와 문자문화, 이기우·임명진 역, 서울: 문예출판사, 1995.

Scott, J. W., *Gender and the Politics of History,* New York: Columbia
　　University Press, 1999.

3. 정리

과제1. 다음에 제시한 자료들을 인용하여 짧은 글을 써 보되, 각각 직접 인용 방식과 간접 인용 방식, 본문 주 방식과 각주 방식을 활용해 보라.

〔1〕 여성이 집 밖으로 나와 혼자의 힘으로 돌아다니고, 부인회에 참석하고, 교육도 받고 한다는 것은 당시로서는 매우 획기적인 일이었으며, 그것은 개화기가 요구하는 새로운 여성의 모습 중 하나였다. 신소설은 이와 같은 내외법 폐지의 시대적 요구를 서사적으로 구현하려 했고, 대부분의 소설에서 여자 주인공은 집 밖으로 나가게 된다.

그런데 이것은 조선 시대의 '여성 영웅 소설'에서와는 다른 방식이다. 조선 사회에서 사대부 여성이 맨몸으로 집 밖으로 나가는 일은 원천적으로 불가능했다. 그렇기 때문에 전대 소설 속 여성이 집을 나가는 행위는 그 순간 비현실적인 판타지가 되고 만다. 전대 소설에서 여성이 영웅이 되는 길은 단 한 가지로 정해져 있었는데, 그것은 전쟁터에 나아가 무공을 세우는 일이었다. 그들은 남장을 하고 다니며 남성들보다 뛰어난 무술과 괴력으로 세계를 제패하여 영웅의 자리에 등극한다. (중략) 그들은 남성들과 동등하게 전장에서 싸울 뿐 아니라 오히려 남성들보다 혁혁한 공을 세워 사회적 지위를 공고히 확보하는 것이다. 그러나 이를 근거로 신소설의 이데올로기가 전대 소설에서보다 더 봉건화되었다고 판단할 수는 없다. 여성이 전쟁터에서 무공을 세운다는 것은 현실성이 거의 없는 설정이기 때문이다. 이것은 다음 학자의 말대로 오히려 전대 소설이 가지고 있는 '문제 해결 방식의 낭만성'이라고 할 수 있다.

> 여성의 위상이 높아질수록 그 문제 해결 방식의 낭만성이 노골적으로 나타남으로써 소설적 진실성을 감소시키고 있다. …… 요컨대, 문제 해결 방식이 낭만성을 띠게 될 때에 이는 곧 문제 자체에 대한 진지한 고민을 결함으로써 문제의 핵심을 은폐하거나 그 심각성을 간과하게 된다는 점에서, 이 해결 방식의 낭만성은 문제 해결의 허구성으로 이어지는 것이다. 말하자면, 조선조의 여성 독자들이 여성 영웅 소설을 진지하게 받아들였다기보다는 단순한 '허구' 그 자체로 받아들였을 것이며, 따라서 작품 내에서 여성의 남성에 대한 지위가 상당히 상승되었다는 점이 당대에 진지하게 받아들여질 성질은 아닌 것으로 본다. …… 소설의 출현이 반드시 여성 영웅의 위상이 점점 더 강화되는 방향으로 진행된다는 필연성은 없는 것으로 본다. …… 따라서 여성 영웅의 위상과 소설의 출현 시기를 동일시하거나 여성의 위상을 통해서 소설의 근대성 지향을 가늠하는 것은 여전히 신중한 검토를 거쳐야 할 문제로 남아 있는 셈이다. (이인경, 여성 영웅 소설의 유형성에 관한 반성적 고찰, 한국 서사 문학사의 연구, 서울: 중앙문화사, 1995, 1375‒1376쪽.)
>
> 이영아, 육체의 탄생, 서울: 민음사, 2008, 258‒260쪽.

(2) 국문장편소설과 여성영웅소설은 18·9세기 조선사회에서 대중적 인기를 확보한 가운데 영향력을 행사한 대표적 소설 유형이라 할 수 있다. 특히 여성의 문제를 당대의 규범과는 상반된 차원에서 다루고 있다는 점에서 당대 사회의 여성인식을 지배층의 시각과는 다른 측면에서 포착할 수 있는 가능성을 보여준다. 또한 그러한 성격으로 인해 당대 사회에서도 다수의 독자층, 특히 여성 독자층에게 신선한 충격을 안겨주며 공감과 각성을 이끌어냈을 것이다.

그러나 두 소설 유형이 여주인공을 형상화하는 방식에서는 공통점보다는 차이점이 더 두드러진다. 이는 이들이 각기 다른 담당층과 유형적 특징, 그로 말미암은 지향성의 차이 등을 지닌 이질적인 소설이기 때문일 것이다. 따라서 여주인공 형상화에서 포착되는 차이는 이 소설들의 궁극적인 여성인식, 더 나아가 사회나 인간을 바라보는 관점의 차이와도 관련되는 것으로 파악된다.

이들이 각기 당대 사회의 여성적 제약을 드러내며 이에 대한 저항을 형상화하고 있다는 점에서 나름의 의의를 지님과 동시에 계층성이나 유형성에 말미암은 한계 역시 보여주고 있음을 확인할 수 있었다. 이러한 사실을 통해 보수와 진보의 물결이 긴장 상태를 유지하며 변화를 모색하던 당대의 시대적 고민이 소설 유형들을 통해 각기 다른 양상으로 포착되고 있음을 짐작하게 된다.

이시하, 18·9세기 여성중심적 소설과 여성인식의 다층적 면모, 고소설연구
31집, 한국고소설학회, 2011, 140쪽.

과제2. 다음 자료들을 참고 문헌 작성 방법에 따라 정리해 보라.

① 이경하의 논문. '여성/문학/사'에 관한 이론적 고찰. 2002년 한국고전여성문학회에서 발행한 학술지 한국고전여성문학연구 제5호의 231-261쪽에 실림.

② 김용숙의 책. 이조여류문학 및 궁중풍속 연구. 1970년 서울에 있는 숙명여대 출판부에서 출판됨.

③ Joan Kelly의 책 Women, History and Theory: the Essays of Joan Kelly. 1984년 Chicago의 University of Chicago press에서 출판됨.

④ 권보드래의 논문. 젠더와 양식: 신소설의 성(性), 계급, 국가-여성 주인공에 있어 젠더와 정치성의 문제-. 2008년 여성문학연구소에서 발행한 학술지 여성문학연구 제20호의 7-42쪽에 실림.

⑤ 조동일의 책. 문학연구방법. 1980년 서울에 있는 지식산업사에서 출판됨.

⑥ 가야트리 스피박(Gayatri Spivak)이 쓰고 태혜숙이 번역한 책. 다른 세상에서. 2003년 서울에 있는 여이연에서 출판됨.

⑦ Sandra M. Gilbert와 Susan Gubar가 쓴 책. The Madwoman in the Attic: The Woman Writer and the Nineteenth Century Literary Imagination. 1979년 New Haven의 Yale University Press에서 출판됨.

⑧ 문정우가 쓴 서평. 언어학자가 만난 '언어의 천재들'. 2013년 11월 14일 잡지 시사IN에 실림.

⟨http://www.sisainlive.com/news/articleView.html?idxno=18366⟩

⑨ 이현우의 서평. 시몬 베유 읽기, 2013년 11월 4일에 블로그에 올림.

⟨http://blog.aladin.co.kr/mramor/6674457⟩

⑩ 토지문화재단에서 편찬한 책. 한국문학사 어떻게 쓸 것인가. 2001년 서울에 있는 한길사에서 출판됨.

⑪ 조동일의 책. 한국문학과 세계문학. 1991년 서울에 있는 지식산업사에서 출판됨.

참고 문헌

박창원·김성원·정연경(2012), 논문작성법, 서울: 이화여자대학교 출판부.

손동현·원만희·박정하·배식한·박상태·이승희·이지영(2007), 학술적 글쓰기, 서울: 성균관대학교 출판부.

Booth, W. C., Colomb, G. G., Williams, J. M.(2012), 학술논문작성법, 양기석·신순옥 역, 서울: 나남.

04

글쓰기의 윤리

최근 '표절'을 둘러싸고 사회적으로 논란이 되는 일이 빈번해졌다. 과거에는 표절이 주로 학계나 문학계 등 한정된 분야의 문제로 인식되었으나, 이제는 정치권이나 대중문화 분야 등에서도 표절이 큰 이슈가 되고 있다. 여기에는 지적 재산권에 대한 사회적 인식의 확산 등도 한 요인이 될 것이다. 과거에 비해 사회적으로 '표절'에 한층 엄격해진 분위기는 연구자들에게 보다 엄격한 연구 윤리를 요구하고 있거니와 이는 대학에서의 글쓰기에도 예외가 아니다.

대학에서 벌어지는 비윤리적 글쓰기에는 표절뿐만 아니라 자료 짜깁기, 과제물을 사고파는 행위, 조별 과제에 기여하지 않고도 이름을 올리는 이른바 '무임승차' 행위 등도 포함된다. 최근 몇몇 대학에서는 학자들에게 요구되는 연구 윤리에 준하여 학생들이 과제물을 제출할 때 윤리 서약도 함께 제출하도록 하고 있는데, 이는 그만큼 대학에서 글쓰기의 윤리 문제가 심각하다는 현실의 반증이다.

1. 글쓰기 윤리의 문제

가. 표절의 문제

'표절(剽竊)'의 사전적 의미를 찾아보면 "시나 글, 노래 따위를 지을 때에 남의 작품의 일부를 몰래 따다 씀"이라 되어 있다. "훔치다, 도둑질"의 의미가 있는 '竊'이란 한자가 보여주듯이 표절은 "남의" 작품을 "몰래" 가져오는 행위라는 점에서 결국 '남의 것을 훔치는 행위'로 간주된다. 예술 분야에서는 다른 사람의 작품을 '차용'하는 것과 '표절'하는 것의 구분에 대해서 여전히 논란이 많지만, 학술 연구 활동에서 '표절'의 개념은 보다 명확해서 다른 사람의 아이디어나 글을 이용할 때 정확한 인용 표시와 출처 표시가 없는 경우는 모두 표절이 된다. 참고로 한국학술단체총연합회의 연구윤리지침에서는 표절을 "의도적이든 비의도적이든 일반적 지식이 아닌 타인의 아이디어나 저작물을 적절한 출처 표시 없이 자신의 것처럼 부당하게 사용하는 학문적 부정 행위"로 규정하고 있다.

다른 사람의 글을 '그대로' 옮기지 않고 서술 방식을 달리한다든가 문장의 일부 단어를 첨삭하거나 동의어로 대체하는 등 새롭게 기술한 경우라도 적절한 인용 표시와 출처 표시가 없으면 이 역시 표절에 해당한다. 다음의 윤리 지침에는 이러한 사항이 좀 더 명확히 규정되어 있다.

서울대학교 연구윤리 지침
제7조 〔타인의 연구 성과 사용〕
③ 연구자는 연구문헌·연구계획서를 작성함에 있어 자신의 연구의 독자성을 해하지 않는 범위 내에서 타인의 연구 아이디어, 연구 데이터 및 문장

을 부분적으로 사용할 수 있다. 다만 이 경우에는 정확한 출처 표시 또는 인용 표시를 하여야 하고 다음 각 호의 행위를 하여서는 아니 된다.

1. 타인의 연구 아이디어 및 연구 데이터의 전부 또는 일부를 서술방식을 달리하여 마치 자신의 연구 성과인 것처럼 표현하는 행위

2. 타인의 저술 문장을 복사하여 마치 자신의 문장인 것처럼 사용하는 행위(타인의 연속된 2개 이상의 문장을 인용 표시 없이 그대로 사용한 경우에는 이에 해당하는 것으로 추정한다. 다만, 구체적인 결정은 전공 분야의 특성을 고려하여 해당 학계의 판단에 의한다.)

3. 단어의 첨삭, 동의어 대체 등의 변형을 통하여 타인의 저술을 발췌하고 조합하여 마치 자신의 연구 성과인 것처럼 사용하는 행위(다만, 발췌·조합에 있어 소재의 선택 또는 배열에 창작성이 인정되고 정확한 출처 표시 또는 인용 표시가 되어 있는 경우는 제외한다)

더 나아가 자신이 전에 발표한 글의 일부를 인용 및 출처 표시 없이 새로운 글에 다시 사용하는 것을 '자기 표절'이라 하여 문제 삼기도 한다.

나. 자료 짜깁기의 문제

대학 글쓰기의 윤리 문제에서 표절과 더불어 심각한 문제로 지적되는 것이 바로 여러 사람의 글을 짜깁기하여 자신의 글인 양 조작하는 행위이다. '짜깁기'는 실상 '표절'에 속하는데, 간혹 학생들은 자료를 스스로 '조합'한 것이므로 짜깁기는 표절이 아니라고 생각하는 경우가 있다. 그러나 아무리 많은 자료를 애써 찾아 공들여 이어 붙여 최초의 자료와 다른 모습으로 재구성하였더라도 인용 표시와 출처 표시 없이 자료를 이용하였다면 이는 명백한 표절 행위이다. 다음의 예를 살펴보자.

자료

〔1〕 다매체 환경에서 소통의 특징은 문자와 이미지, 이성과 감성이 중층적으로 얽힌 복합적 소통으로, 사적 소통과 공적 소통의 경계를 넘나드는 인터넷의 소통으로, 쌍방향적 소통으로 정리할 수 있겠다. (윤여탁·최미숙·김정자·정현선·송여주, 매체언어와 국어교육, 서울대학교출판문화원, 2013, 110쪽)

〔2〕 디지털넷은 쌍방향 소통이다. 구술사회에서 이루어졌던 쌍방향 소통이 새로운 차원에서 다시 나타난 것이다. (중략) 이러한 쌍방향 소통은 구술사회에서 나타났던 몇 가지 특징들을 다시 나타나게 해주고 있다. 구술이 즉각적인 청자의 반응과 참여에 의해 소통이 이루어졌다면 인터넷에서도 접속한 자의 즉각적인 반응과 참여가 가능해졌다. 그러나 연기된 반응이나 점검도 가능하여 참여의 성격이 훨씬 복잡한 양상을 보여준다. (이정덕, 살림지식총서, 21세기 한국의 문화혁명, 살림, 2004, 80쪽)

〔짜깁기의 예〕

현대와 같은 다매체 환경에서 소통의 특징은 문자와 이미지, 이성과 감성이 중층적으로 얽힌 복합적 소통으로, 사적 소통과 공적 소통의 경계를 넘나드는 인터넷의 소통으로, 쌍방향적 소통으로 정리할 수 있다. 이러한 쌍방향 소통은 구술사회에서 나타났던 몇 가지 특징들을 다시 나타나게 해주고 있는데, 구술이 즉각적인 청자의 반응과 참여에 의해 소통이 이루어졌다면 인터넷에서도 접속한 자의 즉각적인 반응과 참여가 가능해졌다.

위의 사례는 두 자료에서 가져 온 문장들을 이어 붙여서 새로운 문단으로 구성한 것인데, 아무런 인용 표시나 출처 표시를 하지 않았다는 점에서 명백한

'표절'이다.

한편 인용과 출처 표시를 하기만 하면 짜깁기를 해도 전혀 문제가 되지 않는다고 생각하는 경우도 있다. 즉 위의 문단을 다음과 같이 고치기만 하면 된다고 보는 것이다.

윤여탁 외(2013: 110)에서는 다매체 환경에서 소통의 특징은 문자와 이미지, 이성과 감성이 중층적으로 얽힌 복합적 소통으로, 사적 소통과 공적 소통의 경계를 넘나드는 인터넷의 소통으로, 쌍방향적 소통으로 정리할 수 있다고 하였다. 이정덕(2004: 80)에서는 이러한 쌍방향 소통이 구술사회에서 나타났던 몇 가지 특징들을 다시 나타나게 해주고 있는데, 구술이 즉각적인 청자의 반응과 참여에 의해 소통이 이루어졌다면 인터넷에서도 접속한 자의 즉각적인 반응과 참여가 가능해졌다고 지적하였다.

물론 이처럼 인용과 출처 표시를 한 경우라면 '표절'이라 할 수는 없다. 그러나 글 전체가 이와 같이 자료의 인용만으로 이루어졌다면 이를 '자신의 글'이라 할 수도 없을 것이다. 자신만의 새로운 생각과 견해, 분석과 비판 없이 다른 사람들의 생각과 견해, 그들의 분석과 비판을 가져다 짜깁기한 것은 '자료 정리'일 뿐이다.[1] 대학 글쓰기에서 '표절'의 심각성은 크게 부각되고 있는 데 비해 학생들이 '짜깁기'에 대해서는 그 심각성을 그다지 느끼지 못하는 경향이 있다. 따라서 '짜깁기' 역시 온전한 자신의 글이 될 수 없다는 사실에 대한 정확한 이해가 무엇보다 중요하다.

---

1) 학술논문 등에서 '연구사 정리'를 목적으로 기존의 견해들을 정리한 것은 물론 논외로 한다.

다. 자료 조작, 왜곡의 문제

실험 보고서나 조사 보고서 등을 작성할 때 과정이나 결과를 조작하거나 왜곡하는 행위도 심각한 문제이다.

논문취소는 연구 실수 탓?…67%가 표절·조작 때문

미 예시바대 연구팀 조사 결과 독일 루트비히스하펜 병원은 지난 8월 마취과장으로 재직하던 요아힘 볼트 전 기센대 교수의 연구윤리 위반 및 논문 조작 혐의에 대한 조사 결과를 발표했다. 볼트 박사는 무혈 수술용 합성전분 연구 전문가로 〈진통과 마취〉 등 16개 저널에 제출한 논문 102개에 대한 조사를 받았다. 이 가운데 90여 개 논문이 이미 각종 데이터 조작 등의 이유로 취소됐으며, 병원 쪽은 볼트를 형사고발했다. (중략)

연구팀은 학술지나 저널이 논문을 취소한 사례에 대해 연구윤리국(ORI) 보고서, 신문 기사, '리트랙션 위치'(논문 취소를 전문적으로 다루는 사이트) 등 2차 자료를 토대로 취소 사유를 재평가한 결과 158건의 사유가 재조정됐다. 특히 단순 실수가 조작으로 바뀐 경우는 742건 중 16%인 118건에 이르렀다. 그 결과 취소 사유로 조작이 43.4%로 가장 많았고, 중복 출판이 14.2%, 표절이 9.8%였다. 부정행위에 의한 논문 취소가 67.4%로, 단순 실수 21.3%의 세배를 넘었다. (후략)

한겨레, 이근영 선임기자(2012.10.8)

위의 사례에서 볼 수 있듯이 최근 학계에서는 데이터 조작 등이 심각한 문제로 부상하고 있다. 이러한 조작은 단순히 연구자 개인의 윤리 문제에서 그치는 것이 아니라 공공의 이익까지도 위협할 수 있기에 그 심각성이 더 크다. 우리나라에서도 지난 2005년, 2006년 이른바 '황우석 사태'를 거치면서 사회적

으로 자료 조작 문제와 연구윤리에 대한 인식이 확산되는 계기를 갖게 된 바 있다. 자료의 조작 및 왜곡은 단순히 전문 연구자들만이 경계해야 할 문제가 아니다. 실험이나 조사에 참여하고 그 과정과 결과를 발표하는 데 참여하는 사람이라면 누구라도 정직성의 책무를 지닌다.

라. 과제물 사고팔기의 문제

> **"토익 대리시험 봐 줍니다" 스펙 사회 노리는 사기**
>
> '토익, 토플 고득점 대리시험 봐드립니다.' 5월 인사평가를 앞두고 급하게 토익 점수가 필요했던 회사원 김모(40)씨는 인터넷 광고의 유혹에 넘어가 200만원을 입금했다. 대리시험 업체는 실시간 채팅창을 통해 '선금 200만원, 성적 발표 후 200만원을 나눠 입금하라' '적발을 피하기 위해 기존 본인의 점수에서 300점 이내로만 올릴 수 있다'며 그럴듯한 말로 김씨를 속였다. 약속한 날짜에 점수가 나오지 않아 김씨가 사이트를 확인했을 땐 이미 폐쇄된 뒤였다. (중략) 경찰 관계자는 "최근 치열해진 스펙 경쟁 속에서 절박한 상황에 처한 수험생들을 노린 대리시험 관련 범죄가 끊임없이 발생하고 있다"며 "대리시험 광고는 대다수가 사기인데다 대리시험이 실제로 실행되면 의뢰자도 처벌을 받는다"고 경고했다. 의뢰자는 위계에 의한 업무방해죄로 5년 이하의 징역 또는 1,500만원 이하의 벌금형에 처해질 수 있다. 경찰은 신고를 주저하는 피해자가 더 있을 것으로 보고 수사를 확대할 계획이다.
>
> 한국일보, 2013년 9월 11일자 기사

간혹 위의 사례와 같은 대리시험 사건이 사회 문제가 될 때 대부분의 사람들은 돈을 받고 대리시험을 치른 사람뿐만 아니라 돈을 주고 대리시험을 의뢰한 사람도 처벌 받는 것이 마땅하다고 생각한다. 대리시험은 일종의 사기 행위이고, 정당하게 자신의 실력으로 시험을 치른 다른 사람들에게 피해를 입히는 행위이기 때문이다.

그런데 이러한 대리시험의 부당함과 불법성을 잘 알고 있으면서도 과제물을 사고파는 행위에 대한 인식은 상대적으로 부족한 것이 오늘날 대학의 현실인 듯하다. 물론 과거에도 다른 사람에게 과제를 부탁하고 또 대신 써 주는 일이 없지는 않았다. 그러나 인터넷이 발달함에 따라 이러한 행위가 더 광범위하게 확산되고 있음은 분명하다. 대학의 과제물을 서로 사고팔 수 있는 인터넷 사이트들이 버젓이 광고를 하며 성행하고 있어서, 학생들은 자신이 작성한 과제를 돈을 받고 '정당하게' 판매하며, 굳이 누군가에게 어렵게 부탁을 하거나 과제를 의뢰한다는 불편한 감정 없이 돈을 지불하고 '떳떳하게' 그 대가로 과제물을 사서 제출한다. 이는 학생들의 윤리 의식을 무디게 만든다는 점에서 과거의 상황보다 더 나빠졌다고 할 만하다.

다른 사람이 대신 써 준 과제를 제출한 것이 밝혀졌을 때 퇴학 처분까지도 내려지는 외국 대학의 사례에 비해 한국의 대학은 아직까지 이 정도로 강력한 제재를 가하고 있지는 않다. 그러나 대학에서 연구 윤리 문제가 크게 부각됨에 따라 학생들에게도 이에 준하는 윤리 교육과 규제가 필요하다는 인식이 확산되고 있다. 이에 따라 대부분의 대학에서는 글쓰기 교육에서 글쓰기의 윤리에 대해 다루고 인용 방법과 주석 및 참고 문헌 작성 교육을 강화하고 있으며, 표절 검색 프로그램을 개발하여 활용하기도 한다.

이러한 대학의 노력에도 불구하고 근본적인 대책은 역시 학생들 개개인의 윤리 의식에 달려 있다. 비록 대리시험과 달리 법적인 처벌을 받지 않는다 해도, 과제물을 사고파는 것은 대리시험과 마찬가지로 지적 사기 행위이며 자신의 능력으로 과제를 작성한 다른 학생에게 피해를 입히는 행위이다. 대리시험의 부당함과 불법성을 익히 알고 있다면 과제물 사고팔기 역시 이와 다르지 않다는 사실은 두말할 필요가 없을 것이다.

마. 공동 과제에서 발생하는 윤리 문제

대학 수업에서 조별 활동을 통한 발표나 과제가 늘어나면서 이와 관련한 학생들 간의 갈등이나 문제 사례도 함께 늘고 있는 추세이다. 대표적인 문제가 이른바 '무임승차' 행위로, 공동으로 조사, 연구, 작성하는 보고서나 논문에 기여하지 않고도 결과물에 자신의 이름을 올리는 것이다. 이러한 행위로 인해 과제를 준비하는 과정에서 학생들 사이의 심각한 갈등이 발생하는 경우가 빈번하다. 어쩔 수 없이 타인의 몫까지 떠맡은 학생의 부당한 부담도 문제이지만, 자신의 몫을 다하지 않은 학생도 과제를 준비하면서 얻을 수 있는 지식과 문제해결 과정에 참여하는 경험, 학문적 성과를 거둘 수 없다는 점에서 결국은 손해이다.

이 밖에도 다른 사람과 함께 조사, 연구한 결과물을 단독으로 제출한다든가, 하나의 과제물을 여러 수업에 제출한다든가 하는 것도 학술적으로 비윤리적인 행위이다. 학계에서는 이러한 사례들에 대해 엄격한 제재를 가하도록 규정하고 있는데, 전문 연구자가 아닌 학생의 경우라도 미래의 연구자 또는 윤리적 시민으로서 학술 연구 윤리에 대한 이해가 반드시 필요하다.

2. 윤리적인 글쓰기

가. 표절과 인용의 구분

학술적 글쓰기를 할 때 기존의 연구 성과를 아예 찾아보지 않고 자신의 생각만으로 글을 쓰는 것은 불가능하다. 학술적인 글은 기존의 연구와는 차별화된 독창성을 지녀야 하지만, 그와 동시에 기존 연구를 더 발전시키든 혹은 비판하면서 새로운 방향으로 나아가든, 기존 연구를 바탕으로 하지 않을 수 없다. 따라서 연구자는 자신의 연구 주제와 관련하여 기왕의 연구 성과들을 찾아 정확히 이해하고 이와는 차별화된 새로운 논의를 하기 위해 깊이 고민하여야 한다. 다른 사람의 연구 성과를 제대로 찾아보지 않고 자신만의 연구를 진행한다는 것은 곧 연구자의 게으름을 보여줄 뿐이기 때문이다.

기존의 연구 성과를 참고하여 자신의 논의를 전개할 수밖에 없는 학술적 글쓰기에서 표절을 피하는 최선의 방법은 정확한 인용 표시와 출처 표시를 하는 것이다. 사실 대학에서 일어나는 학생들의 '표절' 행위 중에는 인용과 표절을 구분하지 못하고 올바른 인용 방법을 잘 몰라서, 자신이 표절을 하고 있다는 사실조차 인식하지 못한 채 벌인 '의도하지 않은 표절'인 경우도 많다. 그러나 의도하지 않았다고 해서 윤리적 비난을 피할 수는 없다.

학생들이 자료를 참고하여 글을 쓸 때 표절을 피하기 위해 주의할 사항을 정리해 보면 다음과 같다.

1) 인용 부분과 출처를 명확히 표시하기

다른 사람의 글을 인용할 때에는 그 부분을 명확히 표시하여 자신의 견해를 쓴 부분 등과 구별되도록 하고, 해당 부분에 정확한 출처 표시를 하여야 한다. 인용의 방법과 출처 표시 방법에 대해서는 3장에서 자세히 다루었으므로 여기에서는 같은 자료를 이용하여 글을 쓸 때 어떻게 하면 정확한 인용이 되고 혹은 표절이 되는지를 살펴보도록 한다.

다음에 제시한 자료를 이용하여 글을 썼을 경우를 가정해 보자.

자료

표절의 핵심은 숨긴다는 것이다. 그러나 이 역시 신중하게 정의할 필요가 있다. 표절은 단지 베낀 사실을 인정하지 않는 것만이 아니기 때문이다. 목

표하는 독자층 사이에는 이미 잘 알려져 있는 사실인 경우 출처 표기를 하지 않을 수 있다. 패러디(parody)는 패러디하는 작품을 폭넓게 인용하고 그 작품 고유의 스타일과 주제를 베끼는 것이지만 대부분 그 작품이 어떤 작품인지 밝히지 않는다. 그러나 패러디 작가는 자기 작품의 여러 곳에 수없이 많은 분명한 단서를 심어놓기 때문에 독자는 베낀 것을 잘 인지하게 된다. (Richard A. Posner, 표절의 문화와 글쓰기의 윤리, 정해룡 역, 부산: 산지니, 2009, 41-42쪽.)

위의 글을 이용하여 다음과 같이 인용 표시도, 출처 표시도 전혀 하지 않고 글을 쓴다면 이는 명백한 표절이다.

〔예1〕 인용 표시와 출처 표시가 없는 표절의 예

최근 표절이 사회적 이슈로 부각되고 있다. 그런데 표절의 판정 기준은 상당히 복잡하다. 물론 <u>표절의 핵심은 숨긴다는 것이다. 그러나 이 역시 신중하게 정의할 필요가 있다. 표절은 단지 베낀 사실을 인정하지 않는 것만이 아니기 때문이다. 목표하는 독자층 사이에는 이미 잘 알려져 있는 사실인 경우 출처 표기를 하지 않을 수 있다. 패러디(parody)는 패러디하는 작품을 폭넓게 인용하고 그 작품 고유의 스타일과 주제를 베끼는 것이지만 대부분 그 작품이 어떤 작품인지 밝히지 않는다. 그러나 패러디 작가는 자기 작품의 여러 곳에 수없이 많은 분명한 단서를 심어놓기 때문에 독자는 베낀 것을 잘 인지하게 된다.</u> 따라서 패러디는 표절로 비난 받지 않는다.

위의 글에서 밑줄 친 부분은 포스너의 글에서 그대로 가져온 것인데도 인용한 부분과 자신이 쓴 부분을 구별하여 보여주는 어떠한 표시도 없고, 인용한 부분에 출처 표시도 없어서 글 전체를 자신이 쓴 것인 양 제시하였다. 이는 표절의 가장 전형적인 예이다.

　이보다 좀 더 교묘한 표절의 사례는 원 글의 문장 표현이나 단어 등을 바꾼 후 인용과 출처 표시를 하지 않는 것이다.

　〔예2〕 문장을 바꾸어 기술하고 인용 및 출처 표시를 하지 않은 표절의 예

　표절은 숨긴다는 점에 핵심이 있지만, 그렇다고 단순히 베낀 것을 인정하지 않았다고 해서 모두 표절이 되는 것은 아니다. 패러디(parody)의 경우는 잘 알려진 기존 작품을 폭넓게 인용하고 그 작품 고유의 스타일과 주제를 베끼지만 대부분 그 작품이 어떤 작품인지 밝히지 않아도 표절이 되지는 않는다. 패러디 작가는 자기 작품의 여러 곳에 분명한 단서들을 많이 심어 놓아서 기존 작품을 베낀 것임을 은연중에 보여준다. 이를 통해 독자들은 이 작품이 기존 작품을 베낀 것임을 분명히 알 수 있게 된다.

　위의 글을 포스터의 원 글과 비교해 보면 문장 기술은 다르지만 실제 내용은 완전히 동일하다는 사실을 알 수 있다. 그런데 이처럼 표현만 달리 하고 인용 사실과 출처를 전혀 밝히지 않는 것은 명백한 표절이다.

　한편, 위의 사례들과는 달리 인용 사실을 밝히고 출처도 표시하였는데 그 방법이 적절하지 않아 '의도하지 않은 표절'이 되는 경우도 있다.

　〔예3〕 미국의 법리학자인 포스너는 표절이 단순히 타인의 작품을 베낀 것을 밝히지 않는 행위로만 정의될 수 없다는 점을 패러디(parody)의 예를 들어 설명하였다.[1] 이미 잘 알려진 기존 작품을 인용하고 그 작품 고유의 스타일과 주제를 베낀 패러디의 경우는 베꼈다는 사실을 명백히 밝히지 않아도 표절로 문제 되지 않는다. 왜냐하면 패러디 작품에 작가가 심어 놓은 수많은, 분명한 단서들을 통해 독자들이 이 작품이 베낀 것임을 잘 인지할 수

있기 때문이다.

1) Richard A. Posner, 표절의 문화와 글쓰기의 윤리, 정해룡 역, 부산: 산지니, 2009, 41-42쪽.

위의 글은 포스너의 글을 간접 인용 방식으로 이용하였는데, 밑줄 친 부분 역시 인용한 내용임에도 불구하고 그 앞의 문장에 각주 번호를 달아 출처 표시를 함으로써 의도하지 않은 표절이 되고 말았다.

이상으로 인용 표시와 출처 표시가 명확하지 않아 '표절'이 된 사례를 살펴보았는데, 그렇다면 같은 자료를 이용하여 정확하게 인용한 예를 보인다면 다음과 같다(여기에서는 편의상 외각주 방식의 예만 보이기로 한다).

직접 인용의 예

최근 표절이 사회적 이슈로 부각되고 있다. 그런데 표절의 판정 기준은 상당히 복잡하다. 미국의 법리학자인 포스너는 표절이 단순히 타인의 작품을 베낀 것을 밝히지 않는 행위로만 정의될 수 없다고 하면서, 이를 패러디(parody)와 비교하여 설명하고 있다.

표절의 핵심은 숨긴다는 것이다. 그러나 이 역시 신중하게 정의할 필요가 있다. 표절은 단지 베낀 사실을 인정하지 않는 것만이 아니기 때문이다. 목표하는 독자층 사이에는 이미 잘 알려져 있는 사실인 경우 출처 표기를 하지 않을 수 있다. 패러디(parody)는 패러디하는 작품을 폭넓게 인용하고 그 작품 고유의 스타일과 주제를 베끼는 것이지만 대부분 그 작품이 어떤 작품인지 밝히지 않는다. 그러나 패러디 작가는 자기 작품의 여러 곳에 수없이 많은 분명한 단서를 심어놓기 때문에 독자는 베낀 것을 잘 인지하게 된다.[1]

1) Richard A. Posner, 표절의 문화와 글쓰기의 윤리, 정해룡 역, 부산: 산지니, 2009, 41-42쪽.

간접 인용의 예

최근 표절이 사회적 이슈로 부각되고 있다. 그런데 표절의 판정 기준은 상당히 복잡하다. 미국의 법리학자인 포스너는 표절이 단순히 타인의 작품을 베낀 것을 밝히지 않는 행위로만 정의될 수 없다는 점을 패러디(parody)의 경우를 들어 설명하였다. 이미 잘 알려진 기존 작품을 인용하고 그 작품 고유의 스타일과 주제를 베낀 패러디의 경우는 베꼈다는 사실을 명백히 밝히지 않아도 표절로 문제 되지 않는데, 이는 독자들이 작가가 심어 놓은 분명한 단서를 통해 베낀 것을 잘 인지하기 때문이라는 것이다.[1]

---

1)   Richard A. Posner, 표절의 문화와 글쓰기의 윤리, 정해룡 역, 부산: 산지니, 2009, 41~42쪽.

2) 재인용 사실을 정확히 표시하기

다른 사람의 글에 인용된 자료를 재인용할 경우는 반드시 원 출처를 찾아 확인하여야 한다. 즉, 1차 자료가 있고 이를 인용한 2차 자료가 있을 때, 자신이 확인한 것은 2차 자료에서 인용한 내용일 뿐인데, 마치 자신이 1차 자료를 확인한 것처럼 해당 부분의 인용문과 출처 표시까지 그대로 가져오지 말아야 한다. 다만 1차 자료를 확인하기 어려운 불가피한 경우에는 재인용 표시를 하고 이용할 수 있다(올바른 재인용 방법에 대해서는 3장 참조).

3) 출처가 분명한 자료 이용하기

과거에는 자료를 수집할 때 가장 먼저 도서관에 가서 관련 분야의 책과 논문들을 찾아 목록을 작성하는 것이 일반적이었다. 그러나 요즈음은 인터넷 검색을 통해 자료를 수집하는 것이 일반화되었다. 이는 시간과 공간의 제약이 없고, 이전과는 비교도 할 수 없을 만큼 다양하고 방대한 정보를 단기간에 수집할 수 있다는 점에서 가히 혁명적인 변화라 할 수 있다. 다만 이러한 편리함만큼이나 뒤따르는 문제점도 많은데, 그 중 가장 주의할 점은 인터넷을 통해 수집한 자료 중에는 필자와 출처가 불분명한 것이 많다는 것이다.

예를 들어 자신이 쓰고자 하는 논문의 주제와 관련되는 매우 흥미로운 내용을 누군가의 개인 블로그나 인터넷 커뮤니티의 자료실에서 발견했다고 가정하자. 이 글을 자신의 글에 가져오면서 인용 표시를 하고, 각주에 해당 블로그 또는 커뮤니티의 URL을 제시하면 이것으로 아무런 문제가 없다고 생각하기 쉽다. 그러나 과연 그 자료를 '누가' 쓴 것인지, 또 그 '누군가'가 직접 쓴 것인지 아니면 또 다른 사람의 글을 가져온 것인지 확인할 수 있는가? 이것을 확인할 수 없다면 이러한 자료를 인용하는 것은 그저 "어떤 사람이 말하기를, ~라고 한다"라는 식의 기술과 다를 바 없다. 즉 이러한 자료는 필자와 출처가 불분명하여 신뢰하기 어렵고, 이를 인용하여 글을 쓰는 것은 그만큼 위험 부담이 있다. 학술적 글쓰기에서 이용할 만한 자료는 필자와 출처가 분명한, 신뢰할 만한 것이어야 한다.

나. 윤리적 글쓰기 서약

사회적으로 연구윤리 문제가 크게 부각됨에 따라 대학이나 학회마다 연구윤리 규정을 마련하고 관련 교육도 강화되는 추세이다. 몇몇 대학에서는 전 세계의 단행본, 논문 데이터베이스와 학생이 제출한 논문 간의 유사성을 단어 단위로 검사할 수 있는 표절 방지 프로그램 도입을 검토하는가 하면, 학생들이 과제를 제출할 때 윤리 서약을 함께 제출하도록 의무화하는 경우도 있다. 학생들이 과제를 제출하기 전에 스스로 다음과 같은 사항들을 점검하면 '윤리적 글쓰기'에 동참할 수 있을 것이다.

교과목:
담당교수:
제출일:

보고서 제목

학과:
학번:
이름:

나의 윤리적 글쓰기 서약

1. 나는 이 과제물을 직접 작성하였다.	
2. 다른 사람의 글이나 기타 자료를 이용할 때 인용 표시를 정확히 하였다	
3. 인용한 부분에 대해 각주와 참고 문헌을 통해 출처를 정확히 밝혔다.	
4. 여러 글을 짜깁기하여 새로운 글처럼 제시하지 않았다.	
5. 실험, 조사 데이터를 조작하지 않았다.	
6. 다른 사람에게 과제물을 사지 않았고, 이 과제물을 팔지 않을 것이다.	
7. 공동 과제에서, 과제물 준비와 작성에 충실히 참여하여 역할을 다하였다.	
8. 다른 수업에 제출한 과제물을 다시 제출하지 않았다.	

이름:　　　　　　　(서 명)

3. 정리

과제1. 다음에 제시한 자료[1]과 이를 이용하여 쓴 글[2]를 비교해 보고, 어떤 부분에서 어떻게 '표절'이 이루어졌는지 찾아 올바른 인용 및 출처 표시 방법에 따라 고쳐 보라.

[1] 우선 간단히 언급하자면 인류의 문화소통수단은 크게 말(입), 문자적 대량복제(출판, 신문), 영상적 대량복제(TV, 영화, 비디오), 디지털에 기반한 넷(인터넷)의 단계를 거쳐 발전하였다. 새로운 소통수단이 나온다고 하여 이전의 소통수단이 없어지는 것이 아니다. 디지털넷 사회에서도 여전히 제스처, 말, 글쓰기, 서적, TV가 공존하지만 인터넷이 이들을 포괄하면서 주도권을 장악해가고 있다.

이러한 소통수단의 변화에 따라 문화도 각각 직접적 쌍방향 소통(구술), 대량복제적 일방향소통(출판, 신문, TV), 유연한 쌍방향소통(인터넷)을 기초로 형성된다. 이는 맥루한(McLuhan)의 '미디어는 마사지다[5]'라는 말에서 잘 드러나고 있다. 그에 따르면 미디어(문화소통수단, 의사소통수단 또는 매체라고 불릴 수 있다) 또는 소통수단 자체가 전달내용을 구성하는 구조적 틀이다. 새로운 소통수단은 판 자체를 바꾼다. 소통의 판 자체가 교체됨으로써 그 안에서 이루어지는 문화소통의 구조와 내용도 판 갈이 되는 것이다. 즉, 새로운 소통수단이 주도권을 장악하면 상상과 가치관의 판 갈이를 통해 기존의 문화를 혁신적으로 변화시키는 것이다.

한국에서 판 갈이의 역할을 인터넷의 출현이 해내고 있다. 물론 이외에도 역사적 경험, 사회적 환경, 기존의 문화체계, 그리고 세력 간의 관계라는 한국 특유의 상황이 같이 작용하고 있기 때문에 이러한 점도 동시에 고려되어야 구체적인 한국 문화혁명의 내용과 과정을 이해할 수 있다. 즉, 인터넷이라는 인류 보편적인 소통수단의 확산과 한국적 상황이라는 특수성이 만나서 한국의 문화혁명을 일으키고 있다.

따라서 현재 한국의 문화혁명은 세계적인 보편성(인터넷)과 한국적 특수성을 동시에 지니고 있다. 보편적인 측면에서 한국은 인터넷에 기반한 문화혁명을 선도하고 있다. 세계 최고의 인터넷 사용률을 매개로 인터넷에 기반한 사회관계 및 문화적 혁신을 가장 앞서서 시도하고 있다. 이 점에 있어서 세계문화혁명의 첨병 역할을 한국이 해내고 있다.

───────────

5) Marshall McLuhan, 미디어는 맛사지다, 김진홍 옮김, 열화당, 2001 참조.

(이정덕, 살림지식총서, 21세기 한국의 문화혁명, 2004, 살림, 8-9쪽)

[2] 인터넷의 등장은 가히 인류 역사상 가장 혁명적인 사건이라 할 만하다. 인터넷 덕분에 우리는 전 세계에 흩어져 있는 수많은 정보를 앉은 자리에서 클릭 한 번으로 순식간에 찾아낼 수 있다. 또한 우리는 인터넷이 제공하는 사이버공간에서 얼굴도, 나이도, 직업도 모르는 수많은 전 세계의 사람들과 만나 서로 소통할 수 있게 되었다. 인터넷은 경제, 정치, 문화, 교육 등 현대 사회 전반에 걸쳐 큰 변화를 가져 왔다.

특히 우리나라는 세계 최고 수준의 인터넷 보급률과 사용률을 자랑하고 있어서 이러한 변화 역시 매우 빠르게 진행되고 있는데, 이정덕(2004)에서는 인터넷의 확산을 기반으로 한 한국 사회의 변화를 "문화혁명"으로 표현하였다. 인터넷이라는 새로운 소통수단이 등장하여 소통의 판 자체가 교체됨으로써 그 안에서 이루어지는 문화소통의 구조와 내용도 판 갈이 된다. 즉, 새로운 소통수단이 주도권을 장악하면 상상과 가치관의 판 갈이를 통해 기존의 문화를 혁신적으로 변화시키는 것이다. 일찍이 맥루한은 '미디어는 마사지다'라 말한 바 있는데, 이는 곧 미디어(소통수단)가 전달내용을 구성하는 구조적 틀이라는 것이다. 따라서 소통수단의 변화는 소통 내용의 변화, 문화의 변화를 가져올 수밖에 없다.

과제2. 표절과 저작권 침해는 밀접하게 연관되지만, 모든 표절이 저작권 침해에 해당하는 것은 아니다. 저작권법에 대해 조사해 보고, 표절과 저작권 침해의 차이를 설명해 보라.

참고 문헌

황은성·송성수·이인재·박기범·손화철(2011), 연구윤리의 이해와 실천, 교육과학기술부·한국연구재단.
Posner, R. A.(2009), 표절의 문화와 글쓰기의 윤리, 정해룡 역, 부산: 산지니.

III

사고와 글쓰기

05

비평적 글쓰기

어떤 현상, 사건 등에 대하여 비판적으로 사고하고 그러한 사고의 내용을 글로 표현하는 능력은 한 개인의 삶에서 꼭 필요한 부분이며, 현대 사회에서 이루어지는 소통의 측면에서도 매우 중요하다. 실상 우리들의 삶이란 매 순간마다 이루어지는 그런 생각과 판단의 연속이기 때문이며 또한 그것을 말이나 글로 표현하면서 서로 소통하며 살아가기 때문이다.

우리는 일상생활을 하면서 책, 영화, 문학작품 등의 내용에 대해 다른 사람들과 토론을 하기도 하며 또한 글을 통해 공유하기도 한다. 음악회나 미술 전시를 관람하고 난 후 예술 비평문을 쓰기도 하며, 그것을 인터넷에 올려 다른 사람들과 소통하기도 한다. 여기에서는 이렇듯 우리의 일상생활에서 자주 쓰는 서평, 영화 비평문, 문학 비평문, 문화 비평문 등 비평적인 글을 쓰는 방법을 익히고 써 보도록 하자.

1. 비평적 글쓰기의 이해

가. 비평적 글이란

비평이란 작품이나 특정 대상에 대한 분석을 바탕으로 작품이나 대상의 가치를 판단하고 평가하는 일을 의미한다. 비평적 글이란 문학, 미술, 음악, 연극, 영화, 드라마 그리고 우리 주변에서 이루어지는 다양한 문화 현상 등을 대상으로 하여 그 내용과 표현 방식, 의미 등에 대하여 분석하고 평가하는 글이다. 비평문을 잘 쓰기 위해서는 객관적인 시각에서 작품을 바라보고 평가할 수 있어야 하며, 또 그러한 내용을 논리적으로 잘 표현할 수 있어야 한다. 이를 위해서는 개인적인 편견이나 경험에 갇히지 않아야 하며, 글을 읽는 사람들이 납득할 수 있는 구체적이고 설득력 있는 근거를 들어 평가해야 한다. 이러한 점을 진제로 하여 비평적 글쓰기의 방법을 알아보도록 하자.

나. 비평적 글쓰기의 방법

1) 비평 대상에 대해 간략하게 소개하기

비평 대상에 대한 간략한 정보를 소개하는 것은 글쓴이와 독자가 그 대상을 공유하고 소통하기 위한 가장 기초적인 행위이다. 소개해야 할 비평 대상에 대한 정보는 비평 종류에 따라 다르겠으나 일반적인 항목으로는 작가(혹은 제작자), 작품명, 출판사(혹은 발표 장소), 발표 시기, 작품 내용 등에 대한 간략한 소개를 들 수 있다. 예를 들어 문학 비평문을 쓸 경우, 어느 작가의 어떤 작품인지, 그 작품이 어느 출판사에서 언제 출판된 작품인지 등에 관한 기본적인 사항을 서술한다. 문화 비평문일 경우 비평하고자 하는 문화 현상이 구체적으로 무엇인지 밝히는 과정이 필요하다. 기본적인 소개 항목 중 대상의 특성과 관련하여 강조할 필요가 있는 항목에 대해서는 약간의 설명을 덧붙이는 것도 좋으며, 때로 내가 왜 이 대상을 비평하고자 하는지 그 이유를 밝히는 것도 좋다. 만일 미술 비평문을 쓰고자 한다면 전시명, 화가, 제목(그림명), 작품 관람 장소(미술관), 대표적인 표현 기법 등에 대한 간략한 설명 등을 쓰도록 한다.

2) 타당한 근거를 제시하여 평가의 공정성과 객관성 확보하기

비평문을 잘 쓰기 위해서는 비평의 대상을 정확하게 이해하고 설명하는 능력, 그 대상을 공정하고 객관적으로 평가할 수 있는 능력이 있어야 한다. 여기서 공정하고 객관적으로 평가한다는 것은 개인적인 편견이나 주관적인 경험에 근거하지 않고, 일반 사람들이 동의할 수 있는 구체적이고 상식적인 근거를 들어 평가하는 것을 의미한다. 자신만의 주관적인 취향을 주장하는 것은 말하는 사람 편에서는 즐거울지 모르나 듣는 사람은 괴롭다. 그러나 객관적이면서 타당한 근거를 들어 말한다면 듣는 사람은 자신의 객관적 근거에 입각하여 즐거운 토론을 벌일 수 있게 된다. 이렇듯 타당한 근거를 제시해야 독자가 신뢰할 수 있는 글을 쓸 수 있으며, 나아가 읽는 이와의 생산적인 소통이 가능해진다. 대상에 대한 관련 자료를 조사하여 좀 더 심도 깊게 논의하는 것도 공정성과 객관성을 확보하기 위한 방법 중 하나다. 자료를 효율적으로 활용하기 위해서는 다음과 같은 노력이 필요하다.

- 비평 대상과 관련 있거나 혹은 자신의 주장을 뒷받침할 만한 각종 서적, 신문 자료, 인터넷 자료 등을 찾아본다.
- 서적이나 신문 자료 등의 내용을 참조할 때에는 해당 분야의 전문가가 쓰

거나 작성한 것인지 확인한 후 참조한다.
- 인터넷 자료의 경우 신뢰할 만한 사이트(site)에 실린 내용을 참조한다.

3) 인용이나 예증의 방법 활용하기

비평문을 쓸 때 인용이나 예증의 방법을 활용하면 효과적이다. 인용이란 다른 사람의 말이나 글 혹은 자료 등을 자신의 말이나 글 속에 끌어 쓰는 것을 의미하며, 예증이란 자신의 견해를 구체적인 실례를 들어 증명하는 것을 말한다. 적절한 예를 제시함으로써 자신의 관점이나 주장을 뒷받침할 수 있고, 또 다소 어려운 내용을 독자들에게 쉽게 전달할 수 있다. 가장 많이 쓰이는 예는 주로 작품의 내용에서 따온 인용문일 것이다. 이 외에도 작품에 대한 다른 사람의 평가, 자신의 견해를 뒷받침하기 위해 인용한 사회 현상이나 다른 사람의 의견 등을 들 수 있다. 인용이나 예증의 방법을 사용할 때에는 다음 사항에 유의한다.

- 인용하는 내용이 길 경우에는 단락의 좌우 여백과 행간 등을 조정하여 해당 내용이 인용임을 드러내도록 한다.
- 짧은 내용을 인용할 때는 큰따옴표(" ")를 활용하여 해당 내용이 인용임을 밝힌다.
- 원래 글의 맥락이나 해당 내용의 의미를 고려하면서 인용하거나 예를 들어야 한다. 글의 본문을 일부 인용하면서 그 글의 원래 의미와는 다른 의미를 주관적으로 부여하며 인용하는 것은 적절하지 않다.
- 비평 대상에 대한 다른 사람의 평가나 사회 현상 혹은 사건 등을 인용할 때에는 따로 출처를 분명하게 밝혀야 한다.

- 다른 사람의 평가 내용을 인용할 때에는 관련 분야 전문가의 의견을 활용하도록 한다.
- 작품과 관련 있는 사회 현상 혹은 사건 등을 인용할 때에는 독자들이 쉽게 알 수 있는, 사회적으로 일반화할 수 있는 사회 현상이나 사건을 인용한다.

4) 글쓴이의 가치 판단과 창의적인 관점 잘 드러내기

비평문에는 작품 혹은 대상에 대한 글쓴이의 가치 판단이 드러나야 한다. 객관적인 관점에서 볼 때 다른 사람들도 글쓴이의 판단에 동의할 수 있는 구체적이고 설득력 있는 근거를 제시해야 좋은 글이 될 수 있다. 많은 사람들이 대부분 높게 평가하는 작품일 경우 무조건 기존 평가에 편승하기보다는, 자신만의 관점에서 대상의 가치를 판단하여 평가하는 능력이 필요하다.

가치판단이 드러나면서도 독창적인 비평문을 쓰기 위해서는 글쓴이의 개성과 창의적인 관점이 잘 드러나도록 하는 것이 좋다. 작품의 의도, 작품의 독특한 표현 방식, 작품의 효과, 해당 작품과 다른 작품의 관계, 작품 내용 등에 대한 나의 독창적인 생각과 느낌에 초점을 맞추어 쓸 내용을 떠올리고 정리하는 것이 필요하다. 이런 과정을 통해 작품에 대한 자신의 심미적 경험을 구체화하도록 한다.

2. 비평적 글쓰기의 실제

여러 종류의 비평이 많지만 여기에서는 우리들의 일상생활에서 자주 쓰는 서평과 영화 비평문을 중심으로 비평적 글을 실제 써 보기로 하자.

가. 서평 쓰기

서평은 책을 비평의 대상으로 삼아 평가한 글을 말한다. 책에 대한 가치 판단을 통한 객관적인 평가를 담고 있다는 점에서 책에 대한 글쓴이의 감상 위주로 쓰는 독서 감상문과는 성격이 다른 글이다. 독자는 서평 쓰기를 통해 책을 읽으면서 촉발된 사유를 확장하고 정교화할 수 있으며 나아가 논리력과 비판적인 사고력을 향상시킬 수 있다. 최근의 독서 방식을 보면, 많은 사람들이 자신이 읽은 책에 대한 서평을 인터넷을 통해 다른 사람들과 공유하면서 책에 대한 정보와 생각을 주고받고 있다. 독자들은 서평을 통해 책에 대한 정보를 폭넓게 수집하고 그 정보를 활용하여 좋을 책을 선택하기도 하며, 또한 사신의 독서 방향을 설정하기도 한다. 독자는 서평 쓰기를 통해 현대 사회 독서 공동체의 일원으로서 책의 내용에 대해 다른 사람들과 활발하게 소통할 수 있을 것이다. 이런 점을 고려하며 서평 쓰기의 방법을 살펴보자.

1) 책에 대해 간략하게 소개하기

서평을 쓰기 위해서는 책에 대한 기본적인 정보, 서평을 쓰게 된 동기 등을 서술하는 것이 좋다. 대상이 되는 책이 언제 어느 출판사에서 출판되었으며, 작가는 어떤 사람인지, 어떤 맥락이나 사회적 배경에서 이 책이 출판되었는지 등을 서술한다. 특히 책의 출판 동기, 출판 맥락이나 사회적 배경 등은 책에 대해 좀 더 깊이 이해하는 데 유용한 정보이다. 다만, 책에 대한 핵심적인 정보를 중심으로 간단하게 서술하도록 한다. 지나치게 길게 서술할 경우, 긴장감이 없어지고 자칫 지루해질 수 있다.

"평등해야 건강하다-불평등은 어떻게 사회를 병들게 하는가"(김홍수영 옮김, 후마니타스, 2008)는 "건강불평등, 사회는 어떻게 죽이는가"(정연복 옮김, 당대, 2004)에 이어 두 번째로 번역된 영국의 사회역학자(社會疫學者) 리처드 윌킨슨(Richard G. Wilkinson)의 저서다. 윌킨슨의 두 번째 한국어판은 현대 사회가 갈림길에 서 있다는 자각에서 출발한다. (중략)

윌킨슨이 인용한 많은 연구는 역학적(疫學的) 관점에 바탕을 둔다. "평등해야 건강하다"라는 건강과 불평등에 대한 연구 성과를 종합적으로 분석하고 검토한다. 이 책이 그렇다고 건강 안내서는 아니다. 건강을 지키기 위해 해야 할 일과 해선 안 되는 일을 다루진 않아서다. 그 대신, 사회·경제적 불평등이 개인과 사회에 끼치는 영향을 밝히기 위해 건강불평등에 관한 연구들을 활용한다.

최성일, '본래 인간은 물질주의적이지도, 이기적이지도 않다: 사회역학자 리처드 윌킨슨' 중 일부, 〈http://ch.yes24.com/Article/View/14063〉

이 글은 영국의 사회역학자 리처드 윌킨슨(Richard G. Wilkinson)의 저서인 "평등해야 건강하다-불평등은 어떻게 사회를 병들게 하는가"에 대한 서평 중 일부이다. 글의 앞부분에 저자, 번역자, 출판사, 출판연도 등을 밝히고 있으며, 특히 저자가 이전에 저술한 "건강불평등, 사회는 어떻게 죽이는가"에 이어 두 번째로 번역된 책이라는 점을 소개함으로써 이 책의 독서 맥락을 이해하는 데에도 도움을 주고 있다. 또한 건강을 다루고 있기는 하지만 건강 안내서는 아니라는 점, 사회·경제적 불평등이 개인과 사회에 끼치는 영향을 밝히고자 한다는 점 등을 서술함으로써 이 책의 독서 방향에 대해서도 안내하고 있다. 이런 내용은 이 책에 대한 기본적인 항목에 대한 소개이면서 동시에 독자가 어떤 관점에서 이 책을 대해야 하는가를 알려주는 역할도 하고 있다.

2) 책에 대한 판단의 내용과 근거 분명하게 드러내기

서평을 쓸 때에는 책의 내용에 대한 찬성 또는 반박, 이를 바탕으로 한 책에 대한 가치 평가 등을 주로 서술하며, 글의 맥락에 따라 책을 읽은 간단한 소감을 덧붙이기도 한다. 때로는 해당 책에 대한 기존의 평가에 찬성하면서 새로운 의미를 부여하기도 하고, 반대로 기존의 평가와는 다른 새로운 평가를 내릴 수도 있다. 긍정적이거나 부정적인 평가를 했을 경우 그러한 판단의 구체적인 내용과 근거가 무엇인지 분명하게 드러내는 것이 좋다.

"美 – 가장 예쁜 유전자만 살아남는다"

낸시 에트코프 지음, 이기문 옮김 / 살림 / 2000년 6월

적어도 저자의 함축적인 주장에 의하면 그럴 가능성이 농후하다. 즉 가장 예쁜 유전자만 살아남는다는 것. 왜? 미에 대한 감식안을 우리는 유전적으로 타고났기 때문이다. 하지만, 미(인)에 대한 우리의 지극한 관심이 선천적이라 하더라도, 미에 대한 책까지 읽어야 할 필요는 없어 보인다. 아무리 유혹적인 표지를 하고 있다 하더라도…

이 책에 대한 미디어 리뷰는 화려하다. 거의 모든 일간지가 이 책에 대한 서평과 리뷰를 실은 바 있고, 그에 이끌려서 한 달쯤 전에 구입했지만, 한 달이나 걸려 읽은 감상은 좀 맥빠지는 것이다. 도대체 어떤 점이 이 책을 매혹적으로 만드는지 전혀 발견할 수 없었기 때문이다. 저자가 하버드 의대 교수라는 사실이 얼마간의 기대를 더 부추기기도 했지만, 많은 자료들을 나열한 것 말고는 저자가 무얼 덧붙였는지 의심스럽다.

이미 진화심리학의 관점에서, 혹은 동물행동학의 관점에서 인간의 짝짓기 패턴이나 미에의 편향을 다룬 책들은 여러 권 나와 있다. 개인적으로, 데이비드 버스(《욕망의 진화》)나 헬렌 피셔(《사랑의 해부학》) 같은 저자들의 책을

재미있게 읽은 바 있기 때문에, 반가운 마음에 이 책을 집어들었지만, 5분 정도의 다이제스트 읽기로 충분한 책이라는 감상을 지우기 어렵다.

물론 전혀 소득이 없는 건 아니다. '결국 미는 터무니없이 불공평하다. 그것은 유전적으로 주어지는 것이다.'라는 저자의 결론을 통해, 결국 이러한 연구를 통해서 '우리가 원하는 것은 우리가 행하는 선택과 우리를 부추기는 힘을 보다 잘 인식해서, 우리 유전자의 흥미가 아닌 우리 자신의 흥미 속에서 일할 수 있게 되는 것'이라는 데 기꺼이 공감할 수 있기 때문에.

번역과 편집도 아쉬움을 남긴다. 가상하게도, 상당 분량의 주해를 옮겨 놓았지만, 본문의 역자와 달라서인지 인명과 서명에서 본문과는 다른 번역이 여러 개 있고, 오역으로 보이는 대목도 몇 군데 보인다. 샤를르 보들레르를 찰스 보들레르로 옮긴 것까지는 그렇다 해도, 디드로(Diderot)를 디데롯이라고 옮겨 놓은 것에는 웃음을 참지 못하겠다. 아무래도 너무 서둘러 책을 내지 않았나 싶다.

책에 대한 아쉬움은 아쉬움이고, 진화생물학, 진화심리학 등 이 분야의 책들이 좀 더 많이 번역되어 나왔으면 하는 것이 개인적인 바람이다. 에트코프보다는 한 수 위인 재레드 다이아몬드의 〈섹스의 진화 Why is Sex Fun?〉 같은 책들 말이다.

이현우, '가장 예쁜 유전자만 살아남는다?' 중 일부, 2000.7.18.
〈http://blog.aladin.co.kr/mramor/267844〉

이 글은 낸시 에트코프의 책 "美 −가장 예쁜 유전자만 살아남는다"에 대한 서평 중 일부이다. 이 글은 대상이 되는 책에 대해 기존의 서평이 내렸던 평가와는 다른 평가를 내리고 있다. 책의 내용 중 미에 대한 기본적인 입장에는 공감하고 있다. 하지만 미에 대한 심도 깊은 논의를 발견하기 어렵다는 점, 이 책과 유사한 다른 책들에 비해 더 나아간 점이 없다는 점, 또한 번역과 편집에서도 아쉬움이 남는다는 점 등을 중심으로 이 책이 지닌 한계에 좀 더 초점을 두어 평가하고 있다. 그리고 그러한 한계를 서술할 때 자신이 왜 그렇게 평가를 내렸는지 구체적인 예를 들어 근거를 제시하고 있다. 이러한 내용을 통해 해당 책이 어떤 점에서 의미가 있고, 어떤 점에서 한계가 있는지 분명하게 평가하고 있다.

3) 인용과 해설 등의 방법 활용하기

서평을 쓸 때 책의 핵심 내용을 드러내기 위해 인용이나 해설 등의 방법을 활용하는 것이 효율적인 경우가 많다. 인용이란 다른 사람의 글이나 자료 등을 가져와 자신의 견해를 뒷받침하는 데 활용하는 것을 말하며, 해설은 어떤 내용이나 사건을 알기 쉽게 풀어 설명하는 것을 말한다. 책의 내용을 직접 인용하거나 책의 개괄적인 내용에 대해 해설하면서 서술하는 방식을 활용할 수 있다. 단, 인용한 내용은 책의 핵심적인 내용과 관련된 것이어야 하며, 책에 대한 글쓴이의 평가적 관점이 잘 드러날 수 있는 내용이면 좋다.

> "미술은 존재하지 않는다, 다만 미술가가 있을 뿐"
>
> — E. H. 곰브리치의 『서양미술사』
>
> 지금도 가장 좋은 서양미술사 개론서가 뭐냐고 누가 물으면 나는 주저없이 이 책을 꼽는다. 미술사 공부에 관한 한 내게는 첫사랑 같은 책이기도 하거니와, 그 이후로도 더 나은 미술사 개론서를 아직 만나지 못했기 때문이다. 688쪽에 이르는 방대한 분량과 작은 활자가 주눅들게 만들기도 하지만, 읽기 시작하면 어느 순간 100쪽, 200쪽을 훌훌 넘기고 있는 자신을 발견하게 된다. 첫 발행 이래 30개국 언어로 번역돼 수백만 권이 팔린 미술 서적계의 신화적인 책이다.

한스 홀바인의 '대사들'(1533), 207x209.5cm, 패널에 유채, 런던 내셔널 갤러리 소장

이 신화의 원동력은 '이야기의 힘'이다. 원시미술부터 시작되는 긴 이야기가 꼬리에 꼬리를 물고 굽이굽이 넘어간다. 딱딱한 연대기와 사조별 분류에 의존하지 않는 곰브리치의 독특한 방법론 덕분이다. "1888년 겨울, 쇠라가 파리에서 주목을 끌고 있고 세잔은 엑스에 은거하며 작업을 계속하고 있을 때, 젊고 성실한 한 네덜란드 화가가 남국의 강렬한 햇살과 색채를 찾아 파리를 떠나 남프랑스로 왔다. 그가 바로 빈센트 반 고흐다"라는 식의 서술은 마치 한 편의 소설처럼 독자를 몰입시킨다.

이 책은 "미술(Art)이라는 것은 사실상 존재하지 않는다. 다만 미술가들이 있을 뿐이다"라는 유명한 문장으로 시작된다. 이런 열린 태도는 각 나라와 각 시대의 다양한 미술 현상을 바라볼 때 대단한 장점으로 작용한다. 문화 간의 차이만 존재할 뿐 차별과 서열화는 존재하지 않게 된다. 아프리카 원시 부족 미술이 서양의 미술보다 결코 열등하지 않다는 말이다. 다만 다른 미적인 가치를 가진 다른 미술품들일 뿐이다.

예술의 장르와 방법 형식에 제약을 두지 않는 이러한 입장은 미래를 향해서도 열려 있다. 자신의 예술적 과제에 맞추어 각종 미디어 아트 등 새로운 매체를 수용하는 미술가들의 존재가 적극적으로 용인될 수 있다. "미술의 모든 역사는 기술적인 숙련에 관한 진보의 이야기가 아니라 변화하는 생각과 요구에 대한 것"이라는 것이 곰브리치의 기본적인 태도다.

"변화하는 생각과 요구"를 곰브리치는 '아는 것'과 '보는 것'의 변증법적인 발전으로 기술하고 있다. 미술은 처음부터 독자적인 존재는 아니었다. 집단의 주술이나 종교 등 다른 목적에 종속돼 있었다. 그러므로 원시 미술과 이집트 미술에서는 인간이 '아는 것'을 표현해 내는 명확성이 가장 중요했다. 고대 그리스인들은 그들의 눈으로 '보는 것'을 배워나갔다. 다른 목적에서 벗어난 '아름다움' 자체에 대한 인식과 더불어 찬란한 고대미술이 펼쳐졌다.

그러나 종교가 지배적이었던 중세에는 다시 '아는 것'을 전달하는 것이 목적이 되었다. 눈에 보이는 세상을 그대로 재현하는 것을 목표로 한 르네상스 이후로는 '보는 것'이 다시금 중요한 문제가 됐다. 르네상스 미술에 관한 서술은 이 책의 가장 매혹적인 대목이다. 눈으로 '보는 것'이라는 관념이 극대화된 것이 인상주의다. 그러나 세잔은 인상주의자들의 화면에 등장하는 시각적인 현상의 무질서함을 극복하고 '아는 것'과 '보는 것'을 통합하려 했고, 이러한 입장은 피카소의 입체주의로 발전해 나간다고 책은 정리한다.

이렇게 미술 내적인 발전논리를 중심으로 서술하는 가운데에도 각각의 미술들이 발전할 수 있었던 사회문화상이 명료하게 이해되는 것은 저자가 모든 역사적인 배경을 꿰뚫어 글 속에 완전히 녹여내고 있기 때문이다. 예컨대 유럽 교회의 장식미술을 이해하기 위해서는 그 교회를 바라보며 중세 유럽인들이 느꼈을 종교적 경외감을 상기하라고 말한다. 늘 느끼는 것이지만 좋은 미술서적은 지식만을 전달하는 것이 아니라 미술품을 사랑하는 법을 가르쳐 준다.

이진숙, 위대한 미술책, 서울: 민음사, 2014.

이 글은 곰브리치의 "서양미술사"에 대한 서평 중 일부이다. 우선 곰브리치의 "서양미술사"를 가장 좋은 서양미술사 개론서이자 미술 서적계의 신화적인 책으로 높게 평가하고 있다. 그리고 그 책을 미술 서적계의 신화적인 책이라고 볼 수 있는 이유로 독자를 몰입시키는 이야기의 힘, 예술의 장르와 방법 형식에 제약을 두지 않는 열린 태도 등을 들면서 이 책의 내용에 대해 해설하고 있다. 이 책의 내용을 해설하면서 책의 시작 부분에 있는 "미술(Art)이라는 것은 사실상 존재하지 않는다. 다만 미술가들이 있을 뿐이다"라는 첫 문장을 인용하고 있는데 이러한 인용은 곰브리치의 "서양미술사"가 지닌 미술에 대한 열린 태도를 강조하는 데 효과적으로 활용되고 있다. 그리고 이런 열린 태도는 각 나라와 각 시대의 다양한 미술 현상을 바라볼 때 대단한 장점으로 작용한다는 해설도 곁들이고 있다. 글쓴이의 관점에서 이루어진 이러한 해설과 인용은 책 내용을 알기 쉽게 풀어 설명하는 것이자 동시에 궁극적으로 이 책에 대한 평가에 해당하기도 한다.

나. 영화평 쓰기

우리나라 영화 관객 수는 전 세계적으로 높은 순위를 자랑하고 있으며 최근 연간 영화 관객 수가 이미 2억 명을 넘어섰다. 1000만 이상의 관객을 끌어들인 영화도 여러 편 등장했다. 이렇듯 우리들의 일상생활에서 가장 많이 사랑받는 장르 중 하나가 아마도 영화일 것이며, 현대인의 여가 생활에서 중요한 역할을 하는 것 역시 바로 영화 관람일 것이다. 이런 흐름을 반영하듯 많은 사람들이 영화를 관람한 후 영화평을 인터넷에 올림으로써 영화에 대한 자신의 생각을 표현하는가 하면, 다른 사람이 쓴 영화평을 읽고 영화를 선택하기도 한다. 이러한 소통에 참여하기 위해 영화평 쓰는 방법을 알아보자.

1) 영화에 대한 기본적인 정보 담기

영화에 대한 기본적인 정보를 담도록 한다. 제작자, 감독, 주연 배우, 제작 연도 등에 대한 정보는 비평 대상을 자세하게 소개한다는 점에서 영화를 비평하기 위한 기초적인 내용이다. 경우에 따라 주연 배우는 생략할 수도 있으며, 현재 상영되는 영화일 경우 제작 연도를 굳이 밝힐 필요는 없을 것이다. 영화의 특성에 따라 영화 제작의 배경이나 영화를 이해하기 위한 맥락 등을 서술하는 것은 영화에 대한 소통에 많은 도움이 된다.

2007년 전작 〈디스터비아(Disturbia)〉라는 영화를 통해 '모든 살인자는 누군가의 이웃'이라는 끔찍한 진실을 전해준 바 있는 D. J. 카루소 감독이 이번에 새로운 액션 영화를 들고 관객을 찾아 왔다. 영화 〈이글 아이(Eagle Eye)〉는 D. J. 카루소 감독이 제작한 영화(2008년)로 샤이아 라보프, 미셸 모나한이 주연 배우로 활약했다. 많은 사람들이 이 영화를 긴장감과 스릴감이 넘치는 액션 영화로 분류하면서 특히 촬영 방식에 관심을 보이고 있다. 교통 신호를 보내는 LED 사인보드가 갑자기 바뀌면서 자동차들이 충돌하고 파괴되는 장면, 크레인이 FBI 사무실을 덮치는 장면 등 많은 장면을 아날로그로 촬영했다고 한다. CG를 최소화하고 실제 액션을 많이 활용했는데, 그 때문인지 이 영화의 액션 장면은 매우 현실적이라는 느낌을 준다.

영화 '이글 아이'의 내용은 제목이 잘 말해주고 있다. 영화 포스터에 실려 있는 문구를 빌리자면 이글 아이란 바로 "세상을 조종하는 또 하나의 눈"이다. 이 영화가 그리고 있는 세계는 전자 판옵티콘의 세계다. 핸드폰, 현금지급기, 거리의 CCTV, 교통안내 LED사인보드, 신호등 등 필요에 의해 개발해낸 장치들, 오늘날 우리 주변에서 흔히 볼 수 있는 전자장치와 시스템 등이 결국 우리의 삶을 지배하고 조종하게 된다는 것을 긴장감 있게 보여주고 있다.

이 글은 D. J. 카루소 감독의 영화 〈이글 아이〉에 대한 영화평 중 일부이다. 이 영화가 2008년 제작된 영화라는 점, 액션 영화로 분류된다는 점, 주연 배우는 샤이아 라보프, 미셸 모나한이라는 점 등을 소개하고 있다. 또 영화 제목이 말해주듯 "세상을 조종하는 또 하나의 눈"인 이글 아이에 의해 현대 사회를 살아가는 인간의 삶이 조종당한다는 것을 담고 있는 영화라는 점을 소개하고 있다. 이런 내용을 통해 독자는 〈이글 아이〉라는 영화의 감독, 제작 연도, 주연 배우, 장르, 영화에 대한 간략한 내용 등에 대한 정보를 알 수 있으며, 머릿속으로 대략 이 영화에 대한 지도를 그릴 수 있다.

2) 영화의 특성이나 다양한 표현 기법 등을 근거로 하여 미적 가치 평가 잘 드러내기

영화에 대해 해설하거나 평가할 때에는 영화 고유의 특성이나 다양한 표현 기법 등을 근거로 하여 서술하면 훨씬 효율적이다. 영화라는 장르의 특성, 배우들의 연기, 주제 의식, 표현 기법 등의 측면을 중심으로 영화의 미적 가치를 판단하여 서술하는 방법이다. 특히 플롯, 색채나 음향, 화면의 구성, 카메라의 움직임 등 세부적인 영화의 표현 기법을 중심으로 서술하면 영화라는 텍스트의 특성을 살릴 수 있을 뿐 아니라 내용의 설득력을 높이는 데도 많은 도움이 된다. 이런 서술 방식에서 중요한 것은 그 내용이나 평가가 객관적이어야 하며 수긍할 만한 것이어야 한다는 점이다. 개인적으로 재미있게 본 영화라는 이유로 무조건 칭찬만 늘어놓거나 개인적 취향과 맞지 않는다는 이유로 혹평을 할 경우, 그 내용은 신뢰성을 주기 어렵다.

유현목 감독의 영화 '오발탄'(이종기 각색, 1961)은 이범선의 소설 '오발탄' (현대문학, 1959.10.)을 영화화한 것으로 한국 영화사에서 가장 뛰어난 리얼

리즘 영화로 평가받고 있다. 이러한 성공은 일차적으로 몽타주를 효과적으로 배치함으로써 이루어진 성과로 볼 수 있다. 주인공인 철호의 방황 시퀀스나 그의 동생인 영호의 도주 시퀀스를 몽타주 형식으로 표현함으로써 도시의 '내면'과 '외면'을 대칭적으로 보여주는 의미 있는 미적 효과를 낳고 있기 때문이다. 그 중에서 영호의 도주 시퀀스를 살펴보자.

영호의 도주 시퀀스는 시간적으로 동시에 일어나는 사건, 즉 영호의 도주 모습과 이를 쫓는 경찰의 모습을 교대로 보여주다가 마지막 부분에서 한 프레임 내에 만나게 하는 전형적인 교차편집(cross-cutting)으로 구성되어 있다. 도주 시퀀스에서 관람객이 느끼는 긴장감은, 서로 다른 공간에서 동시에 일어나는 사건들 간의 충돌에서 발생하는 몽타주의 효과라고 할 수 있다. 하지만 이런 교차편집은 갱스터 무비에서 긴장감을 산출하기 위해 흔히 사용되어온 편집기법이며, 이 영화에서도 그런 정도의 긴장감을 산출하는 정도에 멈추고 만다.

이보다 주목해야 할 것은 교차편집 자체보다는 교차편집의 한 축, 영호의 도주 과정에서 제시되는 도시의 이질적 모습들이다. 은행을 나온 영호가 깨끗하게 정돈된 은행 옆의 담장을 넘어 도주하는 순간부터 황폐한 도시의 이면들, 도시의 이질적 풍경들이 제시된다. 영호는 뼈대만 앙상하게 남은 건물을 뛰어 올라가고, 노동자들의 데모대 속에 끼이는가 하면, 복개 중인 청계천 밑의 구조물들 사이를 지나, (아마도 앞에 본 노동자들의 파업으로) 텅 빈 채 연기만 자욱한 공장에 도착하고 결국 경찰에게 체포된다. 이렇듯 도시의 이면에서 동시에 벌어지고 있는 이질적 장면들을 병치함으로써, 즉 몽타주의 형식을 취함으로써 한국전쟁 직후 사회의 혼란스러움을 효과적으로 표현하고 있다. 그리고 청계천 밑의 구조물 사이에서 아이를 업은 채 목을 맨 여인의 모습, 아이의 울음소리, 경악하는 영호의 표정 등에 이르면 혼란의 감각을 넘어서 관객으로 하여금 공포스런 절망감의 절정에 도달하게 하는 미적 효과를 낳고 있다. 사회의 혼란스러움이 개인의 공포스런 절망감으로 연결되는 지점을 잘 드러내고 있는 것이다. 이렇듯 이 영화는 당대 사회의 도시 공간을 몽타주 형식으로 적절하게 배치함으로써 영화의 미적 가능성을 훌륭하게 살려내고 있다.

조현일, 소설의 영화화, 영화의 소설화, 한국문학의 근대성과 리얼리즘,
서울: 월인, 2004, 339-342쪽.

이 글은 1960년대 영화 〈오발탄〉에 대한 비평 중 일부로, 몽타주라는 표현
기법에 주목하여 영화 〈오발탄〉의 미적 가치를 평가하고 있다. 몽타주(mon-
tage)는 불어의 'monter', 즉 '조립하다'라는 뜻으로 사용되어온 건축용어였
다. 이를 에이젠슈타인이 영화의 편집에 사용하면서 영화적 언어로 정착되었
다. 현재, 영화에서 몽타주는 쇼트와 쇼트를 결합하여 의미를 전달하는 편집과
동의어로 사용되거나, 좀 더 폭넓게 부분들을 결합해서 특정한 효과를 내는 영
화적 장치 일반을 가리키는 용어로 사용되고 있다(최상식, 2000: 143-169).

이 글의 핵심은 영화 〈오발탄〉이 몽타주 기법을 통해 한국전쟁 직후 사회의
혼란스러움을 매우 효과적으로 표현한다는 점에 있다. 그리고 그러한 판단에
대한 근거를 제시하기 위해 영호의 도주 시퀀스를 자세하게 분석하고 있다. 특
히 영호의 도주 모습과 이를 쫓는 경찰의 모습을 교차편집하는 기법보다는 영
호의 도주 과정에서 제시되는 도시 이면의 이질적인 여러 풍경들을 몽타주하
는 편집 기법에 주목하고 있다. 깨끗하게 정돈된 은행으로 대변되는 도시의 외
면과는 달리 황폐한 도시의 풍경을 병치시켜 나열함으로써 혼란스러운 전후
사회의 모습을 효과적으로 표현하고 있다는 것이다. 표현 기법을 바탕으로 한
이러한 해설은 이 영화의 미적 가치를 평가하는 데 중요한 역할을 하고 있다.

3) 다른 대상과의 공통점이나 차이점 부각시키며 평가하기

유사한 소재를 다룬 서로 다른 영화 혹은 동일 영화 감독이 제작한 서로 다
른 영화를 비교하면서 평가하는 것도 효율적인 비평의 방식 중 하나이다. 영화

들 간의 공통점이나 차이점에 대한 서술을 통해 그 영화가 지닌 독특한 특성을 부각시키면서 평가할 수 있다.

그렇지만 이해하라

이해니, 통합이니, 용서니 하는 말은 듣기에는 좋은 말이다. 그러나 차이나는 힘의 역학관계가 작동하는 현실에서 이런 말들은 대개 힘 가진 쪽의 자기변명이거나 위선의 치장에 불과하다. '셀프 사면'이 좋은 예이다. 듣기 좋은 말들이 현실화되려면 이런 말들의 한계를 유념해야 한다. 좋은 문학이나 영화가 우리에게 보여주듯이, 공감과 화해가 얼마나 어려운가를 끊임없이 되물어야 한다. 한국 사회는 이해와 공감의 능력을 거의 잃었다. 교사-학생, 정규직-비정규직, 그리고 이번 대선에서도 드러났듯이 세대 사이에는 넘기 힘든 벽이 세워졌다. 서로 자기 하고 싶은 말만을 하며, 그게 이해이고 통합이라고 우긴다. 소통의 어려움이다.

호소다 마모루 감독의 〈늑대아이〉는 이해와 재현의 (불)가능성을 묻는다. 늑대인간과 사랑을 하고 홀로 늑대/인간아이들을 키우는 엄마의 이야기인 이 영화의 미덕은 목가적 자연찬미나 모성예찬이 아니라, 부모와 자식 간의 소통의 한계, 그에서 비롯되는 깊은 존중의 표현에 있다. 엄마 하나는 인간의 길을 택하는 누나 유키와 늑대가 되려는 동생 아메의 선택을 힘들지만 존중하고 떠나보낸다. 섣부른 이해나 공감, 값싼 감상은 없다. 영화의 말미에서 하나는 아메의 늑대 울음소리를 들으며 그저 이렇게 말할 뿐이다. '건강하게 행복하게 살아야 해.'

때가 되면 부모와 자식은 각자의 행복을 찾아간다. 서로의 삶은 간섭할 수 있는 게 아니다. 아프리카 세렝게티 초원의 치타는 자식이 먹이사냥을 배우는 순간 안녕이란 인사도 없이 떠나버린다고 한다. 각자는 슬픔을 안고, 딛고 살아간다. 폭우 속에 하나를 구해서 주차장에 내려두고 작별인사도 없이 떠나는 아메의 모습은 인간의 시선으로 늑대를 재단하지 않으려는 감독의 통찰을 보여준다.

　리안 감독의 〈라이프 오브 파이〉의 매력도 비슷하다. 영국의 저명한 문학상인 맨부커상 2002년 수상작을 영화로 옮긴 이 영화의 고갱이는 호랑이와 바다를 표류하는 소년 파이의 모험담이 아니다. 파이와 동물들, 특히 호랑이 리처드 파커는 서로를 이해할 수 없다. 영화는 재현의 (불)가능성에 대해 날카로운 질문을 던진다. 구조보트에서 얼룩말과 원숭이를 잡아먹으려는 하이에나의 모습이나 파이를 두려움에 떨게 만드는 호랑이의 행동에 대해 '잔인하다'고 말하는 것은 타당할까. 그것은 인간의 시각에서나 나올 수 있는 평가이다. 하이에나와 호랑이와 상어는 타고난 본성대로 사냥을 해야만 생존한다. 할리우드 애니메이션에서 그려지는, 채식주의자가 되고 싶어 하는 상어의 모습은 그들에 대한 모독이다. 표류가 끝나고 구조된 뒤 파이는 자신과 생사고락을 같이한 호랑이가 뒤도 돌아보지 않고 숲속으로 들어간 것 때문에 눈물이 나왔다고 토로한다. 관객들도 비슷한 감정을 느낄 수 있다.

　감독은 바로 그것이 파이와 우리들이 지닌 인식과 욕망의 한계라는 걸 냉철하게 표현한다. 파이의 아버지가 파이에게 경고했듯이 호랑이는 호랑이일 뿐, 인간의 친구가 될 수 없다. 호랑이는 인간이 아니다. 진정한 이해는 여기에서 출발한다. 소년 파이와 호랑이 리처드 파커 사이에는, '나'와 당신, 그들 사이에는 쉽게 넘을 수 없는 재현과 공감의 깊은 바다가 놓여 있다. 두 영화는 "웃지 말고, 개탄하지 말며, 혐오하지 말라. 그렇지만 이해하라"(스피노자)라는 경구의 의미를 되새기게 한다. 이해나 공감은 쉽지 않다는 것. 그게 소통의 출발점이다.

오길영, '그렇지만 이해하라' 중 일부, 한겨레, 2013년 1월 18일.

　이 글은 호소다 마모루 감독의 〈늑대아이〉와 리안 감독의 〈라이프 오브 파이〉 두 영화의 주제상 공통점을 들어 비평한 글 중 일부이다. 이 영화평은 나의 관점에서 타자를 이해하거나 재단하는 것이 아니라 나와 타자가 다르다는 점을 진정으로 이해하고 공감할 때 비로소 소통이 가능할 수 있으며, 그런 점을 두 영화가 매우 훌륭하게 표현하고 있다고 평가하고 있다. 두 영화 모두 인간과 동물이 등장하고 있지만 인간의 관점에서 동물을 바라보거나 동물이 인간의 틀 안으로 들어오는 것이 진정한 관계가 아니라는 점을 보여주고 있다는 것이다. 그리고 그것을 설명하기 위해 두 영화의 주요한 장면을 예로 들어 서술하고 있다. 주제상 두 영화가 지닌 공통점을 묶어 평가함으로써 두 영화의 장점을 잘 부각시키고 있을 뿐만 아니라 두 영화에 대한 이해를 심화시키고 있다.

4) 영화 감독이나 배우의 작품 경향 고려하여 평가하기

특정 영화 감독의 작품 세계를 고려하여 비평하거나 특정 배우의 작품 경향을 고려하여 비평하는 방법, 혹은 특정 장르의 흐름을 고려하면서 비평하는 방법도 가능하다. 영화 감독이 그 동안 감독한 작품 세계 속에서 해당 영화가 갖는 의미를 밝혀내거나 특정 배우가 그 동안 연기했던 작품들의 경향을 밝힌 후 그러한 맥락 속에서 해당 영화에서의 연기가 갖는 의미를 중심으로 비평하는 방식이다. 또한 특정 장르의 영화 속에서 해당 영화가 갖는 의미나 한계 등을 중심으로 비평할 수도 있다.

> **가부장의 나라, 조폭 사회**
>
> 곽경택 감독의 〈친구2〉를 보면서 든 생각은, 그가 정말로 남성들의 강한 연대와 욕망을 선호하는 사람이라는 것이었다. 이것은 누구나 쉽게 생각할 수 있는 것이기도 하다. 그가 만든 영화는 대부분 남성들의 강한 욕망을 다루고 있다. 〈친구〉의 흥행 이후 만든 영화들 〈챔피언〉, 〈똥개〉, 〈태풍〉, 〈사랑〉, 〈눈

에는 눈 이에는 이〉, 〈통증〉 등의 영화가 모두 그러하다. 그는 남성들의 강한 욕망, 남성들이 펼치는 대결 구도를 날것처럼 선명하게 그리는데, 특히 대결에서 승리하지 못하는 남성의 고통과 아픔에 주목하는 경향이 있다. 물론 그 사이에 멜로적 요소를 넣기도 하지만, 사랑의 잔잔한 울림을 제대로 직조하기 보다는 그 사랑이 불가능하게 되는 요소로 남성 이야기를 넣는 식이다. 때문에 그의 영화에서 사랑은 원초적으로 불가능하다.

이렇게 보면 곽경택은 참으로 우직하다고 할 만큼 강한 남성들의 연대와 아픔에 집착한다. 아무리 영화계를 둘러봐도 곽경택만큼 강한 남성들의 이야기를 조폭 구도 안에서 소비하는 감독은 많지 않다. 강우석, 이준익, 장훈, 강제규, 류승완 등이 영화 속에서 강한 남성들의 대결 구도를 선호하지만, 강우석은 국가주의나 민족주의로 발전해 나가고, 이준익은 패배한 남성의 고통을 포근하게 달래려 하며, 장훈은 영화 매체에 대한 성찰에서 분단과 전쟁의 상황으로 나아가고, 강제규는 처음부터 분단과 전쟁 같은, 쉽게 공감할만한 민족적 알레고리(National Allegory)를 다루며, 류승완은 장르적 유희 안에서 남성들의 대결을 그린다.

그러나 곽경택은 말 그대로 남성들의 강한 욕망을 그린다. 그렇게 그리는 것에 집착하다시피 한다. 물론 이것은 부정적인 의미의 표현만은 아니다. 강한 남성들의 욕망을 그림으로써 우리 사회를 뒤돌아보게 만드는 면이 분명 있기 때문이다. 가령 그의 대표작이 된 〈친구〉를 평하면서 페미니스트 평론가 주유신은 관습적인 남성성을 그린 것이 아니라 남성성이란 얼마나 취약할 수 있고 현실 앞에서 얼마나 쉽게 위협받고 무너질 수 있는지 감정, 심리의 사적인 영역에서 골고루 보여주었다고 평가했다. 분명 그런 면이 있다. 곽경택은 결국 강한 남성이 되고자 하지만 패배하는 사람들의 좌절과 아픔을 그리는데, 그 아픔을 통해 남성성이 얼마나 빈약한 토대 위에 세워져 있는지 뒤돌아보게 하는 면이 있다. (하략)

강성률, '가부장의 나라, 조폭 사회' 중 일부,
미디어오늘, 2013년 11월 18일.

이 글은 곽경택 감독의 〈친구 2〉에 대한 영화평 중 일부이다. 〈친구 2〉에 대한 비평을 위해 글쓴이는 곽경택 감독이 그 동안 감독했던 영화들 속에서 〈친구 2〉라는 영화가 어떤 의미를 갖는지에 주목하고 있다. 이 영화는 '남성들의 강한 연대와 욕망을 선호'하는 곽경택 감독 작품 세계의 연장선상에 있다는 것이다. 이를 위해 강우석, 이준익, 장훈, 강제규, 류승완 등 다른 감독들의 작품 세계와 그 차이점을 비교하면서 곽경택 감독의 작품 세계를 선명하게 부각시키고 있다.

3. 정리

과제1. 다음은 알베르토 망구엘의 "독서일기" 서평 중 앞부분으로 책에 대한 간략한 정보를 담고 있다. 이 글에서 보완해야 할 점이 무엇인지 살펴보고, 수정하여 다시 써 보자.

> 알베르토 망구엘의 "독서일기"는 우리 시대에 독서란 과연 무엇이며, 왜 필요한 것인지 간접적인 방식으로 문제를 제기한다. 알베르토 망구엘은 쉰 세 번째 생일을 맞이하여 예전부터 좋아했던 몇몇 책을 다시 읽어보기로 결심하고, 그 해 6월부터 매달 한 권씩 총 열두 권의 책을 읽으며 독서일기를 써 나간다. 워낙 폭과 깊이를 겸비한 독서가이기 때문에, 그가 선정한 책 중에 필자가 읽은 것은 아서 코넌 도일의 "네 사람의 서명", 세르반테스의 "돈키호테", 세이 쇼나곤의 "필로우북" 정도였다. 하지만 읽지 않은 다른 책들에 대한 독서일기를 읽는 것도 독서로 인해 촉발된 그의 지적 사유가 어떻게 그 폭과 깊이를 지니면서 확산되는지를 확인할 수 있다는 점에서 읽어 볼 만하다.

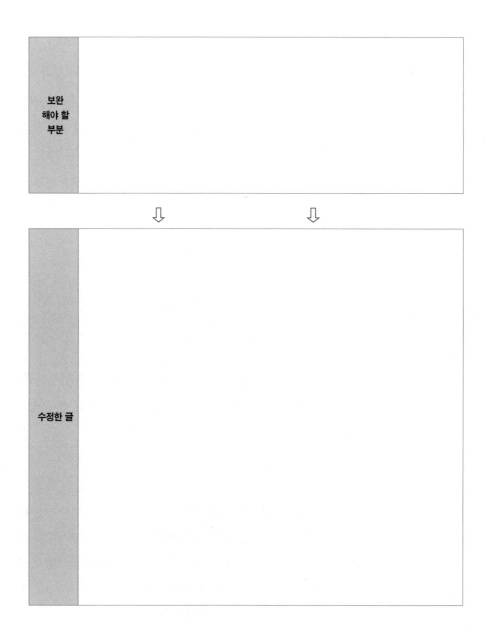

보완 해야 할 부분	
수정한 글	

⇩　　　⇩

과제2. 다음은 〈인어공주〉, 〈라이온 킹〉 등 디즈니 애니메이션의 주제 의식
에 대한 가치 평가가 잘 드러난 글이다. 비평문 쓰기의 관점에서 주어진 항목
을 중심으로 정리하면서 글을 평가해 보자.

아이들이 디즈니에게서 배우는 것들

여자아이 그리고 여성에 대한 성의 정체성을 구성하는 방식은 디즈니 애니메이션에서 가장 논란의 소지가 많은 문제 가운데 하나이다.[1] 〈인어공주〉와 〈라이온 킹〉에서는 여성의 역할을 축소시켜 한정된 의미만으로 여성 등장인물을 구성한다. 이 영화에 나오는 모든 여성 인물은 궁극적으로 남성들에게 복종하고 자신의 힘이나 희망을 전적으로 지배적인 남성들의 이야기 안으로 국한시킨다. 예를 들어 다소 나약한 바비 인형을 닮은 〈인어공주〉의 아리엘은 언뜻 보기에는 부모의 통제에 대항하는 것처럼 보이고 인간 세계를 탐험하려는 욕망을 가지고 있으며 자신의 소망에서 주체와 객체를 제한하는 위험을 무릅쓰려고 한다. 그러나 결국 아버지 트리톤으로부터 독립하려는 투쟁과 자신의 사랑을 이루려는 절망적인 몸부림으로, 바다의 마녀인 우술라와 파멸의 계약을 맺는다. 그 대가로 아리엘은 자신의 목소리를 포기하고 미남왕자 에릭을 따르기 위해 두 다리를 얻는다.

여자아이들은 아리엘의 십대 소녀 같은 반항에 즐거워할지 모르지만, 결국 욕망과 힘을 얻는 방법은 멋진 남자를 잡아서 사랑하는 것밖에 없다고 믿도록 길들여진다. 바니 리드비터와 글로리아 로테이토 윌슨, 두 사람은 이 영화 내에 작용하는 교육적 메시지에 대해 "20세기의 가장 순수하고 호소력 있는 비디오로, 소녀에게 의기에 찬 역할을 부여하고 있지만 결국 성년의 여성에게 굴복이라는 소극적 역할을 주입한다. 디즈니의 '인어공주'는 남성이 속한 새로운 세계의 일부가 되고자 하는 소망을 부여받지만, 여전히 지느러미를 단 채 멀리 나아가지 못하고 만다. 여주인공 아리엘은 남성의 세계를 탐험하고자 하는 위치에 서 있다. 그녀는 새로 찾아낸 성적인 욕망을 표현하려고 한다. 하지만 여성에게 요구되는 성 역할은 결코 바뀌지 않는다"라고 말한다.[2] 아리엘은 영화의 진행 과정에서 전통적인 여성상에 대한 은유적 표현이다. 우술라가 남성들은 말 많은 여성들을 싫어하기 때문에 목소리가 없는 것도 그리 나쁘지 않다고 설득하는데, 그 의미를 에릭 왕자가 말 못하는 아리엘에게 입맞춤을 하려는 장면에서 극화된다. 이런 여성에 대한 고지식한 표현방식에서 여성성은 아리엘처럼 해저생활을 포기한 대가를 치르고서야 올바른 사람과 결혼하는 것으로 보상받는다. 이것이 바로 디즈니의 세계관 속에서 보편적인 여성이 선택할 수 있는 정체성의 문화적 모델인 것이다.

Henry A. Giroux(1999), 디즈니 순수함과 거짓말, 성기완 옮김, 서울: 아침이슬, 109-110쪽.

1)   Andrea Adelson, "Children's Radio Pioneer Is Challenged by Disney," *New York Times*, 1997년 7월 21일, D.10쪽 참조.

2)   Michael D. Eisner, "Letter to Shareholders." *The Walt Disney Company 1997 Annual Report*(Burbank, Calif.: Walt Disney Company, 1997), 5쪽 참조.

글쓴이의 주장	
주장의 근거	
주장을 뒷받침하기 위해 인용한 내용	

| 글쓴이의
주장에 대한
나의 생각 | |

과제3. 최근 관람한 영화에 대한 비평문을, 다음 '조건'을 고려하며 써 보자.

〈조건〉
- 다른 영화와 비교하며 쓴다.
- 해당 영화에 대한 다른 사람들의 평가와 자신의 평가를 비교 · 대조하며 쓴다.

과제4. 최근에 재미있게 읽은 책을 중심으로 다음 활동을 해 보자.

1) 최근 읽은 책을 한 권 골라 서평을 써 보자.

〈조건〉
- 자신이 선택한 책에 대한 다른 사람의 서평을 읽어 보자.
- 다른 사람의 서평 내용을 인용하며 써 보자.

2) 읽은 서평 중에 책 읽기에 도움이 되었던 서평을 소개하고, 도움이 된 이유를 간략하게 말해 보자.

참고 문헌

강성률, 가부장의 나라, 조폭 사회, 미디어오늘, 2013년 11월 18일.

오길영, 그렇지만 이해하라, 한겨레, 2013년 1월 18일.

이진숙(2014), 위대한 미술책, 서울: 민음사.

이현우, 가장 예쁜 유전자만 살아남는다?, 2000.7.18. 〈http://blog.aladin.co.kr/
mramor/267844〉

조현일(2004), 한국문학의 근대성과 리얼리즘. 서울: 월인.

최상식(2000), 영상으로 말하기, 서울: 시각과 언어.

최성일, 본래 인간은 물질주의적이지도, 이기적이지도 않다: 사회역학자 리처드 윌킨슨, 〈http://
ch.yes24.com/Article/View/14063〉

Giroux, Henry A.(1999), 디즈니 순수함과 거짓말, 성기완 옮김, 서울: 아침이슬.

06

성찰적 글쓰기

우리는 생활을 하면서 여러 종류의 글을 쓴다. 이메일부터 일기, 칼럼, 자기소개서, 사업계획서 등에 이르기까지 다양한 종류의 글을 쓰면서 생활한다. 그중에서 이메일이나 자기소개서, 사업계획서, 칼럼 등은 다른 사람에게 주로 내 생각을 전달하거나 설득하기 위한 글이다. 그런데 어떤 경험을 하면서 혹은 자신의 삶을 되돌아보면서 그 순간에 떠오르는 생각이나 느낌을 쓰고 싶을 때가 있다. 인간은 자신의 삶을 되돌아보고 성찰하면서 좀 더 나은 삶을 살고자 노력하는 존재이기 때문이다. 그것은 때로는 일기, 편지 등의 형식을 띠기도 하고 때로는 여행기, 감상문, 자서전의 형식을 띨 수도 한다. 이 장에서는 이러한 다양한 성찰적인 글을 쓰는 방법을 익히고 써 보도록 하자.

1. 성찰적 글쓰기의 이해

가. 성찰적인 글이란

성찰적인 글이란 좀 더 나은 삶을 위해 우리들의 일상적인 삶과 우리 주변을 되돌아보고 사유하며 쓰는 글을 의미한다. 훗날에도 기억하고 싶은 의미 있는 경험, 그리고 그러한 경험으로부터 촉발된 다양한 생각이나 느낌을 기록하면서 자신의 삶을 반성하는 글쓰기이다. 이러한 성찰적 글쓰기를 통해 우리는 의미 있는 삶을 영위할 수 있으며 좀 더 나은 삶을 위한 동력을 얻을 수도 있다. 이런 점에서 성찰적 글쓰기는 비록 독자가 있다 하더라도 궁극적으로는 독자를 향한 글이라기보다 자기 자신을 위해 쓰는 글이라는 특성을 갖는 경우가 많다. 비평적 글쓰기가 나의 주체적인 관점에서 대상을 객관적으로 판단하고 평가하는 글쓰기라면, 성찰적 글쓰기는 특정 계기나 대상을 통해 나와 주변을 돌이켜보고 반성하는 글쓰기라 할 수 있다. 이런 점을 전제로 하여 성찰적 글쓰기의 방법을 알아보도록 하자.

나. 성찰적 글쓰기의 방법

1) 자신과 대상의 연관성 부각시키기

우리가 일상생활을 하면서 자주 접하는 대상은 너무나도 낯익은 것이어서 항상 별다른 의미 없이 다가오는 경우가 많다. 그런데 그 대상에 대해 새로운 관점이나 다른 맥락에서 바라볼 기회를 가질 경우 우리는 평소에는 생각하지 못했던 새로운 사유의 세계로 빠져들 수 있다. 그 기회란 자신을 반성하는 명

상의 시간일 수도 있고, 낯선 곳을 여행하는 시간일 수도 있으며, 타자와 함께 하는 소통의 순간일 수도 있다. 이런 기회를 통해 대상을 새로운 관점에서 바라보고 그러한 사유의 내용을 표현하는 것은 매우 중요하다. 그 대상에 대한 인식이 곧 나 자신을 새롭게 바라보는 기회로 연결될 수 있기 때문이다. 이런 경우 내가 왜 그 대상에 주목하는지, 어떤 계기를 통해 그 대상에 대해 새롭게 생각하게 되었는지 등을 부각시키는 것이 좋다. 이는 그 대상과 글쓰기 주체로서 내가 맺는 관련성을 구체적으로 드러내기 위한 것이다. 참고로, 성찰적 글쓰기에서 글쓰기 대상을 선정할 때에는 다음 사항을 고려하는 것이 좋다.

- 선택과 집중의 원리가 필요하다. 자신과 관련된 여러 경험이나 계기를 모두 대상으로 하기보다는 그 중에서 의미가 있는 것을 선택하여 그것에 집중하는 글쓰기가 필요하다.
- 일상적인 삶 속에서 그 대상이 갑자기 유의미한 것으로 다가온 계기를 잘 드러내면 훨씬 긴밀한 글이 될 수 있다.

2) 대상에 대한 사유를 통해 성찰한 내용 쓰기

성찰적 글쓰기의 형식은 매우 다양하다. 성찰적 글쓰기는 형식보다 내용에 좌우되는데, 주로 글쓰기 주체로서의 내가 무엇을 보고, 경험하고, 느끼고, 생각했는가를 담는다. 성찰의 대상은 나의 일상생활일 수도 있고, 매일 보는 TV 드라마일 수도 있으며 문학 작품이나 영화일 수도 있다. 성찰적 글쓰기는 그러한 대상에 대해 객관적으로 설명하거나 혹은 평가하는 것이 아니라 대상과 자신의 관련에 대해 숙고하고 자신의 삶을 돌이켜보며 성찰한 내용을 쓰는 것이다. 그러한 글쓰기 과정을 통해 새로운 자기 발견에 이를 수도 있으며 나아가 삶의 고민이나 고통으로부터 치유의 경험을 할 수도 있을 것이다. 특히 보고, 듣고, 경험한 것 등에 대한 생각이나 느낌을 쓸 때는 그것을 직설적으로 토로하기보다 생각이나 느낌에 이르게 된 사유의 과정을 구체적으로 서술하도록 한다.

3) 글쓴이의 개성과 독창적인 생각 드러내기

글쓴이의 개성과 독창적인 생각의 표현은 사유의 방식, 나아가 사유의 깊이와 밀접한 관련을 지닌다. 동일한 것을 보거나 동일한 경험을 하고서도 사람마다 다르게 생각할 수 있으며 다르게 느낄 수도 있다. 그 이유는 대상을 바라보는 주체의 시선, 관점, 사유의 방식이 다르기 때문이다. 이런 점을 살려 글쓴이의 개성과 독창적인 관점을 잘 드러내면 좋은 글이 될 수 있다. 이를 위해 다음의 방법을 참조해 보자.

- 대상에 대한 일반 사람들의 견해와 자신의 생각이 다를 경우, 어떤 점에서 다른지 그렇게 생각하는 이유는 무엇인지 등에 대해 진지한 사유의 기회를 갖도록 한다. 그 차이를 글로 풀어나가는 과정이 곧 자신만의 글이 되는 과정이다.
- 시점을 달리하여 써 보는 것도 좋다. 성찰적 글쓰기는 기본적으로 '나' 자신의 이야기이기 때문에 1인칭을 사용하여 표현하지만, 타자의 시점으로 바꾸어 써 보면 평소에는 볼 수 없었던 새로운 점을 발견할 수도 있다.
- 개작, 모방, 패러디, 장르 변환, 매체 변환 등 다양한 글쓰기 방식을 활용할 수도 있다.

2. 성찰적 글쓰기의 실제

성찰적 글쓰기에는 여러 종류의 글이 있다. 여기에서는 그 중에서도 여행기와 자기 성찰적 글쓰기를 중심으로 성찰적인 글을 실제 써 보기로 하자.

가. 여행기 쓰기

여행기란 특정 지역을 여행하거나 답사하면서 보고 들은 것, 느끼거나 생각한 것 등을 담은 글이다. 자신이 만나거나 보거나 경험한 대상을 자신의 관점에서 바라보면서 생각하고 느낀 점을 서술한다는 점에서 성찰적 글쓰기라는 특성을 지닌다. 여행을 통해 일상생활로부터 벗어나 새롭고 낯선 곳을 보고 듣고 거닐면서 평소에는 생각하지 못했던 다양한 생각을 할 수 있고, 또 그러한 생각을 글로 쓰면서 자신의 삶을 성찰할 수 있는 계기를 마련할 수 있다. 여행기라는 글의 특성상 여행 지역의 삶의 방식이나 문화 등 '특정 대상'에 좀 더 밀착하여 쓰는 글이며, 그러한 대상에 대한 사유를 통해 자신의 삶의 방식을 성찰하는 기회를 가질 수 있는 글이다.

1) 인상 깊게 본 것, 들은 것, 경험한 것을 드러내기

여행기를 쓸 때에는 여행하거나 답사하면서 인상 깊게 보거나 들은 것 그리고 경험한 것이 잘 드러나도록 써야 한다. 주요 내용은 새로 보거나 들은 것, 색다른 경험, 일상생활에서는 느끼거나 생각하지 못했던 것 등이 될 것이다. 특정 지역을 여행하거나 답사하면서 인상 깊게 보았던 장면 혹은 그런 장면을 보면서 떠올렸던 생각, 그곳에서의 경험 등이 모두 여행기의 내용이 될 수 있다. 여행하거나 답사한 장소에서 보고 들은 것을 중심으로 서술하되, 새롭게 알게 된 것이나 새롭게 느낀 점 등을 중심으로 서술하는 것이 좋다. 또 일상적으로 알던 내용보다는 그 지역에서 직접 보거나 듣거나 경험한 내용이 잘 부각되도록 쓰는 것이 좋다.

파도가 감싸안은 청회색 빛의 섬, 독도

독도로 가는 길은 생각만큼 쉽지 않았다. 출발하기 며칠 전부터 출렁이던 파도는 독도로 가는 일정을 며칠 늦추게 했다. 파도가 잔잔해지기를 기다려, 동해항에서 배를 타고 울릉도에 가서 하루를 묵었다. 물밑까지 훤히 보이던 울릉도의 그 깨끗한 물살에 실려오는 바다 내음, 그 내음을 맡으며 울릉도에 있는 독도 박물관에 들러 보았다. 독도 박물관은 독도와 조선해(朝鮮海)에 관련된 자료를 수집하고 홍보하기 위해 1997년에 건립한 곳이다. 아담하고 깨끗한 건물, 보기 좋게 잘 정리된 자료들을 통해 독도와 관련된 많은 것을 알 수 있었다. 신라시대부터 전해져 내려오는, 독도를 우리 영토로 표기한 각종 지도와 문서 자료들을 볼 수 있었다. 또한 동해가 조선해로 표기된 지도와 자료, 일본으로부터 독도를 지킨 독도의 용수비대와 푸른 독도 가꾸기 운동, 그리고 일본의 독도 망언 관련 자료도 전시되어 있었다.

독도 박물관에 오기 전에 나는 '일본은 오래전부터 왜 유독 독도를 탐내어 왔을까?' 하는 생각을 했었다. 솔직히 그 이유를 짐작하기 어려웠다. 사면이 드넓은 바다로 둘러싸인 일본, 수많은 섬을 소유하고 있는 일본이 말이다. 그러나 여기 와서 보니 그 이유를 알 것 같았다. 독도는 예로부터 풍부한 어족을 가진 황금어장이었다고 한다. "……고기가 많은 것에 대하여 일본의 해안이나 섬을 대부분 답사했으나 조선해(朝鮮海)만큼 고기가 많은 것을 본 적이 없었다. 어떤 때는 거의 거짓말 같이 수면으로부터 높이 뛰어올라 무리를 지어 고기가 밀고 오는 것을 보았다.……(『대일본수산회보』 제301호, 1907년 9

월)"라고 한 데서 알 수 있듯이 독도 근해는 일본의 바다와는 비교할 수 없을 정도로 풍부한 어족을 가진 황금어장이었던 것이다. 아니, 황금어장에서 더 나아가 독도 근해의 깊은 바다가 지니고 있는 엄청난 저력, 그것이 탐났던 것이리라. 결국 독도를 둘러싼 문제는 황금어장을 둘러싼 우리의 생존권과 밀접한 관련을 맺고 있다고 할 수 있다. 삼면이 바다로 둘러싸여 있고, 많은 사람들이 바다를 터전으로 하여 생존하는 우리의 삶에 독도는 그러한 삶의 영역을 더 확장시키면서 우리에게 삶의 근간을 마련해 주는 역할을 했던 것이다. 그리고 일본과의 독도 분쟁은 그런 삶을 끊임없이 위협하는 존재였던 것이다.

어두운 밤바다 곳곳에서 집어등을 켜고 있는 배들. 바닷가에서 오징어를 말리고 있는 사람들. 장독대에, 빨래줄에 걸린 오징어들을 보면서 바다와 함께 하는 우리의 삶에 독도가 갖는 의미를 다시금 생각해 보았다. 바다를 둘러싼 그 지난한 삶의 깊이를 어찌 며칠 동안의 만남으로 안다고 할 수 있을까? 하지만 그 동안 언론을 통해서만 접하던 독도 문제를 우리 민족의 오랜 삶, 우리의 생존과 관련지어 생각해 볼 수 있었던 뜻 깊은 기회였다.

이 글은 독도를 여행하는 중에 울릉도에 있는 독도 박물관에서 보고 들은 것을 바탕으로 여행기에 녹여 쓴 글 중 일부이다. 독도로의 여행은 분명 일상생활에서 벗어나 새로운 대상을 찾아가는 과정이었을 것이다. 평소에는 가보기 어려웠던 독도 박물관을 방문하여, 그 곳에 전시되어 있는 다양한 자료를 통해 독도가 우리 민족의 삶에 어떤 의미가 있는지 새로운 깨달음을 얻게 되었다는 내용을 담고 있다. 특히 독도 박물관에서 본 다양한 자료를 통해 우리 민족의 삶에서 독도가 어떤 의미를 지니고 있는지 새롭게 알거나 깨닫게 된 점을 서술하고 있다.

2) 인상적인 부분, 의미 있는 경험 강조하기

여행기를 구조화하여 쓰기 위해서는 여행지에서 겪은 다양한 경험 중에서 특히 인상적이었거나 의미 있는 경험을 중심으로 재구성하는 것이 좋다. 여행지에서의 인상적이고 의미 있는 경험은 나와 우리 주변의 삶에 대해 새롭게 바라볼 수 있는 기회를 제공할 것이다.

소쇄원을 다녀와서

얼마 전에 소쇄원에 다녀왔다. 소쇄원은 전남 담양군에 있는 우리나라의 대표적인 원림이다. 소쇄원 홈페이지(http://www.soswaewon.ac.kr)에 들어가 보면 소쇄원을 "자연에 대한 인간의 경외와 순응, 도가적 삶을 산 조선 시대 선비들의 만남과 교류의 장으로서 경관의 아름다움이 가장 탁월하게 드러난 문화유산의 보배"라고 소개하고 있다. 예전에 읽었던 유홍준의 "나의 문화유산답사기"(창작과비평사, 1993)라는 책에서도 "자연과 인공의 행복한 조화"라는 제목으로 소쇄원을 소개해 놓고 있어 평소에 무척 가보고 싶던 곳이었다. 어떤 건축물이기에 자연에 대한 인간의 경외와 순응, 자연과 인공의 조화가 잘 드러났다고 평가받을까. 궁금했다. 확인하고 싶었다. (중략)

소쇄원은 잘 조화를 이룬 한 폭의 멋진 동양화 같다는 느낌이 들었다. 소쇄원에서 바라본 건축물 모두가 아름다웠으며 어디에서 바라보아도 자연과 조화를 이루고 있었다. 소쇄원의 여러 건축물 중에서도 나는 특히 '수구문'에 눈길이 갔다. 수구문은 길고 큰 돌로 담 밑을 받쳐 그 밑으로 개울 물이 지나가게 하고 개울 중앙에 돌을 쌓아 양쪽으로 도랑이 흐르게 하였다. 보기에는 허술해 보이지만 오랜 시간 담의 무게를 지탱하도록 돌을 쌓아올린 우리 선조들의 지혜가 엿보였고 무엇보다도 자연이 만들어 놓은 흐르는 물길을 방해하지 않으면서 건축물을 지었던 아이디어가 흥미로웠다. 일반적으로 건축물의 담을 쌓는 곳에 개울이 흐르면 개울물을 다른 곳으로 돌려버리거나 아예 물길을 막아버리는 것이 오늘날의 건축 방법일 것이다. 하지만 소쇄원을 그런 방법을 택하지 않았다. 담을 쌓으면서도 물길은 원래 그대로 흐르게 하는 방법을 택한 것이다. 소쇄원이라는 건축물은 분명 인공이지만, 자연을 방해하거나 변형시키지 않고 조화를 이루려고 하는 노력을 최대한으로 보여주고 있었다. 오늘날의 건축물은 사람이 쳐다볼 수 없도록 높거나, 외관을 유리로 장식하여 번쩍번쩍거리면서 위화감을 조성하거나 건축 자재에서 나오는 화학물질로 자연과 인간의 삶을 오염시키곤 한다. 또한 자연을 무작위로 훼손하여 많은 환경 문제를 야기시키곤 한다. 그러나 건축은 자연의 일부이며 인간 삶의 일부이다. 우리 사회의 건축물이 어떤 자세를 취해야 할 것인지 소쇄원을 통해 자연과 건축의 공존에 대한 깊은 깨달음을 얻을 수 있었다.

또 한 가지, 건축물 외에 나는 소쇄원에서 자연과 건축을 대하는 따뜻한 마음씨를 느낄 수 있었다. 마치 내 집처럼 누구나 소쇄원에 들어갈 수 있다는 것이 신기했다. 소쇄원은 국가 사적 304호로 지정된 건축물이다. 보통 국가 사적으로 지정된 문화재는 울타리를 쳐서 일반 사람들이 밖에서 바라볼 수 있을 뿐 들어가거나 만지지도 못하게 하는 경우가 많다. '들어가지 마시오' 혹은 '출입 금지'라는 팻말 앞에서 우리 바로 눈앞에 있기는 하지만 우리와는 너무나도 먼 시간과 거리에 존재하는 건축물을 구경하기만 할 수 있을 뿐이다. 하지만 소쇄원은 달랐다. 옛날 선비들처럼 앉아서 먼 경치를 바라볼 수 있었을 뿐 아니라 앉을 수도 있고 만질 수도 있었으며 무엇보다 소쇄원을 온 몸으로 느낄 수 있었다. 소쇄원을 지은 양산보는 후손들에게 '남에게 팔거나 어느 한 사람의 소유가 되지 않도록 하라'는 유훈을 남겼다고 한다. 그리고 양산보의 후손들은 그 유훈을 가훈으로 착실하게 이어받아 오늘날에 이르기까지 많은 사람들에게 소쇄원을 공개하는 것이라 한다. 약 500여 년 전 소쇄원을 지은 양산보의 따뜻하면서도 위대한 마음이 오늘날 우리들에게 고스란히 전해지고 있다는 느낌이 들어 저절로 감사한 마음이 들었다. 집으로 오는 내내 인간과 건축과 자연이 함께 공존하는 삶, 그것이 우리가 지향해야 할 삶의 방향이 아닐까 하는 생각을 했다.

글쓴이는 소쇄원에서 두 가지를 인상 깊게 바라보고 있다. 그 하나는 우선 소쇄원이 자연과 조화를 이룬 멋진 건축물이라는 점이다. 이것은 여행가기 전에 이미 알고 있었던 것을 직접 경험하면서 확인하고 느낀 것이다. 나머지 하나는 다른 사람들을 배려하는 우리 조상들의 삶의 태도인데, 이는 '자연과 건축을 대하는 따뜻한 마음씨'라고 한 데서 알 수 있다. 소쇄원을 통해 건축이라는 것이 건축물을 지은 사람의 소유물로만 볼 것이 아니라 다 함께 누리면서 공존하는 공간이라는 인식을 하게 되었고 그것을 글로 표현하고 있다.

3) 대상과 관련하여 생각하고 느낀 것 드러내기

여행이란 단순히 어느 지역을 다녀온 이야기가 아니라 자기 자신을 찾아가는 과정, 낯선 곳에서 자신과 공동체의 존재를 새롭게 발견하는 과정이다. 자신의 주관적인 경험이나 생각만을 서술하는 듯하지만 실상 여행기는 자신이 위치하고 있는 현실이나 공동체에 대한 객관적 성찰이기도 하다. 따라서 여행지에서의 경험을 대상으로 설정하여 글을 쓰는 것은 자신을 객관화시키는 작업이라 할 수 있으며 나아가 공동체 속에서 자신의 모습을 바라보는 것으로 연결될 수 있다. 이런 과정을 통해 이루어지는, '나'를 좀 더 객관적으로 바라보려는 노력은 자신에 대한 '윤리적 통찰'을 동반할 수 있으며 새로운 인식의 확장으로 나아갈 수 있다.

미국은 자동차의 나라입니다. 땅이 넓어 자동차 없이 사는 게 불가능할 것 같기도 합니다. 자동차 도로가 사통팔달입니다. 도로의 번호를 아는 게 중요할 뿐 아니라 동서남북을 구분하는 것은 더 중요할 정도입니다. 자동차는 미국의 일상생활에서 최고로 중요한 존재인 것입니다. 그런데 제가 맨 먼저 놀란 게 있습니다. 미국 사람들이 달려오는 자동차에 맞서서 횡단도로를 건너기도 한다는 것입니다. 그런데도 운전자가 그 보행자에게 욕을 퍼붓지 않습니다. 우리 대한민국의 횡단보도에서 운전자로부터 워낙 꾸중을 많이 들은 저로서는 그 장면을 보고 잘 이해가 되지 않던걸요. 그러다 아주 특별한 것을 발견했습니다. 횡단보도 한복판에 세워져 있는 표시판입니다. 노란색으로 둘레를 만들고는 걸어가는 사람을 그려놓고 아래 위로 몇 글자를 써놓았습니다. 그걸 풀이하면 이렇게 되겠죠.

뉴욕 주의 법입니다.
자동차들은 횡단보도에서 무조건 사람에게 양보하여야 합니다!

아, 자동차의 나라가 자동차를 이렇게 기죽이고 있습니다. 대한민국에서 떠나온 지 얼마 되지 않은 저로서는 한동안 고개를 설레설레 흔들다가 나도 모르게 고개를 끄덕이게 되더군요. 그러면서 지나가는 자동차들을 바라보며 속으로 중얼거렸지요. '별 힘도 없는 것들이 괜히 으스대기는⋯⋯.'

그러다가 유독 더 으스대는 자동차를 발견했습니다. 이마에 스쿨버스라고 크게 적어 놓았습니다. 온통 짙은 노란 페인트를 칠하고는 크고 작은 온갖 등들을 박았습니다. 특히 그 엉덩이가 참 요란합니다. 세어보니 꼭 15개의 등이 붙어 있었습니다. 15개가 깜빡이기 시작하면 정말 정신없습니다. 앞에서 무슨 위급한 일이 크게 벌어졌다고 신호를 보내는 것 같았습니다.

그 스쿨버스가 정지할 때를 유심히 보게 되었습니다. 스쿨버스가 정지하면 출입문은 아주 천천히 열립니다. 출입문이 열리면서 운전석 백미러 주위에서 코끼리 귀같이 큼지막한 육각형 빨간 표시판 역시 슬그머니 펼쳐집니다. STOP이라고 까만 글씨가 분명하지요. 스쿨버스 운전석 옆에서 빨간 육각형 스톱 표지판이 옆으로 펼쳐지는 순간 도로는 정적으로 빠져듭니다. 뒤의 어떤 차도 추월하지 못하고 꼼짝없이 멈춰서는 것입니다. 출근시간에는 스쿨버스 뒤쪽으로 아주 긴 자동차의 대열이 만들어지기도 합니다. 그야말로 스쿨버스는 '줄반장' 노릇을 하는 것입니다. 그뿐 아닙니다. 맞은편 차선의 풍경도 놀랍습니다. 스쿨버스의 스톱 표지판이 펼쳐지면 그와 아무 상관이 없을 것 같은 맞은 편 차선의 차들도 스쿨버스 코 앞에서 멈춰서야 하는 것입니다.

속담에 '태산이 울릴 듯 진동하더니 쥐새끼 한 마리라'는 말이 있습니다. 어떤 거창한 일이 일어날 듯한 징조를 보였는데도 하찮은 쥐새끼 한마리가 튀어나와 어이가 없다는 뜻이지요. 미국의 스쿨버스가 정지하고 스톱 표시판이 펼쳐져 주위 모든 차량들이 꼼짝 못하고 숨을 죽이고 있는데, 스쿨버스 출입구에서 아주 작은 아이 하나가 톡 뛰어내리곤 합니다. '스케일' 큰 우리 대한민국 사람들이 이 장면을 보고서는 어이없다는 표정으로 이 말을 떠올릴 지도 모르겠습니다.

그런데요. 이 미국인들이 말입니다. 가끔 총기로 사람을 죽이기도 하는 이 미국인들이 어린 학생을 쥐새끼로 보기는커녕 거대한 코끼리보다 더 크게 본다는 것입니다. 어린 학생 한 명이 학교로 갔다가 다시 그대로 부모님 품에 안기게 하는 것. 그들은 그러기 위해 태산을 울리는 군사작전을 펴고 있는 것만 같습니다. 아침 저녁으로 미국 학생들이 가고 오는 길. 스쿨버스가 수행하는 태산을 울릴 듯한, 온 세상을 꼼짝 못하게 하는 그 작전 매뉴얼이 부럽습니다. 그건 사람의 선심에서 우러난 것이 아닙니다. 엄격한 규정에 바탕을 둔 것이겠지요. 그런 규정을 만들 수 있는 이 사회의 정신과 노력이 부럽습니다. 어떻게 하여 한 명의 아주 작은 학생 하나가 차에서 내리고 타는 데에 저렇게 수많은 차들을 꼼짝 못하게 하는 규정을 만들 수 있었던 걸까요? 그리고 그 규정을 완고할 정도로 그대로 따르는 이들이 더 크게 보입니다.

이강옥, '드넓은 미국에서 가장 찬란한 장관' 중 일부, 2011.3.11.
〈https://www.facebook.com/kangok.lee.7〉

글쓴이는 미국 여행 중에 스쿨버스에서 내리는 아이의 안전을 위해 다른 자동차들이 모두 멈춰서는 장면에서 감동을 받았고, 그것을 '장관'으로 표현하고 있다. 이국 땅에서의 그러한 경험을 통해 그동안 너무나도 익숙했던 차 중심의 문화, 즉 사람 중심의 자동차 문화가 아니라 지극히 차를 중심에 두는 우리 공동체의 문화에 대한 성찰로 나아가고 있다. 그것이 단순히 '부럽다'는 수준이 아니라 그러한 현상을 가능하기 위해 우리가 어떻게 노력해야 하는가에 대해서도 생각이 미치고 있다. 자동차보다는 사람을 중시하기 위해 많은 사람들이 합의하여 규정을 만들고 또 그것을 엄정하게 지키는 공동체 문화에 의미를 부여하자는 것이다.

나. 자기 성찰의 글 쓰기

우리는 개인 홈페이지, 블로그, 카페 등을 통해 일상생활에서 경험하거나 느낀 다양한 생각을 글로 표현하는 경우가 많다. 특정한 대상에 대하여 자신의 느낌이나 생각을 자유롭게 쓰되 그러한 사유를 통해 자기 자신을 되돌아보면서 성찰하는 글쓰기의 중요성이 어느 때보다도 강조되고 있다. 자기를 성찰한다는 것은 자기를 되돌아보면서 반성한다는 의미를 지니는데, 이런 면에서 자기 성찰의 글은 단순한 삶의 기록에서 나아가 좀 더 나은 삶을 위한 내면의 기록이다. 자기를 성찰하기 위한 글로 대표적인 것은 각종 감상문, 일기, 자서전 등을 들 수 있다. 물론 이런 글들을 쓰는 형식이 정해져 있는 것은 아니지만 여기에서는 주로 자신을 대상화하여 성찰하는 글이라는 점에 초점을 두고 글을 쓰는 방법을 알아보고자 한다.

1) '거리'를 두고 경험 재구조화하기

자신의 삶을 대상으로 쓰는 글은 무엇보다도 실제 경험했던 순간과 그것을 서술하는 순간이 시간적으로 엄격하게 분리된다는 특성을 지닌다. 이 때 글쓴이인 '나'와 자신의 경험 사이에 일정한 거리가 생기는데, 이 거리는 자신이 겪은 경험을 '재구성'할 수 있는 시간적이고 심리적인 거리를 제공한다. 이 재구성 과정에서 필요한 것이 의미 있는 경험을 바라보는 글쓴이의 관점일 것이다.

이런 거리를 두면서 삶의 여러 경험 중 자신에게 의미 있는 경험을 중심으로 선별하고 엮으면서 재구조화하면 훨씬 긴밀한 글이 될 수 있다. 그 과정에서 그러한 경험이 자신의 생각과 삶에 어떤 영향을 미쳤으며 어떤 의미가 있는지 서술할 수 있다.

경쟁으로부터 자유로운 독서

서점에 자주 간다. 어떤 책이 새로 나왔는지, 볼 만한 책은 없는지 둘러보는 것이 내 생활의 즐거움 중 하나다. 하지만 그럴 때마다 여전히 혼란스럽다. 독서가 우리 삶의 질을 위해 중요하다는 것은 알지만 이 나이 되도록 과연 어떤 책을 어떻게 읽는 것이 좋은 것인가 고민될 때가 있기 때문이다. 특히 서점 평대 가장 좋은 곳에서 독자를 유혹하는, 경쟁에서 살아남아야 한다고 주장하는 자기 계발서들을 보면 경쟁에서 이기기 위해서라도 그런 책을 꼭 읽어 내면화해야 할 것 같다.

독서에 관한 두 가지 기억이 있다.

기억 하나. 내가 초등학교 다니던 시절에 '전국자유교양대회'라는 것이 있었다. '고전을 읽어 민족정기 높이자'라는 캐치프레이즈를 내걸었던 일종의 독서 경시대회였는데, 담임 선생님 추천으로 그 대회에 참여하게 되었다. 평소 책을 즐겨 읽으니 좋은 결과가 있을 것이라는 선생님 말씀에 부푼 기대를 안고…… 하지만 주인공이 언제, 어떤 일을 했는지 등 단순하고 지엽적인 내용을 묻는 문항 앞에서 그 기대는 무너지고 말았다. 더군다나 쪽지에 빼곡하게 메모한 예상 문제가 나왔다고 환호성을 지르는 다른 아이들을 보며 참으로 난감했던 기억이 난다.

다른 기억 하나. 내가 다니던 중학교에서는 시간표에 독서 시간을 따로 두고 있었다. 그 시간 후에는 전교생의 책 이동이 파도처럼 이루어지는 신나는 시간이 이어졌다. 각반별로 동일한 책을 모든 학생이 읽고, 일주일 후 뒷 반

같은 번호 학생에게 책을 물려주면서 동시에 또 앞 반 학생에게서 새로운 책을 받는 시간이었다. 앞 반에서 새로 책을 받으랴 읽은 책을 뒷 반으로 넘기랴 부산한 시간이 지나면 우리는 일주일 내내 그 책을 가방 안에 넣고 다니면서 읽곤 했다. 작품 속에 등장하는 야한 내용을 서로 알려주며 사춘기 소녀답게 키득거리기도 했고, 등장인물의 악한 행동에 대해서는 같이 성토하기도 했다. 모두 같은 책을 읽었기에 쉬는 시간이든 점심시간이든 수시로 책에 대해 대화를 나눌 수 있었다.

오랜 시간이 흐른 지금에도 여전히 우리 사회는 독서를 강조하고 있지만 요즘 이루어지는 독서 교육은 실상 내가 초등학교 시절에 경험했던 그런 독서에서 벗어나지 못한 듯하다. 지엽적인 내용 중심의 독서 퀴즈 문항이 그렇고, 특히 대회용 독서 활동이 주를 이룬다는 점이 그러하다. 독서 포트폴리오 활동도 개인적으로 읽은 책 목록을 기록하거나 독후감을 쓰는 활동으로 그치고 있다. 몇몇 학생의 시상을 전제로 한 독후감 대회, 경쟁 구조를 근간으로 하는 독서 대회는 개인의 다양한 감상과 즐거운 책 읽기보다는 상을 받는 데 집중하도록 한다. 당연히 수상하지 못한 학생들은 열패감에 휩싸이기 마련이다. 이는 분명 독서의 본질로부터 벗어난 것이 아닐까. 그런 교육을 받은 사람들이 과연 독서를 즐길 수 있을 것인가.

중학교 시절 나의 독서 경험이 행복할 수 있었던 것은 비교적 자유롭고 즐거웠던 독서 때문일 것이다. 무엇보다도 경쟁에 둘러싸인 공간이 아니라 서로 자유롭게 생각을 나눌 수 있는 공간 속에서 책을 읽었기 때문이다. 우리가 추구해야 할 것은 의미 있으면서도 즐거운 독서 경험일 것이다. 우리 사회의 독서 풍조가 바뀌었으면 좋겠고, 그 속에서 방황하는 나의 독서 방식도 길을 찾았으면 좋겠다.

이 글에는 우리 삶에서 독서가 어떤 의미가 있으며 어떤 독서 방식을 취해야 할 것인지에 대한 고민이 드러나 있다. 특히 독서에 관한 자신의 경험을 서술하면서 자신이 추구해야 할 독서의 방향에 대해 진지하게 고민하고 있다.

경쟁 구조를 근간으로 했던 초등학교 시절의 독서 경험, 자유롭고 즐거운 독서 생활을 할 수 있었던 중학교 시절의 독서 경험을 떠올리면서 자신의 삶뿐만 아니라 우리 사회에서 어떤 방식의 독서가 필요할지 성찰하고 있는 것이다. 그러한 성찰의 과정을 통해 도달한 것은 바로 의미 있으면서도 즐거운 독서 경험이 중요하다는 것이다. 이러한 성찰이 가능했던 것은 자신의 예전 경험을 거리를 두고 재구조화하는 과정이 중요하게 작용했기 때문으로 볼 수 있다. 글을 쓰는 현재 시점과 과거의 경험 사이의 거리를 바탕으로 자신의 삶을 되돌아보면서, 자신의 삶뿐만 아니라 우리 사회의 독서의 방향에 대해서도 사유한 것이다.

2) 대상으로부터 촉발된 사유를 부각시켜 표현하기

바쁘게 살아가는 일상 속에서 스치듯 지나가는 다양한 대상들에 대해 우리는 별다른 관심을 기울이지 않는다. 하지만 우리를 둘러싸고 있는 모든 대상은 우리의 삶과 어떤 방식으로든 연관 관계를 맺고 있다. 글을 쓰면서 그러한 관계에 대해 깊이 생각하는 기회를 만들어보자. 우리 삶을 이루고 있는 다양한 사물들에 대한 연관 관계에 대해 사고하는 습관, 그것은 때로는 감정이입의 형태로 이루어지기도 하며 때로는 냉철할 정도로 객관적인 관찰의 형태로 이루어지기도 한다.

자본주의 시간

재물에 대하여 치열하게 집념을 나타내는 것은 모든 생물 중에서 인간만의 특성이 아닌가 싶다. 그것은 생명에 대한 집착만큼이나 본능적인 것으로 어쩌면 그 파괴적 특성 혹은 욕망 때문에 조물주는 인간에게 이성이라는 것

을 부여했는지 모를 일이다.

　며칠 전의 일이었다. 비가 내리는데 우산을 받쳐 들고 산책길에 나섰다. 군데군데 건물이 아직 들어서지 않은 공터는 채마밭이 돼 있었다. 아파트가 군집해 있고 더러는 공사가 진행 중인 삭막한 풍경 속의 채마밭은 다소 기이한 느낌이었으나 반가웠다. 고추며 호박, 들깨, 콩 등 원주 집에서 늘상 접해온 작물이었지만 생명이란 어디서나 항상 새롭고 싱그럽다. 걷다가 걸음을 멈추었다. 부목도 세워놨고 김도 맨 깔끔한 작은 고추밭에 붉은 꽃을 매단 봉선화 두 포기가 비를 맞고 있었던 것이다. 집 안 뜰도 아니겠고 생산적 가치도 없는 저 봉선화를 누구 보라고 남겨두었을까. 중얼거리며 혼자 미소를 머금었다. 억조창생 미물에 이르기까지 포용하고 길러내는 숲과 산들을 마구 허물고 수없는 생명들을 말살하는 개발 사업에 영일이 없는가 하면, 반면 화훼 단지라는 것이 산업적 성격을 띠어 뿌리 잘린 꽃들이 엄청나게 유통되는 또 하나의 역설 속에 저 봉선화를 보호한 사람은 대체 어떤 모습일까? 아마도 본래의 사람 모습일 것만 같다. 걸음을 옮기면서 생각한 것은 오래된 옛날 어디서 읽었는지, 미국의 얘기가 아니었나 싶다.

　어떤 기업체에서 사원을 선발하는 방법으로 끈으로 묶은 꾸러미를 내놨는데 한 사람은 주머니칼을 꺼내어 끈을 잘랐고 다른 한 사람은 끈을 풀었다는 것이다. 채용된 쪽은 칼을 사용한 사람이었다고 했다. 기업주는 물자보다 시간을 아꼈던 것이다. 물론 그 시간은 기업주의 시간이었지 소비자의 시간은 아니었다. 소비자가 떠맡아야 했던 것은 낭비된 물자의 대가였고, 자원의 임자인 지구나 그 혜택을 받는 뭇 생명들 차원에서 본다면 에너지와 자원의 손실이었던 것이다. 아주 미세한 얘긴지 모르겠다. 그러나 도처에서 지속적으로 행해온 그 후유증을 우리는 현재 안고 있는 것이다. 그것은 보이지 않는 유령이며 그것으로 인하여 각 일각 지구는 병들어가고 있다. 종들은 하나 둘 사라져갔으며 이 활기에 넘쳐 보이는 현실은 실상 자원 고갈을 향해 행진을 멈추지 않고 있는 것이다. (하략)

박경리, 생명의 아픔, 이룸, 2008, 143-145쪽.

글쓴이는 비 내리는 날 산책길에서 우연히 발견한 '붉은 꽃을 매단 봉선화 두 포기'에 시선을 주고 있다. 얼핏 보면 김을 깔끔하게 맨 고추밭에 핀 봉선화 꽃은 별다른 의미가 없을 것이다. 왜냐하면 그곳은 고추 생산에 최적화된 장소로 정비되어 있기 때문이다. 하지만 그 꽃을 통해 김을 매면서도 '저 봉선화를 보호한 사람'에 생각이 이르고, '아마도 본래의 사람 모습'일 것만 같다고 반가워하고 있다. 생명이 얼마나 가치로운 것인지 제대로 아는 인간 본연의 존재일 것이라고 생각하는 것이다.

이 글은 우연히 발견한 봉선화 꽃을 계기로 촉발된 현대 사회의 문제점에 대해 진지하게 사유하며 글을 쓰고 있다. 궁극적으로 자본주의가 중시하는 가치 속에서 잃어버린 가치, 병들어가는 지구의 모습에 대해 안타까워하는 것이다.

3) 솔직한 독백과 반성 표현하기

1994년 5월 2일(일)

나의 화법

공자께서 자기 마을에 계실 때는 공손하시고 성실하셨으며 마치 말할 줄 모르는 사람 같았다. 그러나 종묘와 조정에 있어서는 또렷이 말씀하시지만 다만 조심하였다(孔子於鄕黨 恂恂如也 似不能言者 其在宗廟朝廷 便便言 唯謹爾; 제10편 향당)

조정에서 하대부들과 말을 할 때에는 강직한 듯이 하시며 상대부들과 말씀하실 때는 부드럽게 하셨다. 임금이 자리에 계시거든 경건하면서도 태연스러웠다(朝 與 下大夫言 侃侃如與與上大夫言 誾誾如也 君在 踧踖如也 與與如也; 제10편 향당)

나는 혹시 화법에 문제를 갖고 있는 것은 아닐까. 상대방의 위치나 인격, 나이 등을 고려치 않고 내 주장만을 내세우며 안하무인격으로 몰아세운 것이 아닌가. 그렇다면 고칠 일이다. 강직하고 예절바른 간간(侃侃), 부드럽고 은은(誾誾), 신중하고 경건한 축적(踧踖), 여유 있는 여여(與與)…… 참 묘미가 있는 화법이 아닌가. 나는 어떤가. 강직하되 예절이 없었고, 딱딱하되 부드럽지 못했으며, 뻗대고 나가기만 했지 조심스럽지 못했으며, 초조하고 여유가 없었다. 그러니 나를 대하는 사람들이 얼마나 거북했겠는가.

고재석, 불가능한 꿈을 꾸는 자의 자화상, 서울: 깊은샘, 2005, 227쪽.

글쓴이는 일기를 쓰면서 자신의 삶을 반성하고 있다. 일기란 그날 하루 일어난 일의 기록이기도 하면서 동시에 그날 느끼거나 생각했던 내용을 담는 곳이기도 하며 궁극적으로는 자신의 삶의 기록이다. 글쓴이는 이날 자신의 화법에 대해 진지하게 성찰하고 있다. 아마도 그 성찰의 계기는 "논어"'제10편 향당'에 나오는 문구인 듯하다. 그 문구를 읽으면서 "나는 혹시 화법에 문제를 갖고 있는 것은 아닐까"라며 자신의 삶을 성찰하는 계기로 삼는 진지한 삶의 자세가 글에 묻어나온다. 인간은 자신의 삶을 성찰하면서 좀 더 나은 삶을 향해 노력하는 존재이다. 그러한 노력은 하루 일을 되돌아보는 것만으로, 앞으로의 노력이나 다짐을 말하는 것만으로 이루어지지는 않는다. 무척 불편하지만, 그래서 고통스럽기는 하지만 끊임없이 자신을 대상화하는 솔직한 독백 그리고 그 독백으로부터 촉발된 진지한 사유를 통해 이루어진다.

3. 정리

과제1. 이 글은 기술의 발달이 우리 삶에 미치는 영향에 대해 성찰하고 있다. 이 글을 읽고 다음 활동을 해 보자.

열린 사회와 유리 인간

오늘 모 인터넷 서점으로부터 한 통의 이메일을 받았다. 새로 나온 책을 소개하는 메일이다. 물론 책 소개가 목적이 아니라 책을 구입하라는 것이 목적일 것이다. 그런데 기분이 과히 좋지만은 않았다. 그 이유는 정말 그 책이 평소에 내가 관심을 갖던 분야의 책이라는 것이다. '아니, 어떻게 알고 나한테 필요한 책을 이렇게 콕 집어서 소개해주었을까' 하는 반갑지만은 않은 의문이 든 것이 사실이다.

2년 전의 문자 메시지도 복원하는 것이 기술적으로 얼마든지 가능하다는 신문 기사를 읽은 적이 있다. 당사자가 통화기록이나 문자메시지 등을 삭제했다고 하더라도 디지털 포렌식(전자증거물의 메모리 복구기술)을 통해 스마트폰에 저장된 개인정보는 언제든지 복구할 수 있고 이로 인한 개인정보 유출 가능성도 항상 열려 있다는 것이다.

인간의 기억력에는 한계가 있기 마련이어서 때로 우리는 많은 것을 기억 속에 담아두기 위해 노력한다. 하지만 기억력에 한계가 있다는 것이 결코 단점만은 아닐 것이다. 내 삶의 수많은 순간을 모두 간직하는 것이 과연 좋기만 한 걸까……. 인간은 자기가 기억하고 싶은 순간을 중심으로 자신의 삶을 한 겹 한 겹 쌓아 올리며 인생을 가꾸어 간다. 조금씩 잊기도 하고 가끔씩 기억하기도 하고 또 완전히 잊어버리기도 하면서……. 그런데 내가 잊어버린 순간들, 아니 잊고 싶은 순간들, 나아가 나는 생각하지도 못했고 심지어 알지도 못하는 어느 순간을 누군가 끊임없이 기록하고 있다는 사실은 끔찍하게 다가온다.

현대 사회의 기술은 각종 CCTV, 신용카드, 버스나 지하철을 탈 때 사용하는 교통 카드, T-money 등을 통해 우리의 움직임에 관한 정보를 끊임없이 수집한다고 한다. 물론 때로는 이런 기기들이 우리를 보호하는 매체로 사용될 때도 있다. 하지만 전방위로 우리의 삶을 기록하고 감시하는 각종 전자기기는 벤덤이 설계했던 판옵티콘의 세계로 우리를 끌어들이고 있다는 점에서 문제가 많다.

아파트 현관의 CCTV, 자동차의 내비게이션, 건물 엘리베이터, 주차장, 대형 마트, 현금 지급기, 편의점, 학교 도서관, 도로 곳곳에 설치된 CCTV, 심지어 스마트폰을 통해서도 나 자신에 관한 정보는 끊임없이 노출된다. 뿐만 아니다. 페이스북, 트위터 등은 소통의 장으로 활용되는 동시에 우리의 생각이 노출되고 데이터화되는 중요한 통로이다. 나의 동선, 소비 형태 등을 알고 있는 그 누구는 내가 선호하는 신제품, 새로 발매되는 음악 CD 등에 대한 정보를 담은 메일을 끊임없이 보내온다. 내 취향을 아는 인터넷 서점에서는 내 관심과 내 성향에 맞는 서적 등에 대한 새로운 정보를 알려주기도 한다.

이런 세상이다 보니 나에 관한 정보가 끊임없이 유출될 뿐 아니라 누군가에 대해 알고 싶을 때 마음 먹고 인터넷을 검색한다면 그리 어렵지 않게 그 사람에 대한 정보를 알 수도 있다. 좀 더 편한 삶을 위해 개발해낸 기술, 기계에 대해 인간은 양가적인 감정을 지니고 있다. 그 기계가 인간의 안락함과 편리함을 위해 봉사했으면 하는 바람과 동시에 혹시나 그 기계가 그러한 힘을 이용하여 인간을 지배하게 되지는 않을까 하는 불안이 그것이다. 그 불안은 새롭고 다양한 방식으로 자신의 모습을 드러내고 있다.

이 무섭도록 열린 사회, 우리의 의지와는 상관없이 열려져 버린 사회에서 우리가 숨을 곳은 없는가. 기억하고 싶지 않거나 별다른 의미가 없다고 생각했던 나의 일거수일투족이 어느날 엄청난 위력을 가진 정보가 되어 나를 위협하게 되지나 않을까 하는 불안으로부터 멀어질 수 있는 길은 없을까. 월급 내역이 투명한 직장인들의 돈 지갑을 일컬어 '유리 지갑'이라고 한다는데, 우리는 마치 움직임의 경로가 너무 투명해진 '유리 인간'이 되어버린 느낌이다. 이 무섭도록 열린 사회에서 지울 수도 없고 사라질 수도 없는 '유리 인간' 말이다.

1) 동일한 대상을 다루되, 이 글과는 다른 관점에서 서술한 글을 찾아 그 내용을 소개해 보자.

2) 이 글과 새로 찾은 글의 내용을 비교하며, 기술의 발달이 우리 삶에 미치는 영향에 대해 글을 한 편 써 보자

과제2. 최근에 여행했던 곳이나 답사했던 곳을 대상으로 하여, 그곳에서 보거나 듣거나 느꼈던 내용을 정리해보고, 여행기를 한 편 써 보자.

장소	
일시	
새로 보거나 듣거나 알게 된 내용	

제목: _____

참고 문헌

고재석(2005), 불가능한 꿈을 꾸는 자의 자화상. 서울: 깊은샘.

박경리(2008), 생명의 아픔. 서울: 이룸.

이강옥, '드넓은 미국에서 가장 찬란한 장관' 중 일부, 2011.3.11.〈https://www.facebook.
    com/kangok.lee.7〉

IV

직업과 글쓰기

07
자기소개서 쓰기

자기소개서는 대학 입시뿐만 아니라 취업 등 다양한 분야에서 요구되고 있다. 실제로 모 취업 포털 사이트에서 조사한 결과에 따르면, 취업 준비생의 약 33.6%가 가장 어려운 취업 관문으로 '자기소개서'를 꼽고 있다. 이는 자기소개서가 취업이나 입시에서 얼마나 중요한지를 보여주는 것이면서, 한편으로 좋은 자기소개서를 쓰는 일이 쉽지 않음을 단적으로 나타낸다. 자기소개서가 말 그대로 자기를 소개하는 글인데도, 남의 내용을 베끼거나(표절) 심지어 남이 대신 써주는 일(대필)마저도 주변에서 보게 된다. 자기소개

서가 이처럼 중요하면서도 어렵다고 한다면, 좋은 자기소개서를 쓰기 위해서는 특별한 연습과 노력이 뒤따라야 한다. 이러한 연습과 노력은 좋은 자기소개서가 되기 위해서 어떠한 조건이 필요하고 어떠한 전략으로 써야 하는지에 대한 공부가 더해질 때 더 큰 효과를 기대할 수 있다. 따라서 이 장에서는 좋은 자기소개서를 쓰기 위해 꼭 알아두어야 할 핵심 내용을 이해하고, 자기소개서 쓰기 전략에 따라 직접 써보는 연습을 해보도록 하자.

1. 자기소개서의 이해

가. 자기소개서의 성격과 특징

1) 자신과 지원 분야, 두 마리 토끼 잡기

자기소개서는 자신을 잘 알지 못하는 사람에게 자신에 대한 정보를 제공함으로써 자신을 잘 알도록 하는 데 목적을 두고 있다. 자신을 알리기 위한 글인 만큼, 나이, 출생지, 가족 관계, 성격, 취미, 특기, 대인관계 등 다양한 내용을 담을 수 있다.

그러나 요즘 자기소개서는 기업이나 단체 등의 지원 분야에 자신이 얼마나 적합한 인물인지를 알리는 데 쓰이는 것이 일반적이다. 기업, 대학 등에서 지원자의 역량을 평가하기 위해 서류 전형의 하나로 요청하는 경우가 대표적이다. 이처럼 자기소개서가 지원 분야에 적합한 인물인지를 판별하기 위한 자료로 사용된다면, 이 같은 글의 목적과 상황에 적합한 내용으로 구성할 수 있어야 한다. 즉 자신을 알리기 위해 자신에 대해 객관적으로 분석하고 정확하게 기술하는 것도 중요하지만, 그에 못지않게 지원 분야에 대해 정보를 충분히 수집하여 자신이 그 분야에 적합한 인재임을 드러내는 일도 중요한 과제가 된다. 예컨대 기업이나 대학의 인재상에 대해 충분히 조사하고 이를 자기소개서에 반영하기도 한다.

이처럼 좋은 자기소개서를 쓰기 위해서는 자신에 대한 이해와 분석뿐만 아니라 지원 분야에 대한 수집과 조사가 함께 이루어져야 한다는 점을 알고서 자기소개서 쓰기를 시작하자.

2) 자기를 드러내고 알리는 목적 지향의 글쓰기

기업이나 단체 등 많은 곳에서 자기소개서를 요구하고 있다. 입사나 입학 여부를 결정하기 위해 요구하는 공식적인 서류인 것이다. 이처럼 자기소개서는 단순히 자기 자신에 대한 성찰적 글쓰기가 아니라, 채용과 합격 여부를 판별하는 데 사용되는 기능적, 도구적인 성격이 강한 글임을 분명히 알아둘 필요가 있다. 실제로 심사자는 자기소개서를 통해서 성격, 가치관은 물론 성장 배경과 장래성, 나아가 대인관계, 조직 적응력까지 가늠해보고자 한다.

사실 모든 글은 독자를 염두에 두고 쓰이기 마련이지만, 특히 자기소개서는 자신을 알지 못하는 사람에게 자신을 효과적으로 알리기 위한 특별한 목적에서 사용된다는 점을 기억할 필요가 있다. 이 같은 사실은 우리가 그동안 자기소개서를 쓰면서 글의 대상이 되는 본인에게만 주목한 나머지, 읽는 이에 대해서는 크게 고려하지 않은 것은 아닌지 반성하게 만든다. 실제로 자기소개서를 읽는 평가자들은 다음과 같은 평가를 내놓곤 한다.

- "자기소개서는 많은데 대부분 비슷비슷해서 잘 구별되지 않습니다."
- "이력서 같기도 하고, 심지어 일기나 고백문 같기도 해서 제가 원하는 정보를 제대로 찾을 수 없었습니다."
- "많은 내용을 언급했지만, 모두 다 구체적인 내용이 없어서 그 사실을 전적으로 신뢰하기도 어렵고, 구체적으로 무엇을 했고 무엇을 깨닫게 되었는지 알 수도 없었습니다."

이처럼 자기소개서가 자신을 효과적으로 알리고 드러내는 자료로 기능한다면, 다른 글과는 쓰기 과정과 방법부터 다르게 접근할 필요가 있다. 다음의 방법들을 고려하는 것도 효과적일 수 있다.

- 자기소개서 쓰기에 앞서, 심사자의 입장에서 생각해보기〔역지사지〕
  - "어떤 인재를 원하는 것일까?", "어떤 사람을 필요로 하는 것일까?"생각
    해보기
- 심사자의 입장에서 자신의 자기소개서를 스스로 평가해보기
  - 자기소개서의 내용만으로 자기가 어떤 사람으로 이해되는지를 살펴보기
- 다른 사람에게 자기소개서의 내용에 대해 평가받기
  - 자기소개서의 내용이 어떠한지를 객관적으로 평가받기

자기소개서를 쓸 때에는 자신이 심사자의 입장이 되어 보는 것에서 시작할 필요가 있다. 이 분야는 어떤 인재를 원하는 것인지, 어떤 사람을 필요로 하는지에 대해 조사해보고 생각해보는 것이다. 자기소개서를 쓰는 입장에서 벗어나, '읽는 이의 입장과 관점'에서 새롭게 접근하는 것을 말한다. 이러한 입장과 생각을 거칠 때 지원 분야가 원하는 방향으로 자기소개서가 효과적으로 작성될 수 있다.

다음으로는 심사자의 입장에서 자기소개서를 스스로 평가해볼 필요가 있다. 자기소개서 이외의 정보를 배제한 채, 자기소개서만으로 자기가 어떤 사람으로 이해되는지를 살펴보는 것이다. 남과 구별되는 자신만의 색깔과 개성이 잘 드러나는지, 심사자가 찾고자 하는 정보가 제대로 담겨있는지, 그리고 구체적인 내용으로 명료하게 기술되었는지를 반복해서 검토하는 일이 된다. 혹시 사실과 다르게 기술되지는 않았는지, 자신의 생각과 가치관이 올바르게 표현되었는지도 중요하게 검토해야 할 사항이다.

끝으로 자기소개서의 초고가 완성되면 자신을 잘 아는 이에게 자기소개서를 보여주고 자신에 대해 정확하고 적절하게 기술되어 있는지를 평가받는 것

도 필요하다. 자신의 의도가 왜곡되어 표현되지는 않았는지를 객관적으로 살펴 수 있는 기회가 된다. 이러한 과정을 거칠 때, 본인은 물론 읽는 이도 만족할 수 있는 글이 될 수 있다.

3) 자기소개서의 3요소 ETW('경험', '생각', '문장력') 고려하기

좋은 자기소개서를 쓰기 위해서는 많은 것들이 요구되지만, '경험(Experience)', '생각(Thinking)', '문장력(Writing skill)'의 3요소가 중요한 요소로 꼽힌다(신길자, 2011).

> • 자기소개서의 3요소 : ETW
>   - '경험(Experience)', '생각(Thinking)', '문장력(Writing skill)'

자기소개서 전문가들은 이 중에서도 특히 '경험'을 가장 중요한 것으로 강조하고 있다. 남과 구별되는 자신의 특징을 효과적으로 드러낼 뿐만 아니라, 설득력과 진실성 그리고 독창성을 높이는 데에는 '경험'만큼 효과적인 도구도 없다. 경험과 사례를 중심으로 주요 항목을 작성할 때 좋은 자기소개서가 작성될 수 있는 것도 이러한 이유에서이다.

경험을 있는 그대로의 사건으로만 기술하는 것은 특별한 의미를 갖지 못한다. 단지 개인 역사의 연대기표를 제시한 것에 그칠 우려가 있다. 그 경험을 왜 하게 되었고, 무엇을 느끼고 배우게 되었는지를 지원 분야와의 관련 속에서 풀어내는 것, 이것이 '생각'에 해당한다.

아무리 경험과 생각이 훌륭하다고 해서 그것이 곧바로 좋은 자기소개서가 되는 것은 아니다. 이를 효과적으로 표현할 수 있는 문장력 또한 좋은 자기소개서를 쓰기 위해 갖추어야 할 중요한 요소이다. 그런데 이때의 문장력이 미사여구를 통한 화려하고 멋있는 문체를 뜻하는 것은 아니다. 정보 전달의 목적에 맞게 말하고자 하는 바를 간결하고 명료하게, 그리고 정확하게 표현하는 것이 중요하다. 특히 심사자의 경우 수많은 자기소개서를 읽게 된다는 점을 고려한다면, 문장 속 군더더기와 중언부언의 표현을 없애서 내용 파악이 쉬운 글을 쓸 필요가 있다.

나. 자기소개서 쓰기 전략

1) 이력서와 구별하기, 이력서에서 벗어나기

자기소개서와 이력서는 특정 분야에 지원하면서 제출하는 서류라는 점에서 많은 공통분모를 갖고 있다. 선발되기 위해 자신을 알리려는 공통의 목적을 갖고 있는 것이다. 실제로 과거에는 이력서가 객관적인 자료로서, 그리고 자기소개서는 이를 보완하는 보조자료로서 이해되기도 하였다. 이처럼 글쓰는 상황과 목적이 유사한 까닭에 자기소개서와 이력서를 혼동하는 경우가 많은데, 자기소개서를 이력서처럼 자신의 삶의 내역을 나열하여 쓰는 경우가 대표적이다.

이력서는 말 그대로 자신의 '이력(履歷)', 즉 지금까지 거쳐온 학업, 직업, 경험 등의 내역을 쓰는 것이다. 한마디로 한 개인의 역사인 셈이다. 따라서 주요 사항을 빠짐없이 기재하는 것이 중요하다. 이처럼 이력서는 입증 가능한 사실에 바탕을 둔, 개인에 대한 객관적이고 개괄적인 자료의 성격을 갖고 있다. 경우에 따라 제출을 요구하는 기관이 따로 정해놓은 서식과 용지에 맞추어 써야 하며, 이때에도 간결하고 알기 쉽게 써야 함은 물론이다.

이에 비해 자기소개서는 주관적인 판단을 바탕으로 자신을 효과적으로 알리는 글이다. 그래서 이력서와 달리 겉으로 쉽게 드러나지 않는 사고와 태도까지도 표현하는 것이 가능하다. 그렇기 때문에 이력서처럼 살아온 이력을 빠짐없이 기술하는 것이 아니라, 알리고 싶은 내용을 중심으로 재구성하는 것이 중요한 과제가 된다. 개인을 보다 심층적으로 이해할 수 있는 자료로서의 의미와 기능을 갖고 있다는 점을 기억할 필요가 있다.

이처럼 자기소개서는 이력서와 반드시 구별되어야 한다. 객관적인 사실의 나열에 그치지 않고, 주목할 만한 사실과 내용에 초점을 맞춰 그것의 의미와 가치 부여까지도 이루어져야 한다. 특히 자기소개서는 자신이 특별히 드러내고 싶은 부분을 강조해서 표현하는 것이 가능하기 때문에, 지원 분야가 요구하는 인간형에 자신의 개성을 부각시켜 기술하는 것이 필요하다.

2) 사건과 일화 중심의 스토리텔링 전략 활용하기

최근에는 자기소개서가 요구하는 기본 항목을 채워나가는 기존의 방식에서 벗어나, 경험과 일화 중심으로 자유롭게 기술하는 방향으로 변해가고 있다. 즉 이력서의 내용을 문장으로 옮기는 수준, 혹은 자신의 능력과 포부에 대한 자랑과 아부로 채우는 수준에서 벗어나, 경험과 사례 중심의 구성이 중요한 트렌드가 되고 있다. 의미 있는 사건과 일화를 중심으로 자신을 드러내는 것을 말한다. 이때의 사건과 일화가 지원 분야와 밀접한 관련성을 가져야 함은 물론이다. 이를 위해서는 자신만의 의미 있고 특화된 사건과 일화를 찾아내는 것이 일차적인 과제이다.

- 새로운 조직과 환경에서 어려움을 겪었던 경험은 무엇이었고, 이를 어떻게 해결했는지에 대해 기술하시오.
- 본인이 속한 조직, 기관, 단체에서 리더십을 보였던 특별한 경험을 소개하시오.

그런데 대다수의 지원자들에게 이 같은 사건과 일화는 부족하기 마련이다. 지원 분야와 연결되는 특별한 경험을 찾아내기란 더욱 어렵다. 그러다보니 아래와 같은 사건과 일화로 이야기를 채워나가게 되는데, 많은 이들이 공통적으로 갖는 이 같은 보편적인 경험은 되도록 피하는 것이 좋다. 동일한 일화나 경험을 2회 이상 반복하여 사용하는 것도 피해야 함은 물론이다.

되도록 피해야 할 사건과 일화

- 누구나 성공 사례로 기술할 수 있는 것들
  예) 대학 입학, 편입, 성적 향상 등
- 많은 이들이 공통적으로 갖는 경험 예) 군대, 학교 생활 등

일상적이고 보편적인 것이라 할지라도 그것을 본인만의 독특하고 창의적인 관점에서 해석하고, 그 일과 관련한 본인의 특별한 노력, 그리고 그 일이 갖는 의의에 대해 창의적으로 기술한다면 좋은 글이 될 수 있다. 이른바 스토리텔링 전략을 활용하는 것이다. 비록 사건과 일화는 일상적일지라도 그 속에서 본인만의 독특하고 창의적인 도전과 열정을 드러낼 수 있다면 효과적인 글감이 될 수 있다. 누구나 할 수 있는 일상적인 노력이 아니라, 다른 지원자들에게는 찾아보기 어려운 적극적인 도전 자세와 창의적인 문제 해결 노력이 기술된다면 경쟁력 있는 자기소개서가 만들어질 수 있다. 이 같은 경험이 지원 분야에서 더 큰 성과로 발전될 수 있다고 정리하는 것도 효과적이다.

여기서 주의할 점은 일화나 경험만을 장황하게 설명하는 것을 피해야 한다는 점이다. 이는 자칫 사건이나 일화 자체의 흥미에 관심을 빼앗김으로써 본인의 노력이나 역할 등이 드러나지 못할 우려가 있다. 일화나 경험은 어디까지나 본인의 노력, 역할, 장점을 명확하게 드러내기 위한 계기와 자료라는 점을 명

심할 필요가 있다. 이런 점에서 본다면, 단순히 성공 여부나 그 결과의 진술보다는 오히려 하나의 목표와 과제를 향해 추진력을 갖고서 꾸준히 나아가는 과정과 노력을 강조하는 것이 보다 중요할 수 있다.

그런데 사건과 일화 중심의 자기소개서를 강조하다보면, 자기소개서가 마치 수필처럼 자유롭게 쓰여야 하는 것으로 오해될 수도 있다. 자기소개서 역시 자기를 알리는 공식적인 문서인 만큼 반드시 갖추어야 할 내용들은 있기 마련이다. 각각의 내용은 지원 목적에 맞게 체계적으로 기술되어야 한다. 개인을 이해하는 데 필수적인 요소들, 예컨대 성장과정, 지원동기, 입사(합격) 후 계획 등은 사건과 일화를 소개하고 진술하는 가운데 반드시 채울 필요가 있다.

3) 진부한 표현 피하고, 독창적으로 자기를 드러내기

자기를 독창적으로 드러내기 위해서는 내용과 표현부터 달리 접근할 필요가 있다. 자기소개서하면 곧바로 떠오르는 진부한 내용과 표현은 되도록 피하는 것이 좋다. 남들도 다같이 썼을 만한 내용을 반복해서 표현하는 것은 창의성을 떨어뜨리는 결정적인 요소이다. 다음과 같은 것들이 대표적인 예이다.

> - "저는 1990년 ○월 ○일 서울에서 1남 1녀 중 장녀로 태어나…… ○○초등학교를 다녔습니다."
> - "고등학교 때 학교 생활에 최선을 다했고, 공부도 매우 열심히 했습니다. 성실한 학교 생활로 개근상도 받았습니다."
> - "아르바이트를 성실히 했고, 그래서 사장님으로부터 인정도 받고 주변 동료들로부터 좋은 평판도 얻었습니다."
> - "저는 매사에 최선을 다하려는 태도를 갖고 있으며, 끊임없는 자기 계발을 통해 사회에 필요한 역량을 갖추고자 노력하고 있습니다."
> - "합격만 시켜주신다면 최선을 다해 열심히 일하겠습니다."

독창적으로 자기를 드러내기 위해서는 참신한 표현이나 적절한 고사성어 등을 활용하는 것도 효과적일 수 있다.

단도부회(單刀赴會)

저희 부모님께서는 어떠한 경우라도 남들 앞에서 기죽지 말고 자신의 기량을 펼쳐보라고 거듭 말씀하셨습니다. 이러한 가르침 속에서 저는 어떤 일 앞에서도 당당하자는 생각을 갖게 되었습니다. 이러한 제 삶의 태도를 한마디로 나타내면 '단도부회'입니다. 단도부회는 『삼국지』에 나오는 사자성어로, 노숙이 관우를 초청하여 죽이기 위한 꾀를 부렸지만 관우는 칼 한 자루를 들고 가는 대담함을 보인 데서 유래한 말입니다. 저는 단도부회의 의미와 같이 항상 떳떳하고 적극적으로 일을 해결하려고 노력하였습니다. 어떤 일이든지 이리저리 꾀를 부리지 않으려 했습니다. (학생글)

단, 이미 널리 알려진 내용이나 표현은 되도록 피할 필요가 있다. 속담이나 명언이 적절하게 사용될 경우 주장의 설득력을 높이는 효과를 가져오지만, 진부한 속담이나 명언의 사용은 오히려 창의성과 개성을 떨어뜨리기도 한다. 예컨대 다음과 같은 속담이나 명언이 대표적이다.

- '3살 버릇 여든까지 간다'는 속담의 의미를 다시 한 번 깨닫는 순간이었습니다.
- '시간은 금이다'라는 말을 제 좌우명으로 삼아 매순간마다 최선을 다하며 노력해 왔습니다.
- '성공은 99%의 노력으로 이뤄진다'는 말과 같이, 저는 실패를 두려워하지 않고 끝없이 도전하고 노력하는 삶을 살아왔습니다.

그리고 같은 내용이라 하더라도 획일적인 시각에서 벗어나 다른 시각에서 문제를 바라보는 것에서 새로움과 기발함을 얻을 수도 있다. 이를 위해서는 유사한 내용이라 하더라도 남과 다른 과정과 방법으로 이해하고 풀어내는 것이 효과적이다. 예컨대 앞서 살핀 바대로 사례와 일화 중심의 활용은 독창성을 확보하는 하나의 방법이 될 수 있다. 그 한 방법으로 자신을 새롭게 정의하고 규정하는 것을 연습해보자.

자신을 새롭게 정의하고 규정하기

자신을 새롭게 정의하고, 그 이유를 적어보자.
예) 한국의 '스티브잡스'
※ 단, 이때에도 진로와 관련된 별칭을 붙이는 게 중요하고, 장난스럽게 보이는 것은 피하도록 하자.

> 이름: 김철수
> 지원 분야: ○○사회복지재단
> 자신에 대한 별칭: '봉사대장'
> 별칭 명명의 배경과 근거: 저는 어려운 사람들을 보면 그냥 지나치지 못하고 어떻게든 도와주려고 노력했습니다. 때로는 무모해보일 만큼 앞뒤 가리지 않고 나서기도 했습니다. 어려운 사람을 위해 나누는 삶을 ○○사회복지재단에서 키워나가고 싶습니다.

그런데 자기소개서 작성에 어려움을 겪다보니, 다른 사람의 자기소개서에

다 자신의 이야기를 채우려는 사람들이 간혹 있다. 실제로 다른 사람의 자기소개서가 우리 주변에 널리 퍼져 있고 취업 관련 사이트 등에서 손쉽게 구할 수도 있다. 그러나 남과 구별되는 자기 자신을 다른 사람의 내용으로 표현할 수 없음은 물론이다. 표절은 법적으로도 도덕적으로도 큰 문제가 될 수 있다. 특히 자기소개서의 경우 표절 여부를 검증하는 과정을 거치는 경우가 많은 만큼, 자기만의 관점과 방법으로 표현하는 것은 자기소개서가 갖추어야 할 기본에 해당한다.

4) 추상적으로 모호하게 쓰지 말고, 구체적으로 명료하게 쓰기

그동안 있었던 자신의 행동과 사건을 있는 그대로 나열하지 않고 그것이 오늘날 나에게 어떤 의미가 있었는지를 기술하는 것은, 좋은 자기소개서가 되기 위해 갖추어야 할 중요한 내용이다. 그런데 막상 자기소개서를 살펴보면, 다음과 같이 추상적으로 모호하게 기술되는 경우를 쉽게 볼 수 있다.

> • "다양한 교외 활동을 통해 많은 경험을 쌓았습니다."
> • "봉사 활동을 하면서 많은 것을 깨달을 수 있었습니다."

위와 같이 추상적으로 모호하게 기술된 내용은 자기의 개성을 드러내는 유용한 정보로 기능하지 못한다. '다양한', '많은' 등의 수식어는 주관적인 표현으로 내용의 구체성을 떨어뜨릴 뿐만 아니라 글의 신뢰성에도 영향을 미칠 수 있다. 추상적이고 모호한 내용은 다른 자기소개서와 구별 짓는 특별한 경험으로 만들지 못하고, 그저 수많은 다른 지원자들의 일반적인 경험과 같은 것으로 만들어 버릴 우려가 있다. 어떠한 교외 활동을 통해 어떤 경험을 쌓았는지 구체적으로 기술할 때, 그 활동과 경험은 다른 사람과는 구별되는 본인만의 개성과 특징, 그리고 장점으로 기능할 수 있다. 봉사 활동의 경우에도 활동 기간, 활동 내용, 느낀 점과 깨달은 점, 보람과 의의 등을 자세히 적을 때 비로소 의미 있는 봉사활동으로서의 가치를 인정받을 수 있다.

그밖에도 '-한 것 같습니다'와 같은 표현이 남용되는 경우가 있다. 자신의 주장을 강하게 내세우기보다 조심스럽게 진술하려는 태도로 인해, '-한 것 같다'를 겸양의 표현으로 과도하게 사용하는 경향이 있다. 그러나 본래 추정을 나타내는 의미인 만큼, 과거 사실을 보고하거나 객관적인 현상을 짐작하는 데에만 제한적으로 쓰는 것이 바람직하다. 과도한 남용은 자칫 소극적이고 수동적이라는 인상을 심어줄 수도 있다.

내용을 보다 명료하게 구성하기 위해서는 다음의 방법을 고려할 필요가 있다.

- 표제를 붙이는 방법
- 자료와 수치를 활용하는 방법 등

표제를 붙이는 것도 효과적일 수 있다. 내용의 핵심에 해당하는 요점을 간략하고 명료하게 제목으로 표현하면, 가독성도 높이면서 체계적으로 진술되어 있다는 인상을 심어줄 수 있다. 물론 자기소개서에 항상 표제를 붙여야만 하는 것은 아니다.

다음으로 자료와 수치를 활용하는 방법도 고려할 필요가 있다. 근거 자료와 수치는 내용의 구체성뿐만 아니라 신뢰성을 제고하는 효과를 가져다주기 때문이다. 따라서 교외 활동이나 봉사 활동과 관련하여 글을 쓴다면 주관 기관, 프로그램명, 활동 기간 등을 구체적인 자료를 바탕으로 보다 자세히 적을 필요가 있다.

5) 구어체, 인터넷 언어를 쓰지 말고, 규범에 맞는 표현으로 격식 있게 쓰기

자기소개서가 자신을 대상으로 개성 있게 표현하는 글이라는 생각으로 인해, 자유로운 형식의 개인적인 글쓰기로 오해되기도 한다. 그 결과 인터넷이나 SNS 등에서 사용되는 구어체, 인터넷 언어를 그대로 쓰는 경우가 있는가 하면, 느낌표나 말줄임표가 남발되기도 하고 심지어 이모티콘을 사용하는 경우도 볼 수 있다. 이럴 경우 맞춤법, 띄어쓰기가 제대로 지켜지지 않기도 한다.

> • "그때 그런 선택을 했으면 지금의 모습과는 많이 틀리지 않았을까……."

예컨대 위의 내용은 "그때의 선택이 이전과는 다른 오늘의 저를 만들었다고 생각합니다"와 같이 정확한 문장으로 고칠 필요가 있다. '틀리다'라는 말은 '다르다'는 말로 고쳐야 하며, 불필요한 말줄임표는 되도록 사용하지 않는 것이 좋다.

이처럼 자기소개서는 입사 또는 지원을 위해 요구되는 공식적인 서류라는 점을 잊지 않도록 한다. 이런 점을 생각한다면, 맞춤법, 띄어쓰기를 제대로 지켜서 작성해야 함은 물론이다. 구어체, 인터넷 언어 등을 사용하지 않고 규범에 맞게 격식을 갖춰서 쓸 필요가 있다.

---

* 올바른 문장 표현과 관련한 자세한 내용은 이 책의 '02. 올바른 문장 표현'을 참조하도록 하자.

2. 자기소개서의 실제

자기소개서의 양식이 정해져 있지 않은 만큼, 요구되는 항목 또한 일정하지는 않다. 대체로 성장 과정, 성격(장점 및 단점), 지원 동기, 입사 후 포부 등으로 구성되는 것이 일반적이다. 여기서는 각 항목별로 들어가야 할 내용을 살펴보고, 어떻게 기술하는 것이 효과적인지에 대해 자세히 알아보도록 하자.

가. 항목별 쓰기 전략

1) 성장 과정 편: 나만의 특별한 성장 과정, 일화 언급하기

누구나 일정한 성장 과정을 거쳐 현재에 이른 만큼, 모두에게 해당되는 보편적인 내용을 장황하게 진술할 필요는 없다. 가령 초등학교, 중학교, 고등학교의 과정을 지나치게 자세히 언급하는 것은 되도록 피하는 것이 좋다. 시간적 흐름에 따라 단순히 나열하는 것은 진부하다는 인상을 주는 만큼, 다른 사람과 구별되는 특별한 경험이나 과정을 중심으로 간추려서 정리할 필요가 있다. 성장 과정에서 유의미하다고 생각되는 부분을 중점적으로 다루면서, 현재의 자신과 연결 짓는 기술이 요청되는 것이다. 이때 현재의 자신을 드러내기에 알맞은 일화나 경험을 활용하는 것도 효과적일 수 있다.

대학의 경우 현재의 나와 시간적으로 비교적 가까운 만큼, 대학 전공과 학업, 그밖의 활동 등에 대해서는 자세히 적는 것도 가능하다. 단, 이 경우에도 지원 분야와 관련 깊은 내용을 중심으로 이후 지원 동기나 입사 후 계획 등에서 발전시킬 수 있는 부분을 언급하는 것이 효과적이다.

특히 성장 과정에서 자신이 아닌 부모님의 이야기로 채워지는 경우가 종종 있는데, 이는 되도록 피할 필요가 있다. 현재 지원자는 자신이며, 기업이 뽑을 대상은 '부모님'이 아니라 '자신'임을 잊지 말아야 한다.

2) 성격(장점 및 단점) 편: 지원 분야와 관련 깊은 장점과 단점을 선택해서 쓰기

개인의 성격을 모두 기술하는 것은 불가능한 만큼, 모든 성격을 정확하게 제시해야 한다는 강박관념에서 벗어날 필요가 있다. 자기소개서에서는 성격의 일부만을 제한적으로 기술할 수밖에 없는데, 이는 곧 어떤 장점과 단점을 기술해야 하는지에 대한 선택의 문제를 제기한다. 이때 자기소개서가 지원 분야에 대한 적합성을 판단하기 위한 자료라는 점을 중요하게 고려할 필요가 있다. 다시 말해 지원 분야와 관련성이 깊은 장점과 단점을 선택해서 이를 중심으로 기술해야 한다는 것이다.

그런데 막상 자신의 장점을 쓰려고 하면 거만하게 비치지는 않을지 염려되기도 하고, 때로는 자신의 장점을 제대로 말하는 것인지 의심마저 들기도 한다. 자신을 객관적으로 바라보고 평가하기란 그만큼 어려운 일이다. 장점은 상대방으로부터 긍정적인 인상과 호감을 준다는 점에서, 단점은 자칫 자신에 대해 부정적인 인상을 심어줄 수도 있다는 점에서 중요하게 고려해야 할 사항이다. 이때 다음 세 가지 사실을 꼭 기억하자.

- 지원 분야와 관련 깊은 장점을 언급하기.
- 단점을 기술해야 할 때는 업무 수행에 긍정적으로 작용할 수 있는 것으로 선택하기.
- 단점을 기술해야 할 때는 반드시 극복 노력도 덧붙이기.

첫째, 모든 장점을 나열하지 말고 지원 분야와 관련 깊은 것으로 선별하여 기술할 필요가 있다. 사실 개인이 갖는 장점에는 한계가 없는 만큼, 많은 것들을 장점으로 제시할 수 있다. 그렇다고 많은 장점들을 무분별하게 열거하기만 하면, 내용 자체의 신뢰성을 의심하게 만들 뿐만 아니라 지나치게 잘난 척한다는 식의 부정적인 인식을 초래할 수도 있다. 따라서 장점을 선별하는 작업이 중요한데, 이때 지원 분야와 관련이 깊어야 한다는 요건이 중요한 선별 조건이 될 수 있다. 지원 분야의 업무를 수행하는 데 효과적으로 기여할 수 있는 장점을 찾아 기술하는 것이 첫 번째의 일이다. 이때에도 겸손한 자세와 태도로 기술하는 것을 잊지 않도록 하자.

둘째, 장점뿐만 아니라 단점에 대한 기술도 함께 요청받는 경우가 있다. 단점을 제시하는 것은 자신을 객관적으로 바라보고 기술하고 있다는 인상을 줄 수 있다. 그러나 단점을 제시할 때도 되도록 업무 수행에서 긍정적으로 작용할 수 있는 것으로 선택하여 제한적으로 드러낼 필요가 있다. 그리고 단점을 기술할 때는 모든 단점을 나열하기보다는 관점에 따라 장점으로 평가될 수도 있는 것을 선택하도록 한다. 가령 소심한 성격은 작은 일도 놓치지 않고 꼼꼼하게 일을 처리하는 데 기여할 수 있는 성격으로 기술할 필요가 있다.

셋째, 단점을 제시할 때 반드시 극복 노력도 덧붙여야 한다. 단점을 기술하다 보면, 자신이 부정적으로만 비치지는 않을지 조심스러워진다. 단점을 제시하면서 이를 극복하기 위해 어떠한 노력을 했는지를 덧붙여져야 하는 까닭이 여기에 있다. 이 같은 극복 노력은 이후에 업무를 수행하는 데 발생할 여러 난관을 이겨낼 수 있음을 보여주는 좋은 사례로도 기능할 수 있다. 이처럼 미래 지향적이고 발전적인 인상을 심어줄 수 있는 기회로 활용하도록 한다.

끝으로 성격을 기술할 때는 허위와 과장도 물론 피해야 하겠지만, 지나치게 솔직하게 고백하는 것도 좋은 인상을 심어주지 않는다는 점, 오히려 역효과가 발생할 수도 있음을 기억해야 한다.

3) 지원 동기: 지원 분야의 특징을 중심으로 쓰기

일반적으로 기업이나 단체에 지원할 때는 해당 분야에 적성과 흥미가 있다는 점이 전제된다. 그러다보니 지원 동기를 쓸 때 자신의 적성과 흥미를 찾아서 그것만으로 채우는 경우가 많다. 그러나 적성과 흥미라는 것은 객관적으로 검증되기 어려운 것인 만큼, 설득력을 갖추어 기술하기란 쉽지 않다. 자칫 적성과 흥미를 미화, 과장하고 있다는 인상마저 심어줄 우려가 있다. 지원자 모두가 자신의 적성과 흥미를 얘기한다는 사실을 생각해보면, 이것만으로는 눈에 띄는 자기소개서가 될 수 없다.

그렇다면 자신의 적성, 흥미가 아니라 지원 분야의 방향에서 접근하는 것도 효과적일 수 있다. 즉 지원하고자 하는 분야가 어떠한 특징을 갖고 있는지를 기술한 다음, 자신이 이 분야에 얼마나 적합한지를 설명하는 방식이다. 이를 위해서는 지원 분야에 대한 치밀한 조사가 요청된다. 그 분야의 특징을 정확히 찾아내고 이를 자신과 연결지어 설명하는 전략이 필요한 것이다.

〔예1〕 저는 어려서부터 요리하는 것을 좋아했습니다. 음식에 대해 남다른 흥미를 갖고 있어서 주변 사람들에게 자주 음식을 만들어 대접하곤 했습니다. 그래서 ○○식품 회사에 지원하게 되었습니다.

〔예2〕 ○○ 브랜드 앞에는 '푸드테라피'라는 말이 붙어 있습니다. 음식을 만드는 일이 다른 사람의 건강을 책임지는 일임을 분명히 하고 있습니다. 음식에 대한 특별한 철학이 담겨 있습니다. 저 역시 어려서부터 시골에서 '씀바귀', '무릇', '개비름', '솜대', '원추리', '방가지똥' 등 다양한 산야초와 약재들을 보고 배우면서 자랐습니다. 할머니는 늘 제게 음식이 건강의 첫걸음이며 음식으로 고치지 못하는 것은 약으로 못 고친다는 말씀을 해주셨습니다. 음식과 약은 뿌리가 같다는 것을 어려서부터 저절로 깨달은 것입니다. 이처

럼 음식을 다른 사람의 건강과 연결 짓는 마음, 이것이 제가 많은 식품 회사를 제쳐두고 ○○ 회사를 지원하게 된 동기입니다.

[예1]의 경우 자신의 적성과 흥미만을 강조하고 있는 데 반해, [예2]에서는 지원 분야의 특징과 결부지어 자신의 적성과 경험을 구체적으로 기술하는 차이점이 있다. 이처럼 지원 분야의 특징과 요구하는 역량에 맞게 자신의 적성, 흥미, 경험 등을 작성할 필요가 있다.

만약 실습이나 인턴 사원의 경험이 있다면, 이는 지원 동기를 구체화하는 데 효과적인 소재가 될 수 있다. 실습이나 인턴 사원의 일을 시작하게 된 계기는 무엇이고, 그 일을 통해 무엇을 느꼈고 깨달았는지를 지원하는 분야와 관련지어 풀어낸다면, 보다 구체성과 설득력을 갖춘 자기소개서가 될 수 있다.

4) 입사 후 계획: 포부와 비전 이외에 자기 계발 계획 마련하기

지원 단계에서는 누구나 합격만 하면 최선을 다해 노력하겠다고 얘기한다. 그만큼 '열심히 최선을 다하겠다'는 말은 그다지 새롭지도 않고 특별한 것도 되지 못한다. 경우에 따라 노력에 덧붙여 포부와 비전을 말하기도 한다. 물론 해당 기업이나 단체의 발전 방향에 대한 거시적인 포부도 중요하다. 그러나 그에 못지않게 자기가 맡을 업무를 어떻게 해나갈 것인지 구체적인 계획이 갖춰져야 한다.

이를 위해서는 자기가 맡을 업무에 대한 조사가 충분히 뒷받침되어야 한다. 앞으로 어떠한 업무를 맡고 싶으며, 그 업무를 어떻게 수행해나갈 것인지에 대해 구체적인 계획을 작성하는 것이 필요하다. 이때에도 누구나 기술할 수 있는 추상적인 차원의 진술은 삼가고, 실제로 실천할 수 있는 구체적인 실행 계획과 로드맵을 제시하도록 하자.

〔**예1**〕회사에 꼭 필요한 사람이 되겠습니다. 항상 나보다는 기업과 구성원을 먼저 생각하겠습니다. 조직과 집단의 발전을 위해서 최선을 다하겠습니다. 그래서 ○○ 기업을 국내 10대 기업으로 도약하는 데 밑거름이 되겠습니다.

〔**예2**〕우선 마케팅 분야에서 ○○ 기업의 인지도와 평판에 대해 조사하고 연구하는 일을 맡고 싶습니다. 현대 경쟁 사회에서는 당장 물건 하나를 파는 것 못지않게 기업의 이미지와 인식도 기업 경쟁력에서 매우 중요한 과제가 되고 있습니다. 이를 위해 저는 ○○○연구소 등과 협력하여 ○○ 기업에 대한 소비자의 기호도에 대해 조사하고, 직접 리서치 분석 보고서도 작성하겠습니다. (중략) 이러한 노력을 통해 ○○ 기업의 사회적 평가를 제고함으로써 경쟁력있는 기업으로 발전시키는 데 작은 보탬이 되고 싶습니다.

〔예1〕이 최선을 다하겠다는 말을 동어반복하는 데 그치고 있다면, 〔예2〕에서는 보다 구체적으로 입사 이후의 업무 계획을 자세히 밝히고 있다. 이처럼 추상적인 포부나 다짐만을 얘기하기보다는, 구체적인 자기 개발 계획이나 업무 수행 계획을 밝히는 게 효과적일 수 있다. 특히 '효과적인 업무 수행'이 자기 계발의 조건이 되어야 하는데, 이는 개인 차원의 이익에만 집중한다는 부정적 인상을 피할 필요가 있기 때문이다. 업무 수행에 요구되는 역량이 무엇이며, 어떻게 신장할 것인지에 대해 구체적으로 언급하는 것도 필요하다.

다음으로, 입사 후의 계획을 기간별로 체계화하여 자신만의 로드맵을 제시하는 것도 효과적일 수 있다. 입사 이후의 로드맵은 이직에 대한 염려를 낮추면서 기업에 대한 애정을 보여주는 장면이 될 수 있다. 취업 직후 자기가 맡을 업무에서부터 이후 '5년차', '10년차', '15년차', '20년차'일 때 자신의 역할과 포부를 체계적으로 밝히는 것도 효과적일 수 있다.

"회사는 당신이 입사 후 10년차일 때 그 회사에서 어떤 위치에 올라갈지, 그 포부를 적은 자기소개서를 좋아해요. 조직을 어떻게 책임지고 어떤 모습의 관리자가 되어 있을 거라고 말해주면, 회사에 훨씬 더 애정이 있는 것으로 보여요."(신길자, 2013)

나. 사례 중심의 쓰기 전략

1) 자신의 경험을 찾아 꺼내기

최근 많은 기업체나 학교에서 자기소개서의 형식으로 성장 배경, 성격, 지원 동기 등의 항목 대신 구체적인 사례를 중심으로 쓸 것을 요구하고 있다. 자기소개서의 형식 자체가 특정한 경험, 사례에 대해 기술하는 것으로 구성되는 경우를 종종 보게 된다.

다음은 여러 대기업에서 자기소개서를 사례 중심으로 작성할 것을 보여주는 사례들이다.

- 현대자동차: 이제까지 가장 열정(도전, 창의)적으로 임했던 일과 그 일을 통해서 이룬 것
- LG 전자: 자신이 가진 열정, 본인이 이룬 가장 큰 성취, 본인의 가장 큰 실패 등
- POSCO: 자신이 경험했던 가장 힘든 순간과 이를 극복/해결한 경험 등
- GS 칼텍스: 새로운 환경, 조직에 들어가서 갈등을 겪은 경험과 이를 성공적으로 극복한 사례 등

구체적인 사례를 중심으로 자기소개서 작성을 요청하는 경우에는 앞에서 구성 항목별로 자기소개서를 쓰는 방식과는 다른 접근이 필요하다. 자신의 삶을 되돌아보고 숨어있는 경험을 찾아 꺼내는 과정에서 출발할 필요가 있다. 이를 위해 다음과 같이 자신의 경험들을 찾아 빈칸을 채워보자.

〈역량별 경험 목록〉

팀워크를 배우고 익혔던 경험	의견이 다른 팀원들과 함께 공모전을 준비했던 일
창의성을 발휘했던 경험	
도전의식을 발휘했던 경험	국토대장정 행사에서 끝까지 완주했던 일
리더십을 발휘했던 경험	
기타	

이러한 경험에서 중요한 것은 남들과 다른 어떤 특별한 경험을 했는지이며, 이 경험을 통해 무엇을 깨달을 수 있었는지에 초점을 맞출 필요가 있다. 그러기 위해서는 경험 그 자체도 중요하지만, 성장하고 발전하게 된 지점을 명확히 드러낼 수 있어야 한다.

'편견'이라는 말뚝을 뽑은 코끼리

저는 작년 2월 한국 소통학회에서 주최한 '전국 대학생 토론대회'에 참가하게 되었습니다. 대회 참가 전에, 저는 이러한 대회에 참가하는 학생들은 손에 꼽히는 좋은 학교에 특별한 능력을 가진 사람들이며, 그 중에서도 우수한 학생들만이 선발되는 대회라는 '편견'을 가지고 있었습니다. 이러한 '편견' 때문에 참여를 망설였던 것도 사실입니다.

하지만 망설임도 잠시, 대회에 참여하기로 결정하였고, 대회를 준비하는 동안 저는 리더를 맡아 팀원들을 주도하는 역할을 하면서 리더십을 발휘하였습니다. 뿐만 아니라 PPT 만들기부터 자료 조사, PT 발표, 그리고 토론 배

틀에 이르기까지 전 과정에 핵심 멤버로 참여하여 팀을 토론대회 결승까지 이끄는 데도 큰 역할을 했습니다. 1라운드 예선에서는 창의적인 PPT 디자인과 위트있는 PT 발표로 본선 진출을 이끌었고, 본선에서는 서론과 결론 부분에서 상대에게 카운터 어택과 동시에 주장을 마무리하는 역할을 맡아 승리로 이끄는 데 결정적인 역할을 하였습니다. 학교 이름을 블라인드로 하고 진행되었던 토론 대회가 끝난 뒤, 저희 팀은 우수상을 수상할 수 있었습니다. 상대팀 학교들의 이름이 공개되었을 때 저는 '편견'이 그동안 저의 성장에 가장 큰 장애물이었다는 사실을 깨닫게 되었습니다. 저희가 토론대회에서 꺾은 상대팀들은 그동안 제가 패배감에 사로잡혀 동경하던 명문대 학생들이었습니다. 이처럼 전국 대학생 토론대회는 편견에 사로잡혀 나의 능력을 과소평가하고 도전조차 하지 않으려 했던 저에게 단순히 성공의 경험 이외에 생각과 태도 자체를 바꾸어 놓는 기회가 되었습니다.

인도에 가면 코끼리가 작은 말뚝 하나에 한쪽발이 묶여서 평생을 살아간다고 합니다. 이미 충분히 성장하여 커다란 나무를 송두리 채 뽑을 능력을 갖추었음에도 불구하고, 어려서 말뚝으로부터 탈출하기 위해 발버둥 치며 생긴 편견으로 인해 시도조차 하지 않는다고 합니다. 이 대회 이전에 저는 작은 말뚝에 묶여 있는 코끼리와 같았습니다. 하지만 이제 저는 말뚝을 뿌리 채 뽑아버린 코끼리가 되었다고 생각합니다. 저 자신에 대한 편견을 송두리 째 뽑아버린 지금의 저는 어느 누구와 경쟁해도 뒤지지 않을 수 있다는 자신감과 경쟁력을 갖춘 사람이 되었습니다. 저 자신의 능력에 대해 자신감을 갖게 되었고 능동적으로 도전하는 사람이 될 수 있었습니다.

(중략) 혹여 수상하지 못하더라도 이제 제게 실패는 두렵지 않습니다. 편견에 사로잡혀 실패를 두려워하는 사람은 그 굴레를 벗어날 수 없다는 사실을 깨달았기 때문입니다. 기회를 찾아 도전하고 실패하는 여러 경험들은 지금 저에게 큰 밑거름이 되었습니다. 이러한 밑거름을 발판 삼아 더 큰 도전을 꿈꾸는 사람이 되어 더 넓은 세계로 나아가고자 합니다. 저는 지금 더 넓은 세계를 향해 도약하는, '편견'이라는 말뚝을 뽑은 코끼리입니다. (학생글)

2) 선택한 경험을 바탕으로 구체적인 내용 써보기

앞서 찾아낸 경험 중 하나를 선택해서 구체적인 내용을 써보는 단계이다. 이때에도 다음의 세 조건을 충족시킬 필요가 있다.

첫째, 관련되는 구체적인 일화나 사건을 언급한다.

둘째, 그 일을 통해 새롭게 깨닫게 된 점, 느낀 점을 밝힌다.

셋째, 현재 자신이 지원한 분야와 연결하여 어떠한 발전과 기여를 가져올 수 있는지를 적는다.

이 같은 조건을 염두에 두면서 선택한 경험을 바탕으로 구체적인 일화나 사건을 언급하고 그 일을 통해 깨닫게 된 점을 밝히며, 나아가 자신이 지원한 분야에서 어떠한 발전을 기대할 수 있는지를 적어보기로 한다.

'불안'과 정면으로 맞선 경험을 통해 발전한 꿈

작년 2학기 저는 교사의 꿈을 안고 수업 경진 대회를 나갔습니다. 수업에 대해 아무 것도 모르는 2학년의 신분으로 입상의 꿈을 안고 나갔습니다. 교사의 역할을 하기로 하고, 교수·학습 분석과 수업설계를 마치고 수업 리허설을 하는데 한 마디도 나오지 않았습니다. 내 안에 수업에 대한, 말하기에 대한 불안과 마주하게 되었습니다. 결국 교사의 역할을 친구에게 맡긴 채, 저는 절망에 빠졌습니다. 앞에 나서서 말하기를 제대로 하지 못한다면 교사가 될 수 없다고 생각했습니다.

그렇지만 저는 불안과 정면으로 부딪혀 보기로 했습니다. 올해 초 '말하기 불안 스터디'를 만들어서 친구들과 함께 활동하기 시작했습니다. 다른 사람들 앞에서 말하는 것이 두려운 학생들과 함께 말하기 불안을 극복하기 위한 스터디를 운영했습니다.

다른 사람들의 말하기를 봐주면서 저의 불안증이 점차 사라지는 것을 경험했습니다. 동시에 공식적으로 말하는 것을 설계하고 평가해주는 능력도 생겼습니다. 불안에 맞서면서 수업 설계에 대한 자신감도 생겼습니다. 불안을 극복한 결과로 올해에는 학과 수업 경진 대회에서 금상, 사범대 수업 경진 대회에서 최우수상을 타게 되었습니다.

불안과 정면으로 맞선 저의 경험은, 이제 단순한 시골 교사 지망생이 아닌 더 큰 꿈을 낳았습니다. 수업에 어려움을 겪는 교사에게 도움을 주는 수업 컨설팅이 있다는 것을 알게 되었습니다. 지금은 교사 준비와 더불어서 수업 컨설팅 장학사를 꿈꾸고 있습니다. 불안과 맞선 경험이 지금도 저에게 용기를 주고 꿈을 준비하게 합니다. 앞으로도 제 꿈을 이루기 위해 어떠한 벽에 부딪힐지 모르지만, 맞서 이겨내면서 제 꿈을 키워가는 계기로 삼으려 합니다. (학생글)

3) 작성한 내용을 친구들과 돌려 읽으면서 고치기

작성한 자기 소개서를 바탕으로 친구들과 돌려 읽으면서, 각자 심사자의 입장에서 친구들의 자기소개서를 평가하자. 그리고 친구들의 의견을 반영하여 자기 소개서 내용을 고치도록 하자.

3. 정리

　　과제1.　흔히 자기소개서라고 하면, '성장 과정', '성격', '지원 동기', '입사 후 계획' 등의 항목으로 구성되는 빈 칸을 생각하기 쉽다. 그러나 경우에 따라서는 기존의 양식에 얽매이지 않고 독창적인 형식과 내용으로 자기소개서를 표현하는 것도 가능하다. 예컨대 자기 자신을 인터뷰하는 형식도 가능할 수 있다. 자신만의 독창적인 형식으로 자기소개서를 작성해보자.

　　*　정해진 양식이 없다면, 자신만의 독창적인 양식으로 만들어볼 수 있다. 이를 위해서는 우선 시각적으로 시선을 끌 수 있는 형식을 시도하는 것도 효과적일 수 있다. 단, 양식을 개성적인 것으로 하더라도, 자기소개서가 담아야 할 최소한의 정보는 잊지 않고 챙기도록 한다. 개성 있는 양식도 내실 있는 내용 속에서 효과를 발휘한다는 사실을 기억하자.

과제2. 아래 자기소개서의 항목들에 대해 써보기로 하자. 단, 이때 '지원 분야'는 여러분이 실제로 지원하고자 하는 분야(기업, 조직)에 맞게 자유롭게 쓰기로 한다.

지원 분야:
성명:

    1. 자신이 경험했던 과거의 조직/단체 생활을 바탕으로 진정한 의미의 '팀워크'란 무엇인지에 대해, 구체적인 경험 사례를 근거로 기술하시오.

    2. 지금까지 살아오면서 학업 이외에 본인이 가장 열정적으로 한 일은 무엇이며, 그것이 어떠한 결과를 가져왔는지에 대해 '지원 동기'와 관련지어 쓰시오.

    3. 우리 기업(혹은 지원 분야)의 이미지를 몇 개의 단어로 새롭게 표현해 보고, 이를 발전시키기 위해서는 어떠한 개선과 노력이 필요한지에 대해 기술하시오.

과제3. 과제1과 과제2에서 작성한 자기소개서를 친구와 바꿔 읽고, 그에 대해 평가해 보자.

참고 문헌

신길자(2011), 뽑히는 자기소개서, 서울: 서울문화사.
신길자(2013), 여자취업백서, 서울: 지식공간.
조민혁(2012), 기적의 자소서, 서울: 조선Books.

o8

사업계획서/제안서 쓰기

직업 세계에서 다양한 업무를 수행하다보면 다른 사람들에게 자신의 생각을 전달할 일도, 다른 사람의 아이디어를 전달받아야 할 일도 생기는데, 이러한 일을 매번 직접 만나서, 혹은 전화로 할 수 없음은 물론이다. 말은 전달 범위에 한계가 있고, 내용이 부정확하기도 하며, 곧바로 사라지는 등의 불편함을 갖고 있기 때문이다.

이 같은 불편함과 한계를 극복하고 효율적으로 의사소통하기 위해서 직업 세계에서는 목적에 맞는 다양한 종류의 글이 활용되고 있다. 사업계획서, 제안서 등이 대표적인 것으로, 이들은 어떤 문제에 대한 해결책을 제안하여 그 승인과 지원을 요청하는 문서이다. 이러한 목적에서 보듯 의사소통의 효율성이 특히 강조되는 글의 양식이다. 이 장에서는 이 같은 사업계획서, 제안서를 쓰는 방법을 익히고, 직접 써보는 기회를 갖기로 한다.

1. 사업계획서, 제안서의 이해

가. 사업계획서, 제안서의 성격과 특징

사업계획서, 제안서는 어떤 문제에 대한 해결책을 제안하여 자신의 안이 채택되는 것을 목표로 하는 글의 양식이다. 사업을 시작하거나 지속하기 위해 승인과 지원을 요청하는 등의 특별한 목적을 갖는 만큼, '채택'되는 것을 목표로 하는 계획의 문서인 것이다. 사업계획서, 제안서의 종류에는 다음과 같은 것들이 있다(윤영돈, 2008: 60).

- 아이디어형 기획: 새로운 아이디어를 만들어내기 위한 경우
- 제안형 기획: 제안하기 위한 경우
- 개선형 기획: 개선하기 위한 경우
- 개발형 기획: 개발하기 위한 경우
- 영업형 기획: 영업·판매하기 위한 경우
- 투자형 기획: 투자를 받기 위한 경우

사업계획서, 제안서는 다른 사람의 것과 경쟁을 통해 채택, 승인되는 과정을 거치게 된다. 따라서 읽는 이를 충분히 설득시키는 것이 첫 번째 과제이다. 이를 위해서는 이 사업이 왜 필요하며, 어떤 효과를 거둘 수 있는지를 명확히 밝히는 것이 중요하다. 지원 기관의 의도에 부합하면서 제안자가 다른 경쟁자보다 양질의 결과를 산출할 수 있음을 드러내는 것이 필요하다.

그런데 사업계획서, 제안서가 채택되고 승인받기 위한 도구로서만 기능하는 것은 아니다. 이들이 채택될 경우 사업계획서, 제안서는 이후 협약서의 역

할도 일정 부분 담당하게 된다. 지원기관과 제안자는 협약을 체결하게 되는데, 이 과정에서 사업계획서, 제안서는 협약의 매개가 됨을 말한다. 아울러 제안자에게는 이후 사업을 추진하는 단계에서 과제 수행의 청사진(신형기 외, 2006 : 192)의 기능도 맡게 된다.

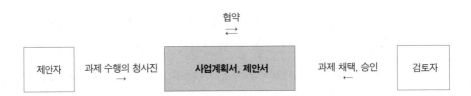

이처럼 사업계획서, 제안서는 직업 세계에서 어떤 사실을 특정 사람에게 알리고 소통하기 위한 목적 속에서 사용된다. 따라서 개인이 쓰는 글이기는 하지만, 공적인 소통을 위해 사용되는 특별한 목적을 갖는 만큼, 직업인으로서 쓰는 공적(公的)인 성격이 강한 글의 양식이다. 이러한 성격에 주목하여 사업계획서, 제안서를 '쓰는 것writing'이 아니라 '만드는 것building'(윤영돈, 2008 : 16)에 빗대기도 한다. 자료 검토에서부터 결론에 이르기까지 하나하나씩 맞춰서 작성하는 것이 필요하다는 얘기이다. 이처럼 직업 세계에서 활용되는 의사소통의 중요한 양식인 만큼, 효율적인 전달과 소통을 위해 갖추어야 할 요건에 대해 정확히 알고 이를 고려하여 효과적으로 작성할 필요가 있다.

나. 효율적인 의사소통을 위한 사업계획서, 제안서의 요건

사업계획서, 제안서는 효율적인 의사소통의 한 방법으로 기능하는 공적인 글이라는 점에서, 다음의 세 가지 요건이 특별히 강조된다. 목적성, 정확성, 구체성이 바로 그것이다.

효율적인 공적 의사소통		
⇧		
목적성	정확성	구체성

직업 세계에서 쓰는 사업계획서, 제안서는 글을 쓰는 목적에 부합해야 하고 (목적성), 내용이 객관적이고 정확해야 하며(정확성), 구체적으로 표현되어야 한다(구체성). 이 같은 요건이 충족될 때 사업계획서, 제안서를 통한 효율적인 의사소통이 가능해질 수 있다.

1) 목적에 맞게 쓰기– 목적성

사업계획서, 제안서는 직업 세계에서 무언가를 계획하고 제안하는 데 사용되는 만큼, 목적과 내용이 사전에 어느 정도 정해져 있는 특징을 갖고 있다. 따라서 이러한 목표를 효율적으로 달성할 수 있는 방향으로 작성하는 것이 필요하다. 무언가를 계획한 내용을 알리는 글이라면, 이 같은 글의 목적에 합당한 내용으로 표현되어야 함은 물론이다. 예컨대 취업을 목표로 할 경우 해당 기업의 성격과 특징을 제대로 파악하여 기업의 요구와 방향에 맞는 계획서, 제안서를 작성하는 것이 효과적일 수 있다. 이를 위해서는 해당 기업과 인사담당자의 관심과 요구를 정확히 파악하고 본인이 과제 수행의 적임자임을 강조하는 목적으로 작성될 필요가 있다.

이처럼 사업계획서, 제안서가 채택을 목표로 하는 만큼 상대방을 설득시키는 것이 중요하게 요청되는데, 아래의 'EOB 전략'은 설득력을 높이는 방법의 하나로 활용할 수 있다(윤영돈, 2008: 26–27).

- Example 실례보다 강력한 것은 없다. 자신이 직접 겪었던 경험이나
  사건은 흡입력이 있다.
- Outline 아웃라인을 그려줘야 이해가 쉬워진다. 대략적인 틀을 갖추
  어야 한다.
- Benefit 읽는 사람에게 어떤 이익이나 효과를 주는지 끊임없이 생각
  해야 한다.

2) 정확하게 쓰기 – 정확성

사업계획서, 제안서는 자신이 아닌 다른 사람에게 전달되는 것이 전제되는
만큼, 읽는 사람이 정확하게 이해할 수 있도록 작성하는 것이 중요한 과제이
다. 따라서 '대략', '대강' 등의 부정확한 표현은 되도록 삼가고, 애매모호한 문
장 또한 수정하도록 한다. 사업계획서, 제안서를 읽은 사람이 잘못 이해하거나
오해할 경우, 이후에 책임의 문제마저 발생할 수도 있다. 특히 예산과 관련해
서는 한 치의 오차도 있어서는 안 된다. 예산은 예상 수익과 투입 비용, 손익분
기, 기회비용, 예비비 등을 고려하여 정확하게 책정하여 표시할 필요가 있다.
이처럼 사업계획서, 제안서는 무엇보다도 정확하게 쓰는 것이 요청되며, 이를
위해서는 객관적이고 명확한 표현을 사용해야 한다.

그밖에 형식의 일관성 또한 사업계획서, 제안서가 정확하게 작성되었다는
인상을 주는 중요한 요소이다. 수식, 약어의 표현 방식, 항목 부호, 활자의 모
양, 크기 등이 일관되게 사용되면, 사업계획서, 제안서가 오랜 기간 동안 꼼꼼
히 검토되었다는 인상을 주게 된다. 내용의 정확성에 대한 평가에도 영향을 끼
치는 요소인 만큼, 형식의 일관성도 놓치지 않도록 한다.

3) 구체적으로 쓰기 - 구체성

구체적인 표현과 전달을 위한 글쓰기 방법으로, 흔히 육하원칙(六何原則)에 따른 쓰기를 강조한다. '언제', '어디서', '무엇을', '왜', '누가', '어떻게'를 밝힘으로써 정확성과 객관성을 확보하는 효과적인 방법으로 설명된다. 그러나 사업계획서, 제안서는 문제에 대한 구체적인 해결책을 주된 내용으로 하는 만큼, 이러한 육하원칙만으로는 부족할 수 있다. 경우에 따라 다음의 두 가지 원칙을 추가하기도 하는데, 이를 '육하원칙'에 견주어 '팔하원칙(八何原則)' 혹은 '5W3H'라 부르기도 한다(윤영돈, 2008: 36-37 재구성).

When	언제	시점, 기간	언제 어떤 일정으로 실행할 것인가?	육하원칙
Where	어디서	지리적, 자연적 환경 및 장소	어디서 실시할 것인가?	
What	무엇을	기획 주제 및 내용	무엇을 하려 하는가?	
Why	왜	의도, 이유, 배경	왜 이 기획을 입안하는가?	
Who	누가	실행자 및 관련자	누가 실시하는가?	
How	어떻게	방법, 절차 도구	어떻게 이 기획을 추진하려 하는가?	
How many	얼마나 되는가	건수 및 분량	수량은 얼마나 되는가?	
How much	얼마나 드는가	예산 및 손익 계산	비용은 얼마나 들고 얼마나 벌 수 있는가?	

다른 양식의 글과 달리 사업계획서, 제안서에서 '건수 및 분량', 그리고 '예산 및 손익 계산'이 추가되는 것은, 과제 수행의 계획에서 비용과 근거, 소요기간 등이 핵심적인 내용을 차지하기 때문이다. 사업계획서, 제안서는 단순히 사업의 전체 설계도를 제시하는 데 그치는 것이 아니라, 검토자가 채택할 수 있게 해야 하는데, 이때 비용, 근거에 따른 이익의 제시가 판단, 선택의 중요한 지점이 된다. 기존의 육하원칙 이외에 수량, 비용에 대해서 정확하게 밝힐 것

이 요청되는 이유가 여기에 있다.

2. 사업계획서, 제안서의 실제

가. 사업계획서, 제안서의 구성 체제

사업계획서, 제안서는 과제의 종류에 따라 그 형식이 매우 다양하다. 지원 분야와 기관에 따라 요구되는 형식에는 차이가 있는 만큼, 무엇보다 지원 기관이 요구하는 형식을 찾고 그 체계에 부합하는 형식으로 작성할 필요가 있다.

기관마다 차이는 있지만, 일반적으로 사업계획서, 제안서는 크게 서두, 본문, 부록 등으로 구성되는 것이 일반적이다.

서두		본문		부록
표제지 요약 차례 도표 및 그림 목록	—	서론 사업의 추진 배경 사업 수행 방법 결론 인력, 예산, 추진 일정	—	참고 문헌 기타 세부 사항 첨부

나. 사업계획서, 제안서의 주요 항목과 쓰기 방법

1) 서두: 요구되는 내용을 정확하게 기입하기

서두는 크게 표제지, 내용의 요약, 차례와 도표 및 그림 목록 등으로 구성된다. 표제지 또한 지원 기관에 따라 내용과 형식이 정해져 있는 경우가 많아 사업계획서, 제안서마다 각각 다를 수 있다. 그러나 대체로 다음과 같은 내용으로 구성되어 있다.

제목(사업명, 과제명-국문, 영문)

제안서의 관리 번호

지원 기관 이름

제안자(연구참여자) 인적 사항, 소속 기관

과제 수행 기간

요청 금액

제출일

제안자, 소속기관장의 승인 등

이처럼 작성해야 할 내용이 미리 정해져 있는 경우라면, 항목에 맞는 내용을 정확하게 기술하는 것이 중요하다. 표제지에 내용이 잘못 기술되어 있을 경우 제안서 전체에 대한 신뢰도를 떨어뜨릴 수 있는 만큼, 작성한 이후에도 반드시 여러 번 검토할 필요가 있다. 특히 본문의 내용을 수정하였을 경우, 표제지의 내용도 그에 맞게 수정해야 함을 잊지 않도록 한다.

요약의 경우 제안서의 주요 내용을 500-1,000자 내외로 쓰는 것이 일반적이되, 지원 기관의 형식에 맞춰 쓰도록 한다. 요약할 때는 과제의 중요성과 필요성을 언급하고, 사업의 목적, 실행 방법 등을 소개한다. 그리고 사업 수행에 따른 기대 효과와 예상 비용, 기간 등도 빠짐없이 작성하도록 한다.

차례나 도표, 그림 목록 등은 해당 쪽 번호와 함께 표시하고, 도표나 그림의 경우 별도의 목록으로 만들어 제시할 필요가 있다.

2) 본문: 내용의 핵심을 명료하게 담아내기

본문은 주로 서론, 사업 추진의 배경, 사업 수행 내용, 사업 수행 방법, 결론, 인력이나 예산, 사업 추진 일정 등으로 구성된다. 사업계획서, 제안서의 핵심에 해당하는 부분인 만큼, 전달하고자 하는 정보를 명료하게 서술할 필요가 있다.

서론

사업 추진의 배경

사업 수행 내용

사업 수행 방법

결론

인력, 예산

사업 추진 일정 등

'서론'에서는 사업의 대상과 범위를 밝히고, 사업의 중요성이나 수행의 목적에 대해 간략하게 언급하는 것이 일반적이다. 자세한 내용은 이후 내용에 구체적으로 기술되는 만큼, 도입부로서의 역할을 수행할 수 있도록 작성할 필요가 있다.

다음으로 '사업 추진 배경'을 작성하게 되는데, 어떠한 맥락에서 이 사업을 추진하게 되었는지를 밝히는 부분이다. 사업 추진의 필요성을 피력하는 부분이라 할 수 있다. 경우에 따라 기존에 수행했던 사업을 연장하는 것이라면 이전의 사업과 어떻게 연결되고 어떤 부분에서 차별성을 갖는지를 설명할 필요가 있다. 만약 연구 과제의 성격이 강하다면, 기존의 연구를 간략히 소개하고 이들과의 차별성을 부각시키는 것도 효과적일 수 있다.

'사업 수행 내용'은 수행하고자 하는 사업의 내용이 어떠한 것인지를 구체적으로 설명하는 부분이다. 수행할 사업의 내용이 명확하고 정확해야 하며, 지원기관의 요구에 정확히 부합하는 것으로 작성되어야 함은 물론이다.

'사업 수행 방법'은 이 같은 내용을 어떻게 수행할 것인지 방법, 절차, 일정을 소개하고 안내하는 역할을 한다. 사업을 추진하는 과정에서 특별한 장비나 시설이 요구된다면, 이 같은 장비나 시설을 어떻게 확보할 것인지를 밝혀야 하는데, 제안자의 소속 기관에서 이 같은 지원을 약속했다면 이를 밝히는 것도 설득력을 높이는 중요한 내용이 될 수 있다. 다른 제안서와의 차별성을 부각시키면서 제안자가 적임자임을 드러내는 중요한 지점이 될 수 있다.

'결론'에서는 예상되는 결과와 기대효과를 다시 한번 강조하면서, 사업 추진의 목적과 필요성을 부각시킬 필요가 있다.

경우에 따라 투입되는 인력, 예산, 기간 등을 요구하기도 하는데, 사업 추진에 필요한 인력, 예산, 기간을 정확히 산정하여 기입하는 것이 중요하다. 특히 '인력'과 관련해서는 단순히 투입되는 인력을 밝히는 차원에 그칠 것이 아니라, 이들이 해당 사업을 추진하는 데 적임자임을 강조할 필요가 있다. 해당 사업에 대한 전문가, 경력자임을 부각시키는 방향으로 이력과 업적을 소개하는 것도 효과적이다.

'예산'의 경우 지출 항목과 내역을 정확히 산출하여 기입한다. 필요 이상으로 과도하게 책정하는 것도 문제이지만, 채택을 목표로 지나치게 적게 책정할 경우 이후 사업 추진에서 문제가 발생할 소지가 있다.

'사업 추진 일정'의 경우 일반적으로 다음과 같은 표(타임테이블)로 작성한다. 다차년도 사업일 경우 연차별로 사업 추진 일정을 제시하고, 당해연도 사업 추진 계획을 별도로 작성하기도 한다. 다음은 "사고와 표현" 교재 발간에 대한 사업 추진 일정에 해당한다.

순서	세부 내용	담당자	2월	3월	4월	5월	6월	7월	8월	9월	10월	11월	12월	1월
1	기존 교재 분석 및 문제점 검토	집필진	■	■										
2	개발 방향 설정	집필진		■										
3	체제 및 목차 구성	집필진			■									
4	원고 청탁	집필진			■									
5	자료 수집	집필진				■								
6	집필	집필진					■	■	■					
7	원고 검토 및 수정	집필진								■				
8	출판사 편집	출판사									■			
9	원고 교정	집필진									■			
10	인쇄 및 홍보	출판사										■	■	
11	발간 및 배포	출판사												■

3) 부록: 본문에서 다루지 못한 부가적인 내용 챙기기

부록은 서두와 본문에서 다루지 못한 부가적인 내용들을 첨부하는 역할을
한다. 예컨대 연구 과제일 경우 참고 문헌이나 참여자들의 연구 경력, 출판물
등을 요구하기도 한다. 경우에 따라 제안자의 이력서나 중요 참여자의 참여 약
속 등을 첨부해야 할 경우도 있다. 지원기관, 분야에서 별도로 요구하는 내용
이 있는 경우, 이를 확인하고 빠짐없이 챙겨야 한다.

다. 효과적인 사업계획서, 제안서 쓰기 전략

1) 상대방의 입장에서 작성하기

사업계획서, 제안서는 채택 여부를 결정하는 결정권자를 위해 작성된다. 따라서 작성자의 입장에서 쓰기보다는 읽을 사람을 고려하여 상대방의 입장에서 이해하기 쉽게 작성하는 것이 필요하다. 만약 실무자를 대상으로 한다면, 본 사업에 대한 이해도가 높은 만큼 전문용어를 사용할 수도 있고 경우에 따라 약어 사용도 가능하다. 반면 최종 결재권자의 경우에는 사업계획서, 제안서의 내용을 충분히 이해하지 못할 수 있다. 이럴 경우 자신의 지식을 자랑하는 식의 문서는 소통의 어려움은 물론 거부감을 불러일으키는 부작용을 초래하기도 한다. 따라서 사업계획서, 제안서를 읽을 사람이 누구인지를 명확히 알고, 그에 맞게 상대방의 입장에서 이해하기 쉽게 작성할 필요가 있다.

이처럼 상대방의 입장에서 접근하게 되면, 상대방이 가장 관심을 갖는 부분에 초점을 맞춰 내용을 작성하는 것도 가능해진다. 상대방이 원하는 바를 알고서 상대방의 호응과 동의를 이끌어낼 내용을 먼저 제시하는 것도 하나의 방법이다.

상대방의 요구와 관심사를 제대로 반영하기 위한 방법으로 '대응표'가 활용되기도 한다. 대응표(compliance matrix)를 통해 제안자는 요구사항이나 지침을 얼마나 충족시켰는가를 점검할 수 있고, 평가자는 요구사항, 지침을 얼마나 반영하고 있는지를 확인할 수 있다. 대응표는 정해진 양식이 없으며, 계획서나 제안서에 요구되는 여러 내용에 맞추어 작성된 내용을 알맞게 배치하여 정리하면 된다.

요구 사항	처리 사항
서론	
표제지	1
요약/초록	3 - 4
차례	5 - 7
도표 및 그림 목록	8
대응표	9
사업 부문	
사업 목표	11 - 13
사업 내용	14 - 18
사업 방법 및 일정표	19 - 21
인력 및 장비 부문	
투입 인력	22
투입 장비	23 - 24
투입 설비	25
투입 자제	26 - 28
예산 부문	
비용	29 - 31
산출 근거	32 - 36
기타	37 - 38

2) 다른 사업계획서, 제안서와 차별화하기

사업계획서, 제안서는 대부분 경쟁을 통해 선발되는 과정을 거치는 만큼, 다른 사업계획서, 제안서와 구별되는 내용과 표현을 갖추어야 한다. 상대방의 요구를 정확히 파악하여 자신의 제안이 다른 경쟁자들보다 차별적인 우위에 있음을 드러내야 하는데, 이를 효과적인 표현으로 분명하게 드러내는 것이 요청된다. 이를 위해서는 다음의 내용에 유의할 필요가 있다.

■ 읽는 이의 흥미를 유발시킬 수 있는 제목, 부제목 선정하기
일반적으로 제목은 사업계획서, 제안서의 맨 윗부분에 명시한다. 이때 제목은 글 전체의 성격과 목적을 한마디로 드러낼 수 있게 한 줄로 표현한다. 제목은 사업계획서, 제안서 전체 내용을 요약하면서도 읽는 이의 시선을 사로잡을 수 있어야 한다.

부제목의 경우 제목 바로 아래에 붙여서 쓰며, 제목으로 충분하게 전달되기 어려운 경우 추가 정보를 제공하는 역할을 담당하게 된다. 이때에도 되도록 읽는 이의 흥미를 유발시킬 수 있는 것으로 선정하는 것이 효과적이다. 작성자는 내용을 생각한 다음 제목을 붙이지만, 읽는 이는 제목부터 먼저 읽게 된다는 사실을 기억할 필요가 있다. 이처럼 제목은 글의 인상을 결정짓는 중요한 요소이다.

제목, 부제목의 역할과 기능이 이처럼 읽는 이의 측면에서 요약된 정보를 제공하고 흥미를 불러일으키는 데 그치는 것은 아니다. 쓰는 사람에게는 사업계획서, 제안서의 전체 내용을 분명히 함으로써, 글의 목적, 성격에 부합하는 적절한 내용이 구성될 수 있는 주춧돌의 역할을 수행한다.

■ 설득력을 갖춘 목표 제시하기
사업계획서, 제안서에서 목표는 전달하는 내용의 핵심에 해당한다. 따라서 달성하고자 하는 바를 구체적으로 명료하게 적어야 한다. 목표는 곧 사업계획서, 제안서를 쓰는 이유가 되면서, 글쓴이의 의도가 분명하게 드러나는 부분이다. 이를 위해서는 목표만을 제시하는 데 그칠 것이 아니라, 그 목표를 설정하게 된 논리적 근거도 자세히 밝힐 필요가 있다. 제시된 목표가 불러올 수 있는 의문이나 비판을 충분히 예상하면서, 이에 대한 효과적인 답변으로서 제공

되어야 한다. 논리적 근거를 충분히 갖춘 상태에서 목표가 제시될 때 사업계획서, 제안서가 설득력을 가질 수 있다.

■ '현재 상태'를 정확히 분석하고 제시하기

상당수 사업계획서, 제안서들이 목표를 제시하는 데 급급한 나머지, 현재의 상태를 간과하는 모습을 흔히 보게 된다. '현재 상태'는 제시한 목표에 도달하기 위해 현재 처해 있는 상태를 뜻하는 것으로, 사업의 출발점에 해당하는 중요한 지점이다. 현재의 여건, 상태, 상황을 정확하게 제시하는 일은 목표 달성을 위한 문제 파악의 일차적인 요건에 해당한다. 사업계획서, 제안서가 주어진 문제에 대한 해결책을 주된 내용으로 하는 만큼 주어진 문제를 제대로 파악하는 것이 요청되는데, 이는 현재 상태에 대한 정확한 이해와 분석에서 출발해야 한다.

뿐만 아니라 제시된 목표와의 간극을 통해 문제의 심각성을 깨닫게 함으로써 사업계획서, 제안서의 내용이 채택될 수 있게 만드는 역할을 하기도 한다. 따라서 현재의 상태를 정확히 분석하는 과정에서 목표에 도달하기 위한 효율적이면서 구체적인 방법이 도출될 때 다른 것과 차별화된 사업계획서, 제안서가 만들어질 수 있다. 미래의 비전만 제시하고 있는 여타의 사업계획서, 제안서와 구별되는 지점인 것이다.

3) 핵심적인 내용을 강조하여 표현하기

사업계획서, 제안서에서 핵심이 되는 내용을 강조하여 표현하는 것이 필요하다. 방대한 분량의 글을 작성하였다고 하더라도, 읽는 이가 가장 중점을 두고 있는 내용에 초점을 맞추어 강조할 필요가 있다. 읽는 이의 요구와 기대를 충족시키면서, 다른 사업계획서, 제안서와 차별성을 갖는 부분을 강조하여 드러내는 것이다.

> "당신 보고가 고객의 머리 속에 남기려는 것이 정확하게 뭔데?"
>
> 보고서를 만들려는 사람에게, 심지어는 보고서를 완성한 사람에게 이러한 질문을 해보자. 열 명 중 아홉은 선뜻 대답하지 못하는 것이 현실이다. 고객 지향은 'Hitting the Points'가 중요하다(남충희, 2011).

사업계획서, 제안서의 경우 대체로 기대효과나 목표 혹은 예산과 투입 인력 등이 핵심적인 내용에 해당한다. 투입한 비용과 노력에 대비하여 얻어진 결과가 얼마나 되는지가 주된 관심사일 수 있다. 따라서 기대효과와 이익을 강조하여 기술하되, 이를 명료하게 제시하는 것이 설득력을 높이는 데 중요한 요소가 된다.

SWOT 기법은 핵심적인 내용을 강조하여 표현하기 위해 흔히 사용되는 방법 중 하나이다. SWOT은 '강점(Strength)', '약점(Weakness)', '기회(Opportunity)', '위협(Threat)'의 네 가지 요소로 상황을 요약적으로 제시하는 것을 말한다. 사업계획서나 제안서에서 해당 기업, 단체가 처해 있는 상황을 전략적으로 접근하여 분석할 때 사용된다.

4) 양이 아닌 질로 승부하기

사업계획서, 제안서의 설득력을 높이기 위해 과도한 분량으로 준비하는 경우를 볼 수 있다. 내용을 효과적으로 전달하는 것이 중요한 만큼, 필요 이상의 분량을 작성하는 것은 읽기 힘든 글을 만들 우려가 있다. 양으로 승부하는 것은 더 이상 경쟁력을 갖추기 어렵다. 심지어 패트릭 라일리(Riley, 안진환 역, 2002)는 모든 기획안은 한 장 정도의 분량으로 담아내는 것이 좋다고 말하기도 하였다. 적은 분량으로 작성할 때는 특히 내용을 간결하고 명확하게 표현하는 것이 필요하다.

적절한 분량은 효과적인 사업계획서, 제안서 쓰기에서 중요하게 고려할 사항이다. 특히 임원과 같은 결재권자들의 경우 사업계획서나 제안서를 오래볼 여유가 없기 때문에 화려하고 긴 글보다 짧고 명료하게 표현된 글을 선호하기 마련이다. 이런 경우 SCR은 중요한 작성 전략이 될 수 있다. 여기서 'S'는 '현황situation', 'C'는 '전개complication', 'R'은 '결론resolution'을 나타낸다 (강효석 외, 2010). 결재자의 경우 시간 관계상 분량이 적은 것을 선호하는 반면, 실제 실무자는 분량이 적을 경우 성의와 노력이 부족하다고 판단할 수도 있다. 1면짜리 계획서, 제안서가 항상 바람직한 것은 아니다.

라. 시각적 강조 기법의 활용

사업계획서, 제안서의 경우 짧은 시간 안에 제안의 내용을 효과적으로 전달해야 하기 때문에, 핵심이 되는 내용에 대해서 시선을 끌 수 있는 작성 전략이 필요하다. 이를 위해 시각적으로 강조하여 표현하는 방법이 널리 활용되고 있다. 예컨대 글자체를 달리하거나 밑줄 등을 사용하기도 하고, 적절한 여백이나 색상으로 다른 부분과의 차별성을 드러내기도 한다. 시각적인 측면에서 다른 부분과 구별되는 지점임을 드러내려는 것이다. 여기서는 도표와 그래프 활용하기에 대해 살펴보기로 한다.

1) 도표 활용하기

시각적으로 강조하는 방법으로 최근 도표가 널리 활용되고 있다. 도표란 데이터를 요약하여 시각적으로 도식화한 것을 말한다. 이러한 도표에는 표뿐만 아니라 그래프, 다이어그램 등 다양한 것이 활용되고 있다. 도표는 데이터를 압축하여 한눈에 파악할 수 있게 한다는 장점을 갖고 있다. 과정, 결과 등의 수치를 시각적으로 표현함으로써 효과적으로 설명하고 전달하는 도구로 기능한다. 따라서 도표를 적절하게 사용하면 독자의 이해도를 높일 뿐만 아니라 독자의 흥미도 유발할 수 있고, 핵심적 주장에 집중하게 하는 효과를 거둘 수 있다. 도표가 갖는 장점으로 다음과 같은 것들이 있다(윤영돈, 2008: 122-123).

- 각각의 데이터를 비교하여 이해할 수 있다.
- 보는 사람이 알기 쉽고 구체적으로 판단할 수 있다.
- 데이터의 변화 추세나 상관관계를 파악할 수 있다.
- 누구나 손쉽고 간단하게 작성할 수 있다.

멘델레예프의 주기율표는 도표가 갖는 이 같은 장점을 단적으로 보여주는 사례라 할 수 있다. 원소를 원자량의 순으로 배열한 것으로, 아래와 같은 표로 시각화하여 표현함으로써 말로 설명하기 어려운 내용을 이해하기 쉽게 전달하고 있다.

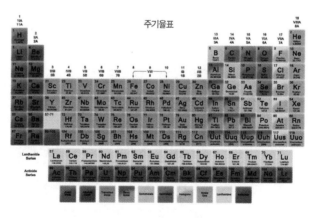

(출처: chemistry.about.com)

도표 활용의 효과에 대해 '블루슈머(Bluesumer)'에 대한 신문기사를 대상으로 살펴보기로 한다. 동일한 내용이라 하더라도 어떠한 도표로 나타내느냐에 따라 전달력에 큰 차이가 있음을 확인할 수 있다. 다음과 같은 표로 제시될 것을 예상할 수 있다.

소비층	통계 자료	유망 업종
이동족	하루 평균 이동시간 5분 증가	DMB TV, 휴대게임기
무서워하는 여성	살인 13%, 강간 68% 증가	호신용 충격기 등 호신용품
20대 아침사양족	아침식사 거르는 비율 49.7%	아침식사 대용품
피곤한 직장인	피로감 느끼는 취업자수 3.7% 증가	차전문점, 스파 등 스트레스 해소 서비스점
3050 일하는 엄마	여성 취업자수 16.8% 증가	에듀시터 등 엄마, 주부 역할 보완 서비스 상품
살찐 한국인	지방질 공급량 10.6% 증가	무지방 무칼로리 상품

그러나 신문에 따라 다양한 도표를 활용하여 제시하고 있음을 확인할 수 있다. 이처럼 시각적인 효과를 고려한 도표를 활용하면 가독성도 읽는 이의 시선을 사로잡을 수 있을 뿐만 아니라, 가독성과 이해력도 높이는 효과를 가져올 수 있다.

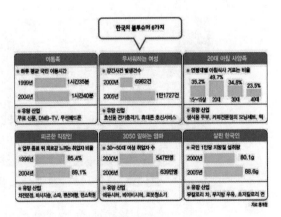

[가] 한겨레신문(2007.1.23.)

경향신문

2007년 01월 24일
15면 (경제)

2007년 한국의 '블루 슈머 6' (자료:통계청)

구분	관련통계	유망산업
이동족	▶하루평균 이동시간 5분증가 (1999년 1시간35분 → 2004년 1시간40분) ▶건강을 위한 걷기시간 5분증가 (1999년 6분 → 2004년 11분)	▶이동형 엔터테인먼트 (무료신문, DMB TV, PMP)
무서워하는 여성	▶강간 68% 증가 (2000년 6982건 → 2005년 1만1727건) ▶살인 13% 증가 (2000년 964건 → 2005년 1091건)	▶혼자사는 여성들을 위한 안전 상품과 서비스 (호신용충격기, 휴대전화 호신서비스)
20대 아침사양족	▶20대 아침식사 거르는 비율 49.7% (2006년 기준, 370만8000명)	▶20대가 간편하게 즐길 수 있는 아침식사 대용식 (생식용 두부, 커피전문점 모닝세트)
피곤한 직장인	▶피로감 느끼는 취업자수 3.7%포인트 증가 (1999년 85.4% → 2004년 89.1%)	▶직장인 스트레스지수 낮추는 '휴(休) &탈(脫)스트레스' 상품과 서비스 (차 전문점, 스파, 펜션, 댄스학원)
3050 일하는 엄마	▶30~50대 여성 취업자수 16.8% 증가 (2000년 547만명 → 2006년 639만명)	▶엄마, 주부의 역할대행 상품과 서비스(에듀시터, 플레이튜터, 로봇청소기)
살찐 한국인	▶1인당 지방질 공급량 10.6% 증가 (2000년 80.19 → 2005년 88.69)	▶제로 칼로리, 제로 지방 식품 (무칼로리 차, 무지방 우유)

〔나〕 경향신문(2007.1.23.)

앞에서 제시한 표가 정보를 간략하게 정리하는 데 그치고 있다면, 〔가〕와 〔나〕는 전달하고자 하는 내용을 시각적인 효과를 고려하여 제시하는 특징을 갖고 있다.

〔가〕의 경우 중요한 정보가 한눈에 들어오고 증가 폭을 쉽게 이해할 수 있도록 막대 그래프로 간략히 제시하고 있다. 〔나〕의 경우에는 블루슈머에 대한 이해를 높이기 위해 간단한 삽화를 함께 제시하고 있으며, 통계자료를 매개로 블루슈머와 유망 업종을 연결 짓고 있어 설득력과 가독성을 높이고 있다. 이처럼 동일한 내용이라 하더라도 어떻게 제시하느냐에 따라 효과 면에서는 큰 차이가 있다.

다음 역시 각각의 스포츠 경기장 크기를 효과적으로 나타내고 있는 사례이다.

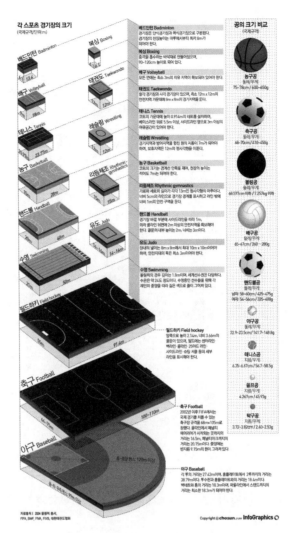

(조선닷컴 인터랙티브 뉴스 2013년 11월 22일자
'축구장과 야구장, 어느 경기장이 더 큰지 궁금해?')

2) 그래프 활용하기

시각적 강조 기법과 관련하여 최근에는 그래프가 많이 활용되고 있다. 그래
프는 변수의 특성에 따라 적절한 것을 선택하여 활용하도록 한다. 그런데 그래
프하면 주로 꺾은선 그래프, 막대 그래프, 원 그래프, 띠 그래프 등 제한된 몇

가지 그래프로 생각하기 쉽다. 최근에는 여러 변수의 특성에 맞는 그래프를 만들어주는 다양한 그래픽 프로그램 제작 도구가 있다. 변수의 특성에 맞는 다양한 그래프를 작성하면 시각적 효과를 보다 강화할 수 있다. 그래프에 대해 설명하면서, 특히 "현명한 그래프 하나가 멍청한 책 한 권보다 낫다고 말하고 있는 아래의 책은 그래프의 중요성에 대해 다시금 생각하게 한다.

그래프는 드라마다

막대기나 꺾은선, 동그라미나 파이 조각만 생각한다면 불행하다.

그래프는 언어와 이미지의 속성을 훌쩍 넘어 양과 질을 동시에 소통한다.

현명한 그래프 하나가 멍청한 책 한 권보다 낫다.

어떤 그래프가 눈과 마음을 사로잡는가?

한눈에 들어오고 쉽게 이해할 수 있는 그래프다.

단순한 그래프가 좋은 그래프라는 말인가?

아니다. 형식은 간단하지만 한눈에 파악 안 되는 그래프도 많다. 나쁜 그래프다.

하나의 그래프에 많은 정보를 담겠다고 욕심내는 것이 문제인가?

많은 정보를 담고 있지만 패턴과 추이, 비교 내용을 즉시 이해할 수 있는 그래프도 많다.

나쁜 그래프와 좋은 그래프는 어디서 갈라지나?

인간 고유의 인지와 심리를 고려했는지 여부다.

스티븐 M. 코슬린, 정혜경 외 역, 2013.

심지어 기존의 그래프 양식에서 벗어나 전달하고자 하는 내용에 맞게 새롭

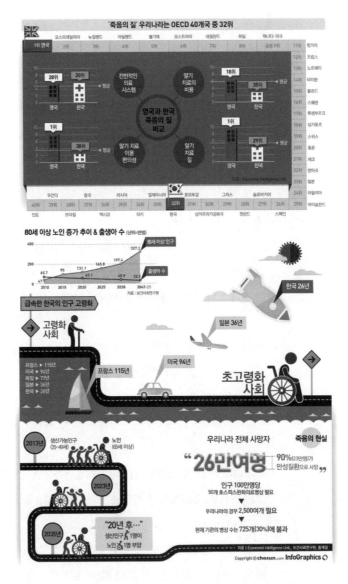

(조선닷컴 인터랙티브 뉴스 2013년 11월 4일자 '마지막 10년 삶의 質 세계 1위, 영국… 한국은?')

게 도표를 만들어 낼 수도 있다. 아래는 기존의 그래프 대신 전달하는 내용에 맞게 새롭게 표현한 사례에 해당한다.

이처럼 그래프, 수치만 제공하는 것보다 관련되는 그림이나 도형을 활용하게 되면 이해도뿐만 아니라 집중도를 높이는 효과를 거둘 수 있다.

3. 정리

과제1. 교내 학생 복지시설 확충(또는 개선)에 대한 제안서를 작성해 보려한다.

(1) 교내 학생 복지시설 확충(또는 개선)과 관련하여 구체적으로 제시하려는 목표(내용)는 무엇인가?

(2) 교내 학생 복지시설의 현재 상태는 어떠한가?

(3) 교내 학생 복지시설 확충(또는 개선)을 위해 필요한 비용과 기간은 어떠한가?

(4) 교내 학생 복지시설 확충(또는 개선)을 위한 구체적인 방법은 무엇인가?

과제2. 과제1의 내용을 바탕으로 '팔하원칙(八何原則)'에 따라 다음 빈칸을 간략히 채워 보자.

When	언제	시점, 기간	
Where	어디서	지리적, 자연적 환경 및 장소	
What	무엇을	기획 주제 및 내용	
Why	왜	의도, 이유, 배경	
Who	누가	실행자 및 관련자	
How	어떻게	방법, 절차 도구	
How many	얼마나 되는가	건수 및 분량	
How much	얼마나 드는가	예산 및 손익 계산	

과제3. 과제1과 과제2에서 작성한 내용을 중심으로 다음 활동을 해 보자.

- 읽는 이의 흥미를 유발시킬 수 있도록 제안서의 제목을 붙여 보자.

- 사업 추진 일정을 타임테이블로 작성해 보자.

- 도표나 그래프를 활용하여 관련 자료나 기대 효과를 제시해 보자.

과제4. 이상의 내용을 바탕으로 1면짜리 제안서를 완성해 보자.

참고 문헌

강효석 · 김연희 · 문권모 · 신성미(2010), 직장인 서바이벌 업무력, 교보문고.

남충희(2011), 7가지 보고의 원칙, 서울: 황금사자.

신형기 외 8인(2006), 모든 사람을 위한 과학 글쓰기, 서울: 사이언스북스.

윤영돈(2008), 기획서 제안서 쓰기, 서울: 랜덤하우스.

Kosslyn, S. M.(2006), 눈과 마음을 사로잡는 그래프 디자인, 정혜경 외 역, 서울: 커뮤니케이션북스.

Riley, P. G.(2002), 강력하고 간결한 한 장의 기획서, 안진환 역, 서울: 을유문화사.

V

프레젠테이션과 토론

09

프레젠테이션

자신의 생각을 짧은 시간에 효과적으로 전달하는 프레젠테이션은 현대 사회에서 매우 중요한 능력이 되었다. 프레젠테이션은 내용의 단순한 전달이 아니라 문제의 핵심을 분석하여, 관련 자료를 수집하고 이를 체계적으로 정리하여, 제한된 시간에 매체 자료를 활용하여, 설명이나 설득을 하는 의사소통 행위이다.

효과적인 프레젠테이션을 위해서는 다음과 같은 역량을 갖추어야 한다. 첫째, 문제 분석 능력을 갖추어야 한다. 프레젠테이션의 목적을 분명히 하고 주어진 문제의 핵심이 무엇인지 정확하게 분석하여 준비하여야 한다. 둘째, 적절한 자료를 수집하여 핵심적인 내용을 추출하는 자료 요약 능력

이 필요하다. 프레젠테이션은 시간적 제한을 갖는 것이 일반적인데 청자에게 필요한 내용을 핵심적으로 압축하여 전달하기 위해서는 요약 능력이 필수적이다. 셋째, 매체 자료의 효과적인 사용 능력을 갖추어야 한다. 이 능력은 IT기기를 능숙하게 다루는 것만을 의미하지 않는다. 전달할 내용의 성격에 맞게 매체 자료를 잘 선택하고 이를 효과적으로 구성하며 자료의 의미를 해석하여 전달하는 능력을 의미한다. 넷째, 효과적인 표현 능력을 갖추어야 한다. 언어적, 비언어적 표현을 효과적으로 하여 전달 효과를 높일 수 있어야 한다.

1. 프레젠테이션의 원리

가. 프레젠테이션의 계획

효과적인 프레젠테이션을 위해서는 목적, 청중, 장소를 분석할 필요가 있다. 이러한 목적(Purpose), 청중(People), 장소(Place)를 분석하는 것을 '3P분석'이라고 한다.

1) 설명과 설득의 목적을 분명하게 정하기

프레젠테이션의 목적은 크게 정보를 전달하는 설명과 청자의 태도를 변화시키는 설득으로 구분할 수 있다. 이러한 프레젠테이션의 목적을 엄밀하게 분석하지 못하고 슬라이드를 장황하게 나열하는 경우에는 의사소통의 본래 목적을 달성하지 못하게 된다. 프레젠테이션의 목적에 따라 다음과 같이 내용을 구성한다.

설명을 목적으로 하는 프레젠테이션의 경우에는 도입부에서 배경 지식을 활성화하고, 전개부에서는 주제를 요점별로 명확히 제시하며, 정리부에서는 앞서 언급한 내용을 청중이 기억하기 쉽게 요약해 주는 방식으로 내용을 구성한다.

설득을 목적으로 하는 프레젠테이션의 경우에는 도입부에서 청중의 흥미 유발, 공감대 형성, 화자에 대한 신뢰감 조성을 하고, 전개부에서는 '문제-해결' 구조와 같은 설득을 위한 담화 구조로 내용을 조직한다. 정리부에서는 화자가 의도한 설득이 이루어지도록 구체적인 주장을 분명하게 제시하고 마무리한다.

2) 청중의 요구를 파악하여 메시지 흐름 구성하기

프레젠테이션을 준비할 때 중요한 단계가 청중을 철저히 조사하고 분석하는 것이다. 청중을 분석하는 이유는 청중의 지적 수준, 심리적 태도, 요구 등을 면밀히 고려하여, 프레젠테이션 내용을 그에 맞추어 효과적으로 구성하고 전달하기 위해서이다. 즉, 청자 분석 그 자체가 목적이 아니라 분석 결과를 프레젠테이션 내용의 구성과 전달에 어떻게 적용하는가가 효과적인 프레젠테이션의 관건이 된다. 이러한 관점에서 청중의 특성 중 분석해야 할 다섯 가지 핵심 요인은 청중의 요구, 청중의 지적 수준, 주제에 대한 사전 지식, 주제 관련 입장, 개인적 관련성이다(박재현, 2013).

이 외에도 청중의 일반적 특성 중 성별, 세대, 지역 등을 고려하여 차별적 표현이 없도록 하며, 청중의 구성에 가장 적합한 표현을 하도록 노력해야 한다. 이러한 노력을 통해 청중의 요구를 만족시켜 주는 프레젠테이션, 화자와 청중이 상호 교감하는 프레젠테이션이 이루어질 수 있다.

청중의 상태에 따라 프레젠테이션의 내용과 방법을 적절히 조절해야 한다. 대부분의 청중보다 발표자가 아는 것이 더 많아 전달할 내용이 풍부하고, 준비한 프레젠테이션에 대해 청중이 호감을 가지고 있고, 듣고자 하는 의욕도 높다면 아주 이상적일 것이다. 그러나 대부분의 프레젠테이션 자리에서는 이와 반대의 경우를 만나기 십상이다. 이런 어려운 상황에서 당황하지 않고 유연하게 대처하는 것도 프레젠테이션 능력의 핵심이 된다.

3) 장소를 분석하여 편안한 공간으로 만들기

프레젠테이션은 강단과 마이크만 필요한 일반적인 연설과 달리, 매체 자료의 사용이 매우 중요하다. 프레젠테이션장의 크기, 좌석 배치 등 물리적인 시설과, 인터넷, 마이크, 컴퓨터, 빔프로젝터 등 프레젠테이션 장비, 그리고 프레젠테이션에 영향을 미치는 조명과 음향 시설 등을 점검해야 한다. 이 모든 것이 프레젠테이션이 가장 효과적으로 행해질 수 있도록 최적의 상태가 되어야 청중이 프레젠테이션에 집중할 수 있다.

특히 프레젠테이션의 경우 긴 시간이 아니라 짧은 시간에 진행되는 경우가 많은데, 시설이나 장비로 인해 프레젠테이션에 차질을 빚게 되는 곤란한 경우가 생기지 않도록 유의해야 한다. 이를 위해서는 프레젠테이션 장소에 도착해서 시설이나 프레젠테이션에 필요한 장비를 세심하게 점검하는 일이 필요하다.

시설과 장비뿐 아니라 발표자가 서는 위치, 발표자와 청중의 거리, 스크린의 위치 등도 파악해야 한다. 프레젠테이션 장소에 미리 서서 프레젠테이션 때의 자세를 확인하고, 필요한 경우 동선(動線)을 파악하여 실제 프레젠테이션을 할 때 자연스럽게 움직일 수 있도록 한다.

나. 프레젠테이션의 매체 자료

1) 매체 자료 활용하여 청중의 이해 돕고 강렬한 인상 주기

프레젠테이션은 말로만 하는 것이 아니라 매체 자료를 함께 사용하게 된다. 이때 가장 중요한 것은 매체 자료가 말하기 목표를 달성하는 데 도움이 되는지 여부를 최우선적으로 고려해야 한다. 즉, 매체 자료를 꼭 사용해야만 하는지를 우선 결정해야 한다. 그 후에 가장 적합한 매체 자료의 유형을 결정하고 효과적인 전달 방법을 결정하면 된다.

프레젠테이션을 할 때 매체 자료를 사용하는 이유는 크게 두 가지이다. 첫째, 매체 자료를 사용하면 청중이 내용을 이해하기 쉽다. 복잡하고, 낯설고, 전문적인 개념을 설명할 경우는 매체 자료를 활용하는 것이 프레젠테이션의 효과를 높이는 데 도움이 된다. 청중이 이해하기 어려운 개념을 쉽게 설명할 수 있는지, 청중이 한눈에 비교하기 어려운 복잡한 자료가 있는지 판단하여 그것에 적절한 매체 자료를 선택해야 한다. 둘째, 매체 자료를 사용하면 청중에게 강렬한 인상을 줄 수 있다. 이것은 주로 감성적인 측면을 강조하는 것과 관련이 있다. 프레젠테이션 중에 청중에게 극적인 효과를 불러일으키거나, 프레젠테이션 후에도 청중이 핵심 내용을 오래 기억하기 원할 경우 매체 자료를 사용하면 효과적이다.

2) 매체 자료에 프레젠테이션의 주역 양보하지 않기

프레젠테이션을 하면서 매체 자료를 사용할 때 유의할 점은 다음과 같다. 우선 발표자의 위상을 말을 하는 주체가 아니라 내용의 개요를 읽어 주는 사람 정도로 낮출 소지가 있다. 청중들은 슬라이드 자료만 보게 되며 발표자는 구석에서 내용을 읽어 주게 되어 발표자가 프레젠테이션의 주역이 되는 것을 방해할 수 있다.

둘째, 매체 자료가 생각의 흐름을 방해하고 말의 속도를 늦출 수 있다. 매체 자료는 핵심적인 아이디어를 뒷받침하는 근거의 역할을 하는 것이지 핵심적인 아이디어 그 자체는 아니다. 장황한 매체 자료에 압도되어 발표자가 정말 중요하게 여기는 핵심적인 메시지를 분명하게 전달하지 못하는 경우가 발생할 수 있다.

셋째, 매체 자료에 과도하게 의존하면 프레젠테이션의 내용 분석과 내용 개발보다 매체 자료 준비에 더 많은 시간을 할애하게 된다. 슬라이드에 넣을 사진을 찾고 슬라이드 화면을 구성하기 위해 많은 시간을 사용하면서 정작 발표 준비는 소홀히 하게 되는 경우가 발생한다. 이런 경우는 준비하느라 고생은 많이 하였지만 실제 프레젠테이션은 성공하지 못할 가능성이 크다.

3) 매체 자료는 발표 내용에 맞게 선택하기

프레젠테이션의 효과를 높이기 위해서는 적절한 매체 자료를 활용해야 한다. 이때 프레젠테이션의 내용에 적합한 매체 자료의 유형을 선택할 수 있어야 한다. 단순히 청중의 흥미를 유발하기 위해 자극적인 사진을 넣거나 내용과 관계가 없는 웹툰을 넣거나 뮤직비디오 등을 활용하는 것은 프레젠테이션에 청중들이 집중하는 것을 오히려 방해한다. 매체 자료는 프레젠테이션의 효과를 높일 수 있는 경우에만 그 목적과 성격에 부합한 것으로 적절하게 사용해야 한다.

■ 그림과 사진

그림과 사진은 말로 표현하기 힘든 상세한 부분을 설명하는 데 유용하다. 다음 예시는 구름의 모양을 그림으로 나타낸 것이다. 말로 상세히 설명하기 어려운 구름의 모양을 한 장의 그림으로 효과적으로 나타내고 있다.

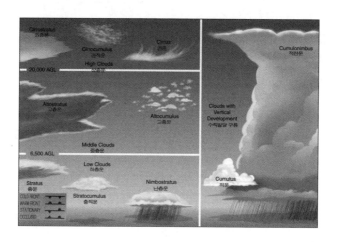

■ 소리와 영상

프레젠테이션을 할 때 시각적 정보뿐 아니라 청각적 정보가 필요한 경우에는 소리를 직접 들려주는 것이 효과적이다. 예를 들어 '새소리의 특성'에 대해 설명할 경우 말로만 설명하는 것보다 직접 소리를 들려주면 청중이 쉽게 이해할 수 있다. 또한 사물의 움직임에 대해 설명하거나 현지 상황 등을 설명할 때는 직접 영상을 보여 줄 수도 있다. 요즘은 인터넷 등을 통하여 관련 영상 자료를 쉽게 구할 수 있어서 생동감 있게 정보를 전달하는 것이 가능하다.

■ 모형과 실물

프레젠테이션을 할 때 모형이나 실물을 사용하면 설명하려는 대상을 직접 보여 줄 수 있어서 효과적인 정보 전달이 가능하다. 예를 들어 DNA의 구조에 대해 설명할 때 DNA의 모형을 활용하면 직접 볼 수 없는 부분을 입체적으로 이해할 수 있다. 또한 기계 작동 원리에 대한 설명도 언어나 그림으로만 하는 것보다 실제 기계의 실물을 활용하면 청자들이 쉽게 이해할 수 있다.

■ 표

프레젠테이션을 할 때 구체적인 수치를 전달하는 것이 중요하거나 대량의 숫자 정보를 한꺼번에 보여줄 경우에 표를 사용하면 효과적이다. 표를 사용하면 정보를 일일이 나열하여 문장으로 표현하는 것보다 한눈에 파악하기 쉬우며 내용을 비교하기 편하다. 또한 표를 제시하면 정보가 풍부하고 조사가 철저하게 이루어졌다는 인상을 줄 수 있다. 구체적인 수치가 제시되어 정확한 정보를 제시할 수 있으며 비교가 용이하여 중요한 의사결정이 필요할 때 효과적이다.

■ 그래프

프레젠테이션의 내용을 청중이 더 쉽게 이해하고 해석하도록 자료를 제시하려면 그래프를 사용한다. 그래프를 사용할 경우는 정보의 특성을 고려하여 제시하고자 하는 정보에 맞는 것을 사용해야 한다. 또한 청중에게 의미 있는 핵심적인 정보를 해석하여 청중에게 전달해야 한다.

- 막대그래프

막대그래프는 직각을 이루는 축 안에서 가로나 세로의 막대로 각 항목의 크기나 빈도를 구성한 것이다. 전체를 한눈에 개관하기 편하며 특히 항목 간의 상대적인 차이를 비교할 경우에 유용하다. 하지만 연속적인 변화를 파악하거나 전체에서 각 항목이 차지하는 비중을 파악하기 불편하다.

- 선 그래프

선 그래프는 시간에 따른 추이를 보여 주거나 두 변수의 상호 관계를 나타낼 경우에 적합하다. 꺾은선의 상승과 하강, 기울기의 정도, 두 선의 교차점 등 시간 변화에 따른 증감 현황을 한눈에 파악하기에 용이하다.

- 원 그래프

원 그래프는 원이 100%인 전체를 나타내므로 개별 항목이 전체에서 차지하는 상대적 비중과 항목 간의 비중 차이를 나타낼 때 유용하다. 하지만 시간에 따른 변화를 나타내지 못하므로 한 시점의 상태만 표시할 수 있으며 100%를 초과하는 정보는 제시하기 어렵다는 단점이 있다.

■ 순서도

프레젠테이션에서 일련의 과정을 설명할 때는 순서도를 사용한다. 순서도는 가구 조립하기 등 단계별로 과정을 설명해야 하는 경우나 진행 절차, 심의 절차 등 일련의 절차를 설명해야 하는 경우에 사용하는 것이 효과적이다. 순서도를 사용하면 말로만 하는 것보다 청자가 해당 과정이나 절차를 쉽게 이해할 수 있다.

2. 프레젠테이션의 실제

가. 프레젠테이션의 표현 전략

프레젠테이션은 '청중 앞에서'가 아니라 '청중에게' 말하는 것이 중요하며 다음과 같은 점에 유의해야 한다(Kosslyn, 2007, 김경태 편역, 2008: 99-104).

- 핵심 단어와 문구만 보여 주어야 한다. 이야기하려는 모든 내용을 슬라이드에 넣으면 안 된다.
- 대화하듯이 프레젠테이션 해야 한다. 프레젠테이션 내용을 그대로 읽으면 안 된다.
- 청중을 모니터링해야 한다. 슬라이드 노트나 슬라이드 화면에만 신경 쓰면 안 된다.

프레젠테이션을 할 때 내용을 적은 원고나 슬라이드 화면을 그대로 읽는 행위를 하는 경우가 많다. 청중 앞에서 단지 자료를 읽어 주는 것이 아니라, 구두 의사소통의 특성을 충분히 살려 청중에게 자료의 내용을 가지고 서로 소통하는 프레젠테이션을 해야 한다.

1) 간명한 언어 표현으로 분명하게 내용 전달하기

프레젠테이션과 같은 정보를 전달하는 말은 간결하고 명료해야 한다. 장황하고 모호한 표현으로 청중의 이해를 방해하거나 객관적이지 않은 주관적 관점을 담아 정보를 축소하거나 과장해서도 안 된다. 또한 함축적인 표현이나 장황한 수식보다는 간결하고 명료한 표현을 사용하여 핵심적인 정보를 분명하게 전달해야 한다. 간결하고 명료한 표현을 위해서는 불필요한 군더더기 표현을 빼버려야 한다. 의미가 중복되는 표현, 장황하고 상투적인 표현, 당연하고 진부한 표현 등을 간결하게 바꾸어 쓰려는 노력이 필요하다.

2) 내용 연결 표현으로 흐름과 방향 안내하기

내용 파악이 잘 되는 프레젠테이션의 공통점은 내용과 내용을 잇는 연결고리가 있다는 것이다. 내용을 연결하는 표현을 사용하면 청자 입장에서는 지금 듣고 있는 내용이 어떤 것이며 지금 논의 전개가 어디쯤 되고 있는지 쉽게 이해할 수 있다.

내용 연결 표현은 구두 의사소통의 중요한 특징이다. 내용 연결 표현은 '지금까지', '마지막으로' 등과 같은 간단한 담화 표지부터 다음 같은 문장 이상의 표현까지 여러 방식으로 사용될 수 있다.

〔예〕 우리는 첫 번째로 의사결정의 기준에 대해 살펴보았습니다. 자 그럼, 의사결정의 구체적 방법들에 대해서 이야기하겠습니다.

신문 사설과 같은 문어(文語)는 독자가 전체 내용 구조를 한눈에 파악할 수 있다. 이와 더불어 들여쓰기 등은 단락의 전환을 시각적으로 드러내 준다. 하지만 프레젠테이션과 같은 구두 의사소통에서는 이런 시각적 장치들이 없다. 구두 의사소통에서는 청중에게 어디쯤 가고 있는지 다음에 나올 내용은 무엇인지 등을 수시로 알려 주어 길을 잃지 않게 도울 필요가 있는데, 이럴 때 필요한 것이 '내용 연결 표현'이다(박재현, 2006).

3) 비언어적 표현으로 전달 효과 높이기

발표자가 의도한 의사소통 목적을 달성하기 위해서는 내용도 중요하지만 발표자의 말하는 태도나 방법도 중요하다는 것을 인식해야 한다. 발표자의 첫인상을 결정하는 것은 프레젠테이션 내용의 효과적 전달뿐 아니라 비언어적 표현이다. 비언어적 표현은 긍정적 인상과 신뢰감을 줄 뿐 아니라 발표자의 진실한 감정과 주제에 대한 열정을 전달하기도 한다. 진실한 감정은 프레젠테이션 내용 자체보다도 발표자의 목소리, 표정, 시선, 몸동작에 의해 드러난다. 이것은 청중을 주제에 몰입하게 하고, 태도를 변화시키는 데 큰 영향을 미친다.

발표자의 열정과 자신감을 드러내므로 손동작은 역동적인 것이 좋다. 하지만 불필요하거나 과도한 손동작은 청중의 집중을 방해할 수 있으므로 적절하게 해야 한다. 자세는 편안하게 앞을 바라보며 서고, 손으로 스크린을 가리킬 경우에는 오른손잡이의 경우 스크린의 왼편에 서는 것이 좋다. 스크린의 오른편에 서게 되면 스크린을 손으로 가리킬 때 몸을 움직이는 각도가 커지며 청중에게 등을 많이 보이게 된다. 이보다는 스크린의 왼편에 서는 것이 몸의 전체적인 움직임을 줄일 수 있고, 청중 입장에서도 훨씬 편해 보이고 자연스럽게 보이는 효과가 있다.

프레젠테이션을 할 때의 시선은 원고나 슬라이드 화면이 아니라 청중을 향해야 한다. 가장 나쁜 경우는 청중은 슬라이드 화면을 보고, 발표자는 손에 든 원고를 보면서 진행되는 프레젠테이션이다. 청중이야 앞에 슬라이드 화면이 있으니 시선이 화면으로 향하지만, 발표자까지 자신이 준비한 원고만 주목한다면, 발표자와 청자의 상호 교감이 현저하게 떨어지게 된다. 슬라이드 화면에 전달할 내용이 담겨 있으므로 별도의 원고를 준비하지 않아도 되지만, 내용을 숙지하기 어려운 경우 등 필요한 경우는 원고를 사용하되, 원고를 너무 많이 보지 않도록 한다.

이와 더불어 자세를 곧게 하는 것, 전문성이 돋보이는 의상을 입는 것, 프레젠테이션 장을 자연스럽게 이동하는 것, 자신감 있으면서도 겸손한 표정을 짓는 것 등에도 유의해야 청중에게 신뢰감을 주고, 효과적인 프레젠테이션 결과를 얻을 수 있다.

나. 매체 자료의 해석과 전달

프레젠테이션에서 매체 자료는 보조 자료이다. 말로 설명하는 것보다 시각적 정보를 활용하는 것이 효율적이라고 판단될 때만 사용하는 것이 바람직하다. 청중은 제시된 매체 자료를 통해 한눈에 많은 정보를 파악할 수 있기 때문에 매체 자료에 제시된 정보를 일일이 설명하는 것은 시간을 낭비하게 하며 내용 전달의 집중도를 떨어뜨린다. 그러므로 매체 자료에서 꼭 필요한 핵심적인 정보를 도출하여 전달할 수 있어야 한다. 이를 위해서는 매체 자료를 해석하여 청중에게 의미 있는 정보를 선별하는 작업이 필요하다. 또한 선별한 정보를 논리적으로 연결하여 매체 자료에는 명시적으로 제시되어 있지 않지만 원인, 전망 등 의미 있는 새로운 정보를 추론하여 전달할 수도 있어야 한다.

1) 명시적인 정보는 핵심적인 부분만 설명하기

청중이 보아서 쉽게 파악할 수 있는 명시적인 정보는 일일이 나열하여 언급하기보다는 핵심적이고 의미 있는 부분을 선별하여 말해야 한다. 이때 매체 자료의 핵심을 드러내는 제목에 유의한다. 다음은 프레젠테이션의 예인데 그림이나 표 안의 설명을 문자 그대로 설명하는 것이 아니라 청중의 이해를 돕기 위해 핵심적인 정보를 선별하여 설명하고 있다.

〔예1〕 지금부터 "녹색 대한 민국의 현주소"라는 주제로 프 레젠테이션을 시작하겠습니 다. 한국은 한국전쟁 이후 무에 서 유를 창조했습니다. 경제적 으로 한강의 기적을 만들었지 만 환경적으로는 그에 준하는

기적을 이룩하지는 못했습니다. 이런 사실은 한국의 생태역량을 살펴보면 극 명하게 드러납니다. 생태역량이란 1인당 1ha(10,000m^2)의 환경을 포용할 수 있는 역량을 말합니다. 특정 환경조건에서 특정한 종을 유지할 수 있는 수용 력을 의미합니다. 생태발자국이란 1ha당 환경에 부담을 주는 정도를 의미합 니다. 다른 말로 하면 인간에게 필요한 의식주 등을 제공하고자 자원의 생산 과 폐기비용을 토지면적으로 환산한 치수입니다.

매년 지구의 환경 포용 능력을 조사 발표하는 세계 생태발자국 네트워크의 2007년 보고에 따르면, 개발도상 국이 집중되어 있는 아시아·태평 양 국가의 생태발자국은 세계기준 보다 0.3정도 높은 수치를 기록하 고 있습니다.

생태발자국과 생태역량 (1인당 1ha 기준)	자정능력	생태발자국	생태역량
아시아·태평양 국가	1.0	1.5	0.5
세계	1.8	1.2	0.4

출처 : Global Footprint Network, 2007

출처: 문화체육관광부(2008), 녹색 부국으로 가는 길, 문화체육관광부. 36-37

2) 명시적인 정보를 논리적으로 연결하기

제시된 정보는 서로 연관성을 가지고 있다. 항목을 비교하거나 변화의 추이 등을 파악하는 해석 작업을 통해 매체 자료가 가지고 있는 풍부한 의미를 도

출할 수 있어야 한다. 명시적으로 제시된 정보를 서로 연결하여 청중에게 의미 있는 정보를 생성해 내도록 한다.

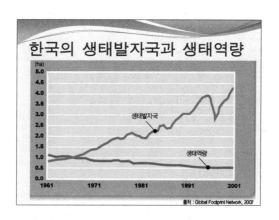

〔예〕 슬라이드에서 의미를 도출하기 위해 필요한 질문들

① 두 선의 교차점이 의미하는 것은 무엇일까?

② 두 선의 기울기는 어떤 의미일까?

③ 생태발자국이 '90년대' 후반에 주춤한 것은 왜일까?

④ 두 선의 격차가 점점 커지는 것은 무엇을 의미할까?

슬라이드의 핵심 정보

생태발자국은 생태역량과 밀접한 관계가 있다. 기울기가 가파른 생태 발자국은 급격히 증가하는 반면 생태역량은 점차 낮아지고 있다. 1990년대 후반 IMF로 인해 우리나라 산업 발달이 감소하였고 이로 인해 생태 발자국 증가가 주춤하였다. 두 선의 격차가 커지는 것은 생태역량이 감당할 수 없을 정도로 생태발자국 지수가 증가함을 의미한다. 더 이상 회복 불가능한 상태가 될 수 있다.

3) 암시적 정보 추론하여 새로운 정보 도출하기

명시적으로 정보가 제시되어 있지는 않지만 제시된 정보를 근거로 하여 합리적인 추론 과정을 통해 주장할 수 있는 새롭고 의미 있는 정보를 해석해 낼 수 있어야 한다. 즉, 논리적인 추론 과정을 통해 매체 자료에 제시된 명시적 정보에서 암시적 정보를 끌어 낼 수 있어야 한다. 이때 제시된 근거에서 합리적이고 타당한 이유를 들어 새로운 주장을 생성하는 논증 과정이 필요하다. 추론할 때는 논리적 비약이나 오류에 유의해야 한다.

세계 에너지 소비 현황(2006)

구분	1위	2위	3위	4위	5위	6위	7위	8위	9위	10위
에너지소비 (백만 toe)	미국 2,326	중국 1,698	러시아 705	일본 520	인도 423	독일 329	캐나다 322	프랑스 263	영국 227	한국 226
석유수입 (toe, '05)	미국 600	일본 216	중국 127	한국 117	독일 115	인도 102	이태리 95	프랑스 84	네덜란드 63	스페인 61
석유소비 (백만 bbl/d)	미국 20.6	중국 7.4	일본 5.2	러시아 2.7	독일 2.6	인도 2.6	한국 2.3	캐나다 2.2	브라질 2.1	사우디 2.0

출처: 1. 에너지 및 석유소비('06): BP Statistical Review of World Energy(BP, '07.6)
2. 석유수입('05): Energy Balances of OECD Countries 2004-2005(IEA, '07)

[예] 슬라이드에서 의미를 도출하기 위해 필요한 질문들
① 한국과 다른 나라의 에너지 소비는 어떠한가?
② 에너지 소비 순위보다 석유 수입 순위가 높은 이유는?
③ 석유 수입이 4위까지 올라가는 이유는?
④ 에너지 소비 격차와 석유 수입 격차가 의미하는 바는?

슬라이드의 핵심 정보
다른 나라에 비해 우리나라는 석유에 대한 의존도가 매우 높은 편이다. 최

근 급격하게 증가한 자동차의 사용은 이러한 석유 사용량 증가의 원인일 것이다. 에너지 소비는 10위인데 석유 수입이 4위인 것은 석유 사용량이 많을 뿐더러, 석유가 전혀 생산되지 않아, 전적으로 수입에 의존하고 있기 때문일 것이다. 미국이나 중국에 비해 우리나라의 에너지 소비 격차는 크지만, 석유 수입 격차는 상대적으로 적은 것으로 보아, 전체 에너지 소비에서 석유에 의존하는 비중도 다른 나라에 비해 월등히 큼을 알 수 있다.

이와 같이 매체 자료를 활용할 때는 핵심적이고 의미 있는 정보를 해석하여 전달 내용을 구성하는 것이 중요하다. 명시적 정보를 단순하게 읽어 주는 것이 아니라 자신의 프레젠테이션 내용에 맞게 정보를 재구성하여 효율적으로 내용을 전달하도록 한다.

다. 청중과 질의응답

프레젠테이션을 마친 후 청중과 질의응답을 하는 경우가 있다. 질의응답은 프레젠테이션 내용 중 청중이 이해하지 못한 것을 추가적으로 설명할 수 있는 기회가 될 뿐 아니라, 프레젠테이션의 일방향성을 보완하여 발표자와 청중과의 양방향 의사소통을 가능하게 한다. 중요한 의사결정의 경우, 프레젠테이션 내용보다 질의응답을 통하여 논의가 전개되는 경우가 많으므로, 프레젠테이션 후의 질의응답에도 계속 진지한 자세로 임해야 한다. 질의응답에서 활용할 수 있는 구체적인 전략은 다음과 같다.

1) 마음에 들지 않는 질문이라도 일단 존중하기

사실 질의응답의 기능에서 벗어나는 질문은 아예 받지 않는 것이 상책이다. 개별 청자가 질의응답 시간을 자신만의 특수한 문제로 상세한 협의를 하려고 하거나 자신의 의견을 주장하려고 하면, 본궤도로 논의가 진척되도록 조정해야 한다. 특히 일장 연설을 하려는 자, 길게 대화를 나누려는 자, 싸우려는 자를 조심해야 한다.

그럼에도 불구하고 예상 밖의 질문이 나오기 일쑤이다. 발표를 충분히 이해하지 못한 불필요한 질문이라도 일단 존중해야 한다. 또한 그것을 바람직한 방향으로 전환하는 방법을 모색해야 한다. 발표자가 청중을 편하게 대하면 호의를 얻을 수 있다.

우선 다음과 같이 질문한 것에 대해 성의를 보이며 반응한다.

> "질문해 주셔서 감사합니다."
> "좋은 질문입니다."
> "그건 흥미롭네요. 전 그렇게 생각하지 못했는데요."

그 다음에 자신이 논의하고 싶은 내용으로 적절하게 전환한다. 예를 들어, "당신은 분열과 융합을 완전히 혼동하고 있습니다."라고 면박을 하는 것보다는 다음처럼 자연스럽게 답변하는 것이 좋다.

> "예, 많은 문제가 핵분열과 관련됩니다. 핵융합 반응은 다른 것입니다. 이것은 다음처럼……."

2) 확실하게 답변하여 불필요한 논의 확산 방지하기

불필요하게 답변을 확대하고 상세화하면, 논의 자체가 너무 산만해져 쟁점을 벗어날 수 있다. 질문에는 가급적 한 문장으로 명료하게 답하고, 이를 강조하기 위해서 다음과 같이 처음과 끝에 핵심 문장을 넣는다.

처음 : 예, 핵발전소 건립에 반대합니다. 적어도 다수의 안전 문제가 충분히 해결되기 전까지는요. 그 이유는…….

마지막 : ……그래서 제가 생각하는 이러한 심각한 문제들 때문에, 저의 답변은 예, 지금은 핵발전소 건립에 반대합니다.

3) 답변하기 힘들다고 속임수 쓰지 않기

청중의 예상외의 질문에 마땅한 답변을 하기 어려운 경우가 있기 마련이다. 이때는 모르는 것을 인정하고, 답을 찾을 수 있는 방법을 안다면 그것을 알려 주어 최선을 다하는 태도를 보인다. 혹시 청중 가운데 질문에 대한 답을 아는 사람이 있으면 그들로부터 도움을 받을 수도 있다. 모든 질문에 대해 즉석에서 대답해야 한다고 생각하지 말고, "좋은 질문입니다. 지금 제가 생각 없이 답변을 드리는 것보다는 이 문제에 대해 좀 더 깊이 생각한 후에 대답하는 것이 더 좋을 것 같습니다."라고 진솔하게 말하는 것이 바람직하다.

3.정리

과제1. "지진 발생 시 대처 방법"이라는 주제로 프레젠테이션을 하고자 한다. 수집한 매체 자료가 청중의 이해를 어떻게 돕는지 이야기해 보자.

매체 자료	청중의 이해를 돕는 방식
사진 	
도식 	
그래프 	
그림 	

사진 출처: 소방방재청

과제2. 자연 재해(태풍, 해일, 강풍, 대설, 호우 등)나 인적 재난(교통사고, 감전사고, 가스사고 등)의 발생 시 행동 요령에 대해 청중의 특성에 적합하게 자료를 활용하여 프레젠테이션을 해 보자.

① 프레젠테이션 계획을 세워 보자.

주제	

목적	
시간	월 일 시 분 (총 분)
장소	
대상	
매체 자료	□ 사진 □ 그림 □ 영상 □ 도표 □ 그래프 □ 인터넷 자료

② 청중의 특성에 맞게 자료의 내용과 형식을 수집해 보자.

(1) 일반 정보: 연령, 성별, 지역 등 청중의 구성

청중의 특성	분석	자료 활용 방안
연령		
성별		
인원 수		
지역		

(2) 세부 정보: 배경 지식, 관심 정도, 개인적 관련성 등

③ 세부 내용과 필요한 자료를 청중의 특성에 맞게 조정해 보고, 필요한 자료를 더 찾아 보자.

내용 전개	세부 내용 조정	자료 조정
도입		
전개		
결론		

추가 매체 자료 1	추가 매체 자료 2

참고 문헌

문화체육관광부(2008), 녹색 부국으로 가는 길, 문화체육관광부, 36 – 37쪽.

박재현(2006), 설득 화법 교육을 위한 텍스트 연결 표현의 의미 기능 연구, 텍스트언어학 21, 239-258쪽.

박재현(2013), 국어교육을 위한 의사소통 이론, 서울: 사회평론아카데미.

이창덕·임칠성·심영택·원진숙·박재현(2010), 화법 교육론, 서울: 역락.

임칠성·박재현·심영택·원진숙·이창덕·전은주(2013), 공공 화법, 서울: 태학사.

임태섭(2004), 스피치 커뮤니케이션, 서울: 커뮤니케이션북스.

하영목·최은석(2008), 프레젠테이션의 정석, 서울: 팜파스.

Fensholt, M. F.(2006), 신승미 역, 경쟁자도 반하게 할 최강 프레젠테이션 기술, 서울: 지훈출판사.

Kosslyn, S. M.(2007), 김경태 편역, 프레젠테이션 심리학, 서울: 멘토로출판사.

Sprague, J. & Stuart, D.(2005), 이창덕 외 역, 프레젠테이션과 연설의 핵심 기법, 서울: 박이정.

IO

토론

넓은 의미에서 토론은 '함께 논의함'이라는 뜻을 갖지만 좁은 의미에서는 '어떤 논제에 대해 찬반으로 입장을 나누어 자신의 논리가 우세함을 겨룸'이라는 뜻을 갖는다. 찬성과 반대의 구분이 핵심인 이 좁은 의미의 토론은 여러 가지 교육적 목적을 가지고 있어서 교육의 장에서 널리 사용되고 있다. 그래서 이를 '교육 토론(academic debate)'이라고 한다.

토론을 통해 현대 사회에서 필요한 다양한 역량을 기를 수 있다. 토론을 준비하며 자료를 찾고 분석하면서 비판적 사고력을 기를 수 있다. 상대의 의견에 경청하며 자신의 의견을 설득력 있게 전달하여야 하므로 의사소통 능력을 기를 수 있다. 토론은 혼자 하는 경우보다 두세 명이 한 팀을 이루는 경우가 많은데 자연스럽게 팀워크와 리더십을 기를 수 있다. 또한 상대의 의견을 존중하며 규칙에 따라 소통하는 민주 시민의 소양도 기를 수 있다.

토론은 의사소통 능력과 더불어 사고력과도 매우 밀접한 관계가 있으므로 말하기 능력뿐 아니라 글쓰기 능력을 기르는 데도 매우 효과적이다. 즉, 말할 때 청자를 고려하여 전략적으로 말해야 하듯 글을 쓸 때도 예상 독자를 고려하여 전략적으로 글을 써야 하는데 토론은 상대를 고려한 소통 능력을 기를 수 있는 훌륭한 기회를 제공한다. 또한 토론을 준비하면서 찬성 측과 반대 측의 첫 번째 입론을 작성하게 되는데 이 입론은 하나의 온전한 연설문이다. 토론을 앞두고 입론을 작성하는 것은 글쓰기를 연습하는 가치 있는 기회가 될 것이다. 토론을 마치고 상대측의 반론과 질문을 모두 듣게 되면 나의 논리의 허점이 파악하여 보완할 수 있어 논증의 완성도를 높일 수 있게 된다. 쓰고 토론하고, 토론하고 쓰는 절차를 반복하는 것은 의사소통 능력을 기르는 첩경이다.

1. 토론의 원리

가. 토론의 성격과 본질

1) 찬반 토론의 성격을 이해하여 토론에 즐겁게 참여하기

토론을 잘 하기 위해서는 토론의 기본 원리를 이해해야 한다. 토론은 하나의 논제에 대해 이를 긍정하는 찬성 측과 부정하는 반대 측으로 나뉘어 자신의 논리가 상대의 논리보다 우위에 있음을 주장, 질문, 반박 등의 의사소통을 통하여 입증하게 된다. 이러한 입증에 대해 심판의 판정을 통해 승패를 가리게 된다. 마치 스포츠나 게임과 같이 양측이 정해진 절차와 규칙 내에서 경쟁을 하며 승패의 판정을 한다. 이러한 경쟁과 판정의 속성이 주는 부정적인 느낌으로 인해 찬반 토론의 교육성에 대해 의심하는 경우가 있는데 이는 토론의 본질을 충분히 이해하지 못했기 때문이다.

① 인위적으로 찬성과 반대 한 쪽을 정하는 것은 이분법적 사고를 조장한다고 생각하는 경우가 있다.

찬성과 반대를 무조건 구분하는 것은 흑백논리의 오류에 빠트릴 우려가 있다며 걱정하는 경우도 있다. 교육 토론에서 찬성과 반대를 구분하는 이유는 논제에 대해 단순히 의견을 교환하는 데 목적이 있는 것이 아니라 찬성과 반대로 나누어 논제를 면밀히 분석하고 따져보는 데 근본적인 목적이 있기 때문이다. 이를 위해서는 입장과 시각을 달리하여 양쪽에서 상대의 관점이 갖는 장점과 단점을 면밀히 분석하며 논의가 전개되어야 한다. 그러므로 입장의 구분은 토론의 성립에 필수적이다.

② 경쟁이라는 과정을 거쳐 승자와 패자를 구분하는 것이 비교육적이라고 생각하는 경우가 있다.

대부분의 스포츠가 양측으로 구분하여 경쟁을 하여 승패를 구분하는데 토론도 이와 마찬가지이다. 정해진 규칙을 준수해야 하며 상대를 존중하며 경쟁을 해야 한다. 팀 간의 경쟁 구도는 최선을 다하게 하는 동기를 부여하며, 팀 내에서는 참여자들의 협동 정신과 리더십을 고취한다. 승패 그 자체가 중요한 것이 아니라 논리의 우위를 입증하기 위한 과정에서 참여자의 능력치를 최대한 끌어 올리게 되어 사고력과 의사소통 능력을 훈련하는 데 매우 효과적이다. 농구나 축구와 같은 공을 이용한 스포츠뿐 아니라 상대를 직접 가격하는 권투나 태권도 같은 스포츠도 철저한 규칙을 준수하여 경기를 치르며 경기 후에는 서로를 격려하며 존중하듯이 토론 역시 치열한 공방 후에는 오히려 서로를 이해하고 존중하는 마음이 생기기 마련이다. 결국 토론에서 승패는 과정의 일부일 뿐이다. 토론은 서로의 입장과 시각을 이해하여 공감대를 넓히는 긍정적 목표를 지향해야 한다.

2) 논제의 본질을 이해하여 요건에 맞게 논제 설정하기

토론의 논제는 일반적으로 사실 논제, 가치 논제, 정책 논제로 구분된다. 사실 논제란 '이다/아니다'에 대한 것이다. 예를 들면 "화성에는 생명체가 존재한다."와 같은 것이다. 사실을 입증할 수 있는 근거가 중시된다. 가치 논제란 '옳다/그르다, 바람직하다/바람직하지 않다.'와 같은 문제를 다룬다. "사랑에 대한 정의에서 이성(異性)을 제외하는 것은 옳지 않다."와 같은 것이다. 논제에서 다루는 가치를 정확히 인식해야 하며 가치를 판단하는 기준에 대해 논의하게 된다. 정책 논제란 '~해야 한다.'에 대한 것이다. 영어의 'should'에 해당하는 구체적 행동을 논의한다. "정부는 장애인 의무 고용률을 높여야 한다."와 같이 주로 정부의 정책이나 제도의 변화를 주장한다.

세 가지 논제 모두 교육 토론에서 사용할 수 있다. 가치 갈등이 주가 되는 문학 작품 등을 읽고는 가치 토론을 하는 것이 바람직하다. 예산과 인력 등 구체적인 실행 방안을 마련해야 하는 정책 토론과 달리 가치 토론은 가치문제와 관련하여 깊은 철학적 사유를 할 수 있는 장점이 있다. 하지만 대학에서는 주로 정책 논제가 교육 토론에서 사용된다. 그 이유는 정책을 논의하기 위해서는 사실이 규명되어야 하며, 해당 정책과 관련된 가치문제가 반드시 다루어질 수밖에 없으므로 이 모두를 포괄하는 장점이 크기 때문이다. 더불어 대학 수준에서는 구체적인 실현 방안을 마련하여 대안을 제시하는 정책 토론이 자료 조사의 치밀함과 구체적인 근거를 들어 입증하는 논증 능력을 기르는 데 더욱 도움을 줄 수 있다. 여기에서는 대학 교육에서 주로 사용하는 정책 논제로 하는 정책 토론을 중심으로 설명하고자 한다.

정책 논제의 요건은 다음과 같다.

① 정책 논제는 반드시 현재 상태의 변화를 주장해야 한다.

논제의 진술 방향은 철저하게 현재 상태를 기준으로 하여 그 변화를 지향해야 한다. '사형제도'를 예를 들면 우리나라의 경우 현재 집행은 안 되더라도 이 제도가 존재하므로 '사형제도 폐지해야 한다.'가 논제가 된다. 이렇게 설정된 논제에 대해 찬성 측은 이를 지지하는 주장을 펴게 되며 반대 측은 현재 상태의 유지를 주장하게 된다.

② 논제는 의문형이 아니라 행위를 명확하게 드러내는 평서형 명제로 진술되어야 한다.

방송 토론의 경우 '부동산 취득세를 영구 인하해야 하는가?'와 같이 의문형으로 논제를 제시하기도 한다. 하지만 교육 토론의 논제는 분명하게 '~해야 한다.'와 같이 진술해야 한다.

③ 토론의 논제는 하나의 중심 아이디어가 제시되어야 한다.

'A 제도와 B 제도는 시행되어야 한다.'라고 논제를 정할 경우 A 제도는 찬성하지만 B 제도에는 반대할 수도 있다. 한 번의 토론에서는 반드시 하나의 주제만을 논제로 다루어야 한다.

④ 논제를 진술할 때는 양측의 균형을 보장해야 한다.

긍정이나 부정의 가치 판단이 담긴 용어를 사용하면 안 된다. 예를 들면 '불법적인 A제도'와 같이 미리 가치 판단을 하여 논제를 제시해서는 안 된다. 또한 '~을 위해'와 같이 한쪽 편에 유리한 표현을 담아 논제를 진술해도 안 된다.

나. 입증 책임과 필수 쟁점

1) 변화의 필요성을 주장하는 자가 입증의 책임지기

정책 토론에서는 논제에서 진술한 바를 찬성 측이 주장하게 된다. 찬성 측은 현재 상태의 변화를 주장하는 논제에 대해 입증에 대한 책임을 져야 한다. 이를 토론 이론에서는 '입증 책임(the burden of proof)'라고 한다. '입증 책임'이란 본래 법률 용어로서 주장하는 측이 입증에 대한 책임을 지는 것을 의미한다. 즉, 무죄 추정의 원칙이 적용되는 법정에서는 검사 측이 피의자가 범죄 행위를 하였다는 것을 증거를 들어 입증해야 하는데 이 원리가 토론에도 그대로 적용된다. 그러므로 찬성 측이 입증 책임을 다하지 못하여 현재 상태의 변화에 대해 설득력 있게 주장하지 못하면 토론에서 패하게 된다.

이때 입증 책임을 지기 위해 첫 번째 입론에서 반드시 다루어야 할 쟁점이 존재하는데 이를 '필수 쟁점(stock issue)'라고 한다. 필수 쟁점은 찬성 측 첫 번째 입론에서 모두 다루어져야 한다. 왜냐하면 토론 후반부에 필수적으로 다루어져야 할 쟁점이 등장하면 이를 양측이 충분하게 검토할 시간을 확보할 수 없기 때문이다. 필수 쟁점은 일반적으로 '문제(피해, Harms)', '원인(내재성, Inherence)', '해결성(Solvency)'으로 구분한다. 여기에서는 토론 준비와 시행의 편의를 위해 '원인'을 '문제'에 포함하고, '해결성'에서 '이익/비용' 쟁점을 구분하여, '문제–해결 방안–이익/비용'으로 설명하고자 한다. 이를 도식으로 나타내면 다음과 같다.

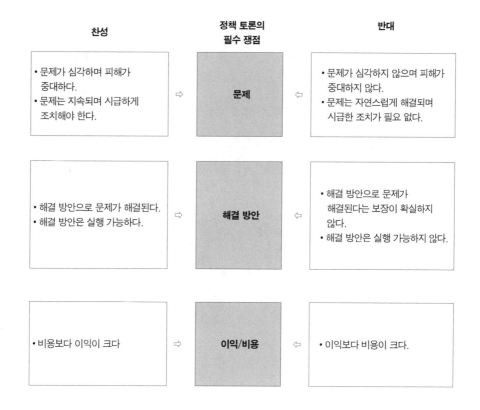

찬성	정책 토론의 필수 쟁점	반대
• 문제가 심각하며 피해가 중대하다. • 문제는 지속되며 시급하게 조치해야 한다.	문제	• 문제가 심각하지 않으며 피해가 중대하지 않다. • 문제는 자연스럽게 해결되며 시급한 조치가 필요 없다.
• 해결 방안으로 문제가 해결된다. • 해결 방안은 실행 가능하다.	해결 방안	• 해결 방안으로 문제가 해결된다는 보장이 확실하지 않다. • 해결 방안은 실행 가능하지 않다.
• 비용보다 이익이 크다	이익/비용	• 이익보다 비용이 크다.

2) 필수 쟁점으로 입론을 논리적이고 설득력 있게 구성하기

논제가 제시되면 이를 분석하여 입론을 구성해야 한다. 토론 준비는 찬성 측과 반대 측 모두를 해야 한다. 토론은 말로 하지만 첫 번째 입론은 주로 글로 써서 준비한다. 앞서 다룬 필수 쟁점을 통해 입론을 구성하는 방법은 다음과 같다. 첫째, 논제를 분석하여 현재 상태의 문제점은 무엇이며 어떤 변화를 주장하여야 하는지 파악해야 한다. 둘째, 현재 상태의 문제를 해소할 해결 방안을 구체적으로 도출해야 한다. 셋째, 해결 방안으로 얻을 수 있는 이익과 해결 방안으로 인해 야기될 비용을 면밀히 분석하여 비교해야 한다.

　다음은 "국립공원에 케이블카를 설치해야 한다."라는 정책 논제에 대해 찬성과 반대 측이 필수 쟁점을 이용하여 내용의 개요를 구성한 것이다. 찬성 측은 현재 국립공원의 생태 환경에 문제가 있다며 케이블카의 설치를 주장하고 있으며 반대 측은 케이블카 설치로 인한 제반 문제점을 들며 반대하고 있다.

• 정책 논제의 필수 쟁점에 대한 내용 구성의 예

논제: 국립공원에 케이블카를 설치해야 한다.

찬성	정책 토론의 필수 쟁점	반대
• 현재 국립공원의 특별보호 동식물 개체 수가 줄었고 탐방로의 훼손이 심각하다. • 탐방객 수는 계속 늘고 있으며 이로 인한 생태 환경 파괴는 더욱 악화될 것이다.	문제	• 등산객의 의식이 개선되었고 환경 보호 단체의 노력도 계속되어 국립공원의 환경 문제는 심각하지 않다. • 국립공원의 환경 보호를 위해 자연 그대로 유지해야 한다.
• 국립공원에 케이블카를 설치하고 훼손된 탐방로를 폐쇄하면 생태 환경이 개선될 것이다. • 선진 친환경 공법을 적용하면 환경 훼손을 최소화하여 공사할 수 있다.	해결 방안	• 케이블카가 설치되면 탐방객 수가 오히려 늘어 생태 환경이 더욱 훼손될 것이다. • 케이블카 설치 공사로 자연 환경이 오히려 훼손될 것이다.
• 케이블카 수익금을 환경 보호에 사용할 수 있으며 케이블카 설치로 인한 생태 환경 보호를 경제적으로 환산하면 이익이 더 크다.	이익/비용	• 케이블카 설치로 인한 환경 정책의 경제성 평가 결과 이익보다 비용이 커서 경제성이 떨어진다.

다. 토론의 절차

앞서 스포츠의 예를 들었는데 교육 토론도 정해진 절차와 규칙이 있다. 대표적인 교육 토론으로는 반대 신문식 토론(CEDA 토론 또는 정책 토론), 링컨–더글라스 토론, 칼 포퍼식 토론, 의회식 토론, 퍼블릭 포럼 토론 등이 있다. 여기에서는 대학교의 교육 토론에서 가장 널리 사용되는 반대 신문식 토론과 퍼블릭 포럼 토론을 중심으로 절차와 규칙을 소개하고자 한다.

1) 반대 신문식 토론 방식으로 토론하기

반대 신문식 토론은 2인 1조로 구성된 두 팀이 참여한다. 각각 찬성 측 첫 번째, 두 번째 토론자와 반대 측 첫 번째, 두 번째 토론자의 역할을 맡는다. 사회자는 교육 토론의 경우에는 토론자의 발언을 일일이 정리하는 것이 아니라 대개 시간을 관리하고 진행 순서를 알리는 매우 제한적인 역할만 한다. 판정단 또는 배심원은 토론 양측에 대해 논리적 우위를 판단하여 승패를 판정한다.

반대 신문식 토론은 모두 12번의 발언 기회를 갖는다.

〈반대 신문식 토론(CEDA토론)의 절차〉

찬성 측		반대 측	
토론자 1	토론자 2	토론자 1	토론자 2
① 입론 8			② 반대 신문 3
④ 반대 신문 3		③ 입론 8	
	⑤ 입론 8	⑥ 반대 신문 3	
	⑧ 반대 신문 3		⑦ 입론 8
⑩ 반박 5		⑨ 반박 5	
	⑫ 반박 5		⑪ 반박 5

표 안에서 동그라미 번호는 토론 순서를 의미한다. 각 단계 뒤의 숫자는 토론 시간을 의미한다. 예를 들어 '① 입론8'은 토론자1이 첫 번째로 입론을 8분간 한다는 뜻이다. 4명의 토론자는 각각 '입론' 1회, '반대 신문(cross examination)' 1회, '반박' 1회, 도합 3회의 발언을 한다. 대학생 토론의 경우 입론을 8분간 하는 것이 원칙인데 입문자의 경우에는 5분 정도로 줄여서 할 수 있다.

첫 번째 발언은 반드시 찬성 측에서 시작한다. 반박이 시작되는 아홉 번째 단계에서는 반대 측이 먼저 발언을 시작하여 마지막 열두 번째는 찬성 측의 발언으로 한 라운드의 토론을 마치게 된다. 찬성 측이 먼저 토론을 시작하는 이유는 논제가 주장하는 현재 상태의 변화를 지지하기 때문이다. 변화에 대한 주장이 없는 상태에서 반대 주장을 먼저 한다는 것이 성립되지 않는다. 이로 인해 현재 상태의 변화를 주장하는 찬성 측의 부담이 반대 측보다 상대적으로 크다. 토론의 마지막 발언은 청자에게 영향력이 큰데 부담으로 인한 균형을 맞추기 위해 찬성 측에게 마지막 발언 기회를 부여하게 된다.

2) 퍼블릭 포럼 토론 방식으로 토론하기

가장 최근에 생긴 토론 형식으로 2002년에 첫 전국 대회가 개최되어 미국의 고등학교를 중심으로 빠르게 확산되고 있다. 2003년 11월 NFL(National Forensic League)에서 반대 신문식 토론(정책 토론, CEDA 토론)과 링컨 더글라스 토론과 함께 미국 고등학교 토론의 대표 종목으로 설정하고 토론 명칭을 '퍼블릭 포럼 토론(Public Forum Debate)'으로 확정하였다(Edwards, 2008).

토론 참여자는 양 측의 주장에 대한 준비를 하고 동전 던지기를 통해 찬성과 반대의 입장과 발언 순서를 정하게 된다. 예를 들면 동전 던지기에서 이긴 팀이 찬성/반대의 입장을 정했다면 진 팀은 발언 순서를 정한다. 그러므로 다른 토론 유형과 달리 반대 측이 먼저 발언할 수도 있다. 주제에 대한 찬성과 반대에 초점이 있으므로 CEDA 토론에 비해 입증 책임이 덜 하다. 토론의 절차는 다음과 같다.

〈퍼블릭 포럼 토론의 절차〉

찬성/반대 측		반대/찬성 측	
토론자 1	토론자 2	토론자 1	토론자 2
① 입론 4		② 입론 4	
③ 반대 신문 3 Crossfire (1번 토론자끼리)			
	④ 반박 4		⑤ 반박 4
⑥ 반대 신문 3 (2번 토론자끼리)			
⑦ 요약 2 Summary		⑧ 요약 2 Summary	
⑨ 전원 반대 신문 3 Grand Crossfire			
	⑩ 최종 핵심 2 Final Focus		⑪ 최종 핵심 2 Final Focus

반대 신문을 'Crossfire'라고 부르는데 다른 토론의 경우 질문자와 응답자의 역할이 정해져 있는데 비해, 여기서는 두 토론자 모두에게 발언권이 있어서 상호 질의가 가능한 것이 특징이다. '요약' 단계에서는 새로운 쟁점을 제시하면 안 되며 자기 측에 유리한 핵심 쟁점만 정리하고 불리한 쟁점은 방어한다. '전원 반대 신문(Grand Crossfire)'에서는 4명 모두 질의응답의 발언권을 갖는다. '최종 핵심'에서는 양측 모두 핵심 쟁점에 집중한다. 자기 팀이 토론에서 승리해야 할 이유를 설득력 있게 최종 발언한다. 전문 용어를 사용하지 않고 일상적인 용어를 사용하여 일반인을 설득할 수 있는 자료 조사 능력, 근거 확보 능력, 설득적 의사소통 능력이 중요하다. 토론 단계가 다양하여 학생의 지적 호기심 자극에 용이하고 초중고 학생 모두에게 적용이 가능하다.

2. 토론의 준비와 시행

가. 토론 준비

1) 설득의 대상인 청중과 심판을 보도록 좌석 배치하기

　교육 토론의 경우 토론자들이 앉는 책상을 나란하게 놓아 모두 심판이나 청중을 바라보게 해야 한다. 교실에서 하는 토론의 경우 양측 책상을 마주보게 놓거나 'A' 자 형으로 마주보면서도 청중을 향하도록 놓는 경우가 있는데 이것은 토론의 본질에 맞지 않다. 교육 토론에서 설득의 대상은 상대편이 아니라 심판과 청중이다. 양측이 청중을 바라보도록 좌석 배치를 해야 한다.

　사회자는 가운데 있는 경우가 많으나 한편 구석에서 진행할 수도 있다. 시간 관리를 직접 하기도 하며 시간을 관리하는 인원을 별도로 운영할 수도 있다. 심판과 청중은 토론자들과 마주보도록 교실 절반 정도 뒤쪽에 자리 잡으면 된다.

2) 의사소통 능력을 기르도록 일어서서 대중 연설하기

발언을 할 때는 중앙으로 나가서 서서 해야 한다. 교실에서 이루어지는 토론의 경우 서로 마주 보며 앉은 자리에서 발언을 하는 경우가 있다. 의사소통 능력을 기르기 위해서는 가운데로 나와서 청중을 바라보며 서서 연설을 해야 한다. 이때 자세, 몸짓, 손짓, 시선, 성량, 속도 등 비언어적 의사소통 요소가 중시된다. 반대 신문을 할 때도 신문을 하는 자와 받는 자 모두 중앙으로 나와서 둘이 서서 발언을 해야 한다.

3) 토론의 절차 따르고 규칙 지키기

토론의 찬성과 반대는 토론 시작 전에 동전 던지기 등을 이용하여 결정한다. 찬성과 반대를 토론 전에 미리 고지하여 한쪽 편의 입장만 준비하는 경우도 있는데 이는 잘못이다. 토론자들은 주어진 논제의 양쪽을 모두 준비하여 토론 시작 전에 결정된 입장에 따라 토론해야 한다. 즉, 교육 토론의 경우 찬반 입장은 자신의 신념과는 무관하게 이루어진다. 이를 통해 양쪽의 입장을 이해하고 시각을 공유하는 교육적 효과가 달성되게 된다.

양 팀은 각각 2분씩의 준비 시간을 사용할 수 있다. 마치 배구나 농구 경기의 작전 타임처럼 토론자가 사회자에게 요청하면 팀원끼리 상의할 수 있는 시간을 확보하게 된다. 상대측이 준비 시간을 요청하면 반대편에서도 서로 상의를 하면 된다. 준비 시간을 요청한 팀은 2분을 효율적으로 나누어 사용해야 한다. 사회자는 남은 시간을 잘 기록하며 토론을 진행해야 한다.

토론자들은 토론의 진행 절차를 잘 따라야 한다. 엄격한 발언 순서가 정해져 있으므로 상대가 발언할 때 끼어들거나 방해해서는 안 된다. 또한 각 단계마다 주어진 시간을 잘 지켜야 한다. 양측 모두에게 공평하게 주어진 시간이므로 발언 시간을 엄수해야 한다.

토론을 할 때 발언 차원에서 가장 중요한 규칙은 '사람을 공격해서는 안 된다.'이다. 토론은 논리로 겨루는 것이다. 상대를 무시하거나 비하하는 인신공격성 발언을 하면 안 된다. 이 경우에는 판정에서 감점 요인이 된다. 토론을 하다 보면 "말도 안 되는 소리입니다.", "뭘 모르시고 하는 말씀 같은데요."와 같은 상대를 존중하지 않는 발언이 종종 나오는데 모두 토론의 규칙을 위반한 것이다.

나. 토론 입론의 내용 구성

1) 현재 상태에 존재하는 문제의 심각성을 부각하기

찬성 측에서 현재 상태의 문제점을 부각하는 방법은 크게 두 가지로 구분된다.

① 문제의 양적 측면을 부각하는 방법이다.

현재 상태의 문제로 인해 야기되는 피해의 양적 규모에 초점을 두어 논증을 한다. 예를 들면 피해자의 수, 피해액의 규모 등에 대해 구체적인 자료를 수집하여 근거를 들어 주장을 한다.

② 문제의 질적 측면을 부각하는 방법이다.

현재 상태의 문제가 손상시키는 중요한 가치 등을 지적하는 것이다. 예를 들면 소수자의 인권, 평등, 언론의 자유, 행복 추구권 등 인류가 보편적으로 중시하는 핵심 가치의 손상이나 파괴에 현재 문제가 직결되어 있다며 문제의 심각성을 부각하는 것이다.

물론 가장 효과적인 방법은 양적 피해와 질적 피해를 결합하는 방법이다. 현재 상태의 문제는 매우 심각하며 그로 인한 피해가 중대하다는 논증을 찬성 측 첫 번째 토론자는 효과적으로 구성하여야 한다. 이 논증을 구성할 때는 근거가 매우 중요하다. 피해에 대한 근거는 양적 측면에서는 주로 공신력 있는 기관에서 발표한 통계 자료가 효과적이다. 피해에 대해 질적 차원에서 접근할 경우에는 전문가의 발언, 피해자의 실제 증언 등을 사용하여 입증할 수 있다.

문제의 심각성을 주장할 때 문제의 원인을 함께 규명하여 제시하면 효과적이다. 모든 문제에는 그 원인이 있기 마련이다. 토론 이론에서는 이 부분을 문제의 '내재성(inherency)'이라고 한다. 그 문제가 어느 부분에 내재(內在)하고 있는지를 밝히는 것에 해당하는 데 이 부분은 문제의 심각성과 이를 해결할 방안의 논리적 연결고리가 되는 부분이다.

문제의 원인은 크게 두 가지로 구분된다.
① 구조적 차원의 원인이 있다.
즉, 관련 법률, 제도 등 사회적 구조가 문제의 원인으로 작용하는 경우이다. 예를 들면 "장애인 의무 고용률을 높여야 한다."라는 논제의 경우 '장애인의무고용제도'와 관련된 것이다.
② 태도적 차원의 원인이 있다.
이는 주로 사회 구성원의 인식과 관련된 것이다. 쓰레기 처리장 이전과 같이 님비 현상과 관련된 문제, 낙태 문제, 남성과 여성의 성역할 같은 문제는 주로 사람들이 문제를 바라보는 인식과 태도에 문제의 원인이 내재되어 있다.

문제의 원인을 밝힐 때는 이 두 가지 차원을 염두에 두고 접근하면 효과적이다. 물론 이 두 차원은 상호 배타적이라기보다는 하나의 문제의 두 차원으로 보는 것이 타당하다. 구조에 문제가 있어 사람들의 태도에 문제가 생기는 것, 사람들의 태도에 문제가 있어 구조에 문제를 유발하는 것 등 실제 문제의 원인은 상당히 복잡하다. 그러므로 이 두 차원을 복합적으로 고려할 때 문제의 핵심은 놓치고 표면만 관찰하는 실수를 줄일 수 있다.

반대 측에서는 현재 상태에 문제가 심각하지 않으며 즉각적인 조처가 없어도 자연스럽게 해결될 것임을 주장해야 한다. 반대 측은 찬성 측이 주장하는 피해의 규모가 과장된 것이며 피해자의 증언은 한쪽 측의 일방적인 메시지일 뿐이라며 문제의 심각성에 대한 주장을 일축해야 한다. 문제 쟁점은 반대 측에 매우 중요하다. 사실 찬성 측의 현재 상태에 문제가 심각하며 즉각적인 조치가 이루어지지 않으면 중대한 피해가 야기될 것이라는 주장을 무력화하면 전체 토론에서 매우 유리한 입장에 설 수 있기 때문이다.

2) 실현 가능한 해결 방안을 구체적으로 제시하기

정책 토론의 경우 문제의 해결 방안은 토론의 논제이다. 논제에서 도입, 폐지, 시행을 주장하는 것은 현재 상태의 문제를 타개할 해결 방안인 것이다. 물론 토론 논제는 한 문장으로 간결하게 제시되므로 구체적이지는 않다. 찬성 측은 앞서 문제 쟁점에서 지적한 현재 상태의 문제를 해결한 구체적인 방안을 마련하여 제시해야 한다. 방송 토론을 보면 양측이 서로의 잘못을 지적하며 문제점만을 논의하고 실효성 있는 방안에 대해서는 전혀 언급하지 않는 경우가 많다. 현재 상태의 변화를 주장하려면 문제점만 언급하는 것이 아니라 이를 타개할 해결 방안을 구체적으로 제시해야 한다.

해결 방안을 제시할 때는 누가, 무엇을, 어떻게 해야 한다는 점을 분명히 해야 한다. 즉, 시행 주체가 정부인지 지자체인지 특정 기관인지를 분명히 해야 한다. 다음은 해결 방안의 시행 방법과 범위를 분명히 해야 한다. 또한 예산 조달, 인력 및 조직 구성, 우발 상황에 대한 대책 등 실현 가능성을 담보할 구체적인 실행 계획을 제시해야 한다.

찬성 측이 제시한 해결 방안이 현재 상태의 문제를 해결할 수 있음을 나타내는 토론 용어는 '해결성(solvency)'이다. 해결 방안이 구체적일 뿐 아니라 실행 가능성이 있음을 분명하게 제시해야 한다. 원론적인 면에서는 지극히 타당한 방안이지만 현실 상황에서 구조적 문제, 예산 조달의 문제, 사회 구성원의 인식 문제 등 실현이 어려운 경우도 많다.

반대 측에서는 찬성 측이 제시한 해결 방안이 문제를 해결하는 데 역부족임을 입증해야 한다. 특히 실현 가능성 부분에 문제를 제기하면 효과적이다. 예를 들면 "남교사 할당제 도입해야 한다."라는 논제의 경우 현재 상황에서 초중고 교사의 여성 편중이 심각하다는 문제점은 인정하더라도 이를 해결할 방안이 인위적으로 성별 할당제를 도입하는 방안에 대해 문제를 제기할 수 있다. 경찰, 군인, 간호사 등 사회적으로 특정 성(性)의 편중이 심한 직종이 있기 마련이다. 이러한 경우 성별 편중 현상을 바로잡기 위해 할당제를 도입하는 것이 바람직한지에 대해 문제를 제기할 수 있다. 다른 직종은 어떻게 할지, 자라나는 세대에게 이러한 문제에 대한 접근 방식은 인위적 할당제임을 가르치는 문제는 없는 것인지 등 사안을 꼼꼼하게 따져 실현 가능성 차원에서 찬성 측이 놓친 문제를 지적해야 한다.

3) 해결 방안의 이익과 비용을 따져 주장을 강조하기

찬성 측은 현재 상태의 문제가 심각하고 중대하며 이를 해결할 방안을 제시하였다. 하지만 이 방안이 현재 상태의 문제를 어느 정도는 해결하더라도 그로 인해 야기되는 부작용이나 역효과가 크다면 이 방안은 시행되어서는 안 될 것이다. 이 부분에 대한 쟁점이 바로 '이익/비용' 쟁점이다.

찬성 측은 현재 상태의 문제를 해결 방안이 충분히 제거할 수 있으며 반대 측이 주장하는 비용을 일부 인정할 수 있지만 이보다 문제 해결로 인한 이익이 더 크다는 주장을 해야 한다. 반대 측은 찬성 측의 해결 방안이 가져올 이익을 인정할 수 있지만 그보다 해결 방안이 초래하는 부작용과 역효과로 인한 비용이 더 크다는 주장을 해야 한다.

〔예〕 토론 논제: 서머타임제 시행해야 한다.
찬성 측: 방안인 서머 타임제가 현재 우리나라의 에너지 문제를 해결하여

경제적 이익을 창출하며 근로자의 퇴근 시간을 앞당겨 가정의 행복 지수를 높이고 여가 시간으로 인한 서비스 산업의 활성화를 이익으로 제시한다.

반대 측: 서머타임제 도입으로 인해 은행, 공항 등 시간이 중요한 산업 부문에서 시간 관리 시스템의 조정에 드는 천문학적 비용을 조사하여 제시하고, 야근이 일상화된 우리나라의 근로 환경에서 서머타임제는 출근 시간만 앞당길 뿐 퇴근 시간을 보장하지 못하여 근로자의 삶의 질을 실제적으로 높이지 못하여 부작용이 크다는 점을 주장한다.

이렇듯 하나의 방안은 장단점을 가지고 있는데 양측이 이익과 비용을 면밀하게 따져야 이에 대한 시행 여부를 정확하게 판단할 수 있다. 여기에서 앞서 논의한 토론의 본질을 다시 한번 상기할 필요가 있다. 토론은 앞에 있는 상대를 설득하여 굴복시키는 것이 목적이 아니다. 공동체가 처한 문제를 합리적 의사소통 행위로 해결하기 위해 방안이 갖는 문제해결성과 그로 인한 부작용 등을 양측이 임무를 분담하여 면밀하게 따지는 것이다. 민주사회에서는 제반 정책을 결정할 때 이러한 토론의 과정을 반드시 거쳐야 한다. 권력을 가진 자의 일방적인 의사결정과 고압적 통보, 반대하는 자의 막무가내 방식의 행동 등 합리적 의사소통의 과정이 생략된 현대 사회의 문제점은 연일 언론 보도를 가득 채우고 있다. 토론을 할 때는 승패가 본질이 아님을 인식하여 세부적인 기법도 중요하지만 공동체가 처한 문제를 합리적으로 해결하기 위해 엄밀한 조사와 치밀한 논증으로 찬성과 반대 측에 맡겨진 소임을 다하는 것이 중요함을 명심해야 한다.

다. 토론 반대 신문

토론의 반대 신문에서 사용하는 질문은 내용을 몰라서 다시 확인하기 위한 것이 아니다. 상대 주장의 논리적 오류를 지적하고 상대로 하여금 이를 인정하게 하여 토론 판정에서 우위를 점하기 위한 것이다. 그러므로 질문이나 반박을할 때에는 단순히 내용을 확인하는 데서 그치는 것이 아니라 상대의 논리적오류를 명확하게 지적할 수 있어야 한다. 이때 상대의 주장이나 근거에 대한피상적인 느낌으로 단순하게 공격하는 것이 아니라, 상대 주장의 전제, 권위,사실, 인용 등의 허점을 명확히 짚어서 질문해야 한다. 더 나아가 상대가 이를인정하도록 한다면 더욱 효과적이다. 박재현(2013)을 바탕으로 반대 신문의내용과 반대 신문 전략을 살피면 다음과 같다.

■ 내용 확인

개념을 파악하거나 특정 진술을 했는지에 대한 여부를 명확하게 하거나 추가적인 보충 설명을 요구한다. 오류를 지적하기 위해 상대의 주장을 분명하게확인할 필요가 있기 때문에 이런 사전 작업이 선행될 필요가 있다.

■ 오류 지적

내용 확인이 분명해졌다면 거기에서 그치는 것이 아니라 상대 주장의 오류를 지적하는 질문을 하거나 반박을 하는 단계까지 나아가야 한다. 이때 상대의주장의 오류를 지적할 수도 있고 주장을 뒷받침하는 근거의 신뢰성, 관련성,적절성 등을 지적할 수도 있다. 또한 상대 토론자 간에 언급한 내용의 불일치나 내용 전후의 모순 등을 지적할 수도 있다.

■ 인정 요구

상대의 오류가 명백하게 드러났다면 오류에 대한 인정을 요구하면 된다. 상대가 오류를 인정할 경우 상대의 주장이 효력을 상실하며 전체 판정에서 우위를 점할 수 있게 된다.

1) 오류를 지적하여 상대 입론의 논리 허물기

반대 신문은 시간이 짧기 때문에 질문의 흐름을 전략적으로 구성해야 한다. 질문의 수와 순서는 우선순위를 고려하여 안배해야 한다. 가장 심각한 오류로서 자신의 입장을 유리하게 하는 데 도움이 되는 것을 우선적으로 질문해야 질의응답 과정에서 시간을 초과하여, 핵심적인 질문을 못하게 되는 경우를 피할 수 있다.

또한 반대 신문에서 이루어지는 개별 질문이 각각 독립적으로 나열되는 것이 아니라, 일련의 논리적 흐름을 갖도록 구성하는 것이 효과적이다. 쟁점에 대해 앞의 질문이 상대의 자료나 근거에 대한 사실 확인을 통해 허점을 지적하였다면, 다음 질문을 통해 그 허점이 핵심 쟁점에 어떻게 연관되는지를 지적하여, 상대의 논증이 해당 핵심 쟁점에서 논리성이 부족하다는 것을 명확히 드러내야 한다.

반대 신문의 내용을 구성할 때 주의할 점은 논제와 무관한 새로운 논증을 펼치면 안 된다는 것이다. 새로운 주장을 하는 것은 다음 입론이나 반박 단계에서 해야 한다. 반대 신문의 질문은 상대의 입론에 드러난 논리적 오류를 부각하는 데 집중해야 한다. 특히 논리적 오류 중 허약하다고 판단되는 부분을 공략해야 한다. 강한 부분을 공략할 경우 오히려 상대의 입장을 견고하게 해줄 수 있다. 그리고 가능하면 상대의 대답을 예견할 수 있는 계산된 질문을 하는 것이 좋다. 상대의 질문을 예상하지 못하고 즉흥적인 질문을 할 경우 상대의 예상치 못한 답변에 역공을 당할 수 있는 위험성이 있기 때문이다.

반대 신문의 질문은 간결하고 이해하기 쉬워야 한다. 상대 토론자가 질문을 이해하지 못해 엉뚱한 대답을 하거나, 질문을 다시 설명해 줄 것을 요청할 경우 시간을 낭비하게 된다. 더불어 심사자나 청중이 질문을 이해하지 못할 경우 상대의 논리적 오류를 부각하겠다는 목적이 달성될 수 없게 된다.

질문에는 개방형 질문이 아니라 폐쇄형으로 하는 것이 효과적이다. "…에 대해 어떻게 생각하십니까?"와 같은 식의 개방형 질문은 상대방이 시간을 끌거나 자신의 입론을 강화하는 쪽으로 자유롭게 논의를 전개할 수 있어서 피하는 것이 좋다. 즉, 자신의 질문 시간이 오히려 상대에게 추가적인 설명을 할 수 있는 기회로 악용될 소지가 있기 때문에 사실 확인 등의 구체적이고 제한적인 질문을 사용해야 한다.

반대 신문 질문에 대해 상대가 답변 시간을 오래 끌 경우 단호하게 중단할 필요가 있다. 반대 신문은 상대의 논리적 오류를 짚어 발판으로 삼아, 다음 입론이나 반박에서 유리한 위치를 확보하기 위한 것임을 분명히 인식해야 한다. "네, 됐습니다.", "지금은 제 질문 시간입니다.", "다음 질문하겠습니다." 등 예의바르지만 단호하게 상대의 답변을 중단해야 한다. 상대에 따라서는 반대 신문 단계에서 질문에 대한 답변을 길게 하여 전략적으로 시간을 끌거나 자신의 입론을 보강하는 부연 설명을 하는 경우가 있다. 반대 신문의 질문자는 답변자가 그 시간을 역이용하지 못하도록 반대 신문 시간을 주도해야 한다.

2) 상대의 함정에 빠지지 않도록 방어하며 답변하기

반대 신문에서 상대의 질문에 대한 효과적인 답변도 심사의 대상이 된다. 입론 후 상대가 지적한 논리적 오류에 대해 얼마나 효과적으로 방어했는지는 자신의 주장을 강화하고 상대의 공격을 무력화하는 데 매우 중요한 역할을 하기 때문이다.

반대 신문의 질문에 대해 답변을 할 경우 상대의 질문 의도를 잘 파악해야 한다. 쟁점에 대해 질문자가 준비한 함정을 잘 파악하여 대답하여 한다. 오류를 바로 시인하거나, 핑계를 대는 것은 피해야 한다. 혹시 상대의 질문에 대해 답변할 수 없는 경우는 솔직하게 "모르겠습니다." 또는 "그 부분에 대해서는 조금 더 고려해야 합니다." 등으로 간략히 언급하고 다음 질문을 받는 것이 좋다. 근거 없는 즉흥적인 답변을 할 경우 오히려 자가당착에 빠질 위험이 있다.

마찬가지로 질문자가 자료나 근거에 대해 구체적인 정보를 요청할 경우, 준비가 안 되었다면 솔직하게 "다음 기회에 제시하겠습니다."라고 간략히 답변하는 것이 좋다.

답변 과정에서 전략적으로 반대 신문에 할당된 시간을 끄는 경우가 있는데 이런 것은 피하는 것이 좋다. 상대의 질문에 대한 의도적인 회피나 지연은 감점 요인이 된다. 답변이 길어져 심사자에게 이러한 오해의 소지를 줄 경우에는 "다음 발언 기회에 구체적으로 말씀드리겠다."라고 하여 답변을 간략히 마무리한다.

답변 과정에서 질문자에게 오히려 역질문을 하는 경우가 있다. 질문자가 이 역질문에 제대로 답변을 하지 못해 반대 신문을 오히려 역공의 기회로 삼을 수도 있지만, 질문자가 "지금은 제가 질문하는 시간입니다."라고 답변 요구를 일축하거나, 다시 역공의 기회로 삼을 수 있기 때문에 조심해야 한다.

3) 인신공격 자제하고 예의 갖춰 질문하고 답변하기

상대의 논리적 오류에 대한 질문과 반박은 단순히 꼬투리를 잡고 반대를 위한 반대를 위한 것이 아님을 명심해야 한다. 특히 존중과 배려의 마음가짐이 중요하다. 이런 질문과 반박을 할 때에는 상대방을 공격하는 인신공격의 오류를 범하지 않도록 유의해야 하며 반드시 상대가 주장한 내용을 질문과 반박의 대상으로 삼아야 한다. 이러한 과정이 불일치와 반대를 조장하기 위한 것이 아니라 공동체가 처한 문제를 해결하기 위한 필수적인 과정으로서 면밀한 검토가 필요하기 때문이라는 것도 인식해야 한다.

이때 자신에게 유리하게 이끌어가기 위해서는 심사자들과 청중의 판단에도 도움이 되도록 질문의 내용을 고려하는 것이 좋다. 논제에 대해 내용 준비를 많이 한 양측보다 심사자와 청중의 이해를 돕는 질문이 좋다.

반대 신문에서 질문을 통해 상대를 공격하되 예의를 지켜야 한다. 앞서 살펴본 것과 같이 토론에는 규칙이 있다. 날카로운 공격도 좋지만 토론에 필요한 태도를 견지할 필요가 있다. 지나치게 감정적으로 흥분하거나, 상대의 입론을 비아냥거리는 것은 바람직하지 않다. 특히 질문에 인신공격성 발언을 하는 것을 삼간다. 예를 들면, '아동 대상 성범죄자에게 전자 팔찌를 채워야 한다.'라는 논제에 대해 "당신의 누이가 피해자라면 어떻게 하겠습니까?"라는 질문은 이성과 논리로 공격과 방어를 해야 할 토론을 감정적으로 치우치게 할 위험성이 있다.

반대 신문에서 답변을 할 때는 심리적 여유를 유지하고 감정을 조절해야 한다. 흥분하거나 당황해 하는 모습은 오히려 상대를 유리하게 한다. 상대의 합리적 질문에는 오히려 의연하게 인정하는 태도를 보이면, 무작정 감정적 대응을 하는 것보다는 도움이 될 수 있다. 경우에 따라서는 질문자가 감정이 담긴 질문을 하여 흥분한 모습이 보이면 오히려 안정된 어조로 사실에 근거하여 명확한 답변을 하여 질문자의 감정 상태를 부각할 수도 있다.

3. 정리

과제1. 최근 사회적으로 중대한 사안을 정하여 논제를 설정하고 반대 신문식 토론을 해 보자.

(1) 토론의 논제는 무엇인가?

(2) 양측의 핵심 주장을 정리해 보자.

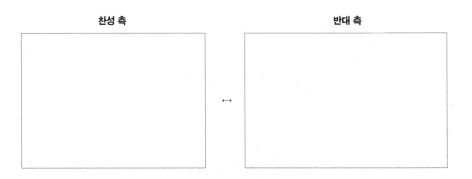

(3) 양측의 입론 내용을 필수 쟁점별로 구분하여 정리해 보자.

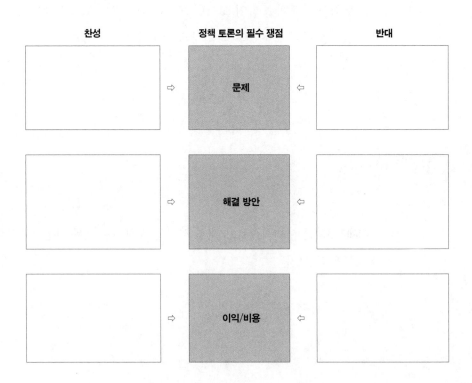

(4) 찬성 측 첫 번째 입론의 개요를 작성해 보자.

찬성 측의 첫 번째 입론 구조

Ⅰ. 문제

  1. 문제가 심각하며 피해가 중대하다.

   – 근거1

   – 근거2

  2. 문제는 지속되며 시급하게 조치해야 한다.

   – 근거1

   – 근거2

Ⅱ. 해결 방안

  1. 해결 방안으로 문제가 해결된다.

   – 근거1

   – 근거2

  2. 해결 방안은 실행 가능하다.

   – 근거1

   – 근거2

Ⅲ. 이익/비용

  비용보다 이익이 크다.

   – 근거1

   – 근거2

(5) 찬성 측 입론을 작성해 보자.

과제2. 토론 심사위원이 되어 토론을 평가해 보자.

토론 평가표

	찬성 측		반대 측	
	첫 번째 토론자	두 번째 토론자	첫 번째 토론자	두 번째 토론자
입론 (20점 만점)				
반대 신문 (10점 만점)				
반박 (10점 만점)				
규칙 준수 토론 태도 (10점)				
개인 점수 (50점)				
잘한 점				
개선할 점				
팀 점수				

참고 문헌

박재현(2011), 교육적 기능을 고려한 토론 유형 선택의 변수, 화법연구 19, 한국화법학회, 47 – 79쪽.

박재현(2013), 중등학교 국어 교과서 토론 단원에 제시된 정책 논제의 적합성 분석, 새국어교육 96, 한국국어교육학회, 139 – 166쪽.

박재현(2013), 국어교육을 위한 의사소통 이론, 서울: 사회평론아카데미.

이두원(2005), 논쟁 : 입장과 시각의 설득, 서울: 커뮤니케이션북스.

이상철 · 백미숙 · 정현숙(2006), 스피치와 토론, 서울: 성균관대학교 출판부.

이창덕 · 임칠성 · 심영택 · 원진숙 · 박재현(2010), 화법 교육론, 서울: 역락.

한상철(2006), 토론: 비판적 사고를 활용한 토론 분석과 응용, 서울: 커뮤니케이션북스.

Edwards, E. R.(2008), *Competitive Debate: The Official Guide*, Penguin Group.